[제3판]

보육교사 자격 기준 강화에 따른

6주 보육실습

박찬옥 · 곽현주 · 이예숙 · 오경숙

양 성 원

머리말

세상에 먼저 태어났다고(先生)해서 모두 '선생님'인건 아니겠지요?

진정 선생님은 아이들이 믿고 따라줄 때 선생님이 될 수 있겠지요!

선생님 중에서도 보육교사는 더욱 존귀합니다.

초등학교, 중등학교와는 좀 다른 문화를 가진 어린이집이라서 그럴까요? 아이들의 잠재력을 존중하고 하나하나 펼쳐나가도록 돕는다는 점에서는 모든 학교급의 교사들이 같다고 하겠지만, 어린이집의 보육교사들은 자신의 마음에 아이들을 품고 아이들과 같은 곳을 향해 시선을 둔다는 점에서 좀 더 반응적·관계적 선생님이라고 할 수 있습니다.

아이들을 자신의 마음에 품고 아이들의 마음을 읽어낼 수 있는 선생님이 되는 길은 간단치가 않습니다. 보육교사 양성과정에 개설되어 있는 교과목들(기본적으로 보육관련 교과목 17과목 이상)을 우수한 성적으로 이수하였다고 해서 감히 보육교사로서 자격이 있다고 말할 수 없습니다. 교과서 문장으로는 알아내기 힘든 "아이들의 표정, 몸짓, 목소리, 말소리, 그림 등에 숨어있는 의미들..."이 있지요.

아이들은 저마다 상상의 날개를 펴고 마음의 세계로 보육교사를 초대합니다. 그 교사가 경력자이든 초임이든 고려하지 않고, 그저 선생님이기 때문에 믿고 자기의 마음을 읽어달라고 합니다.

보육교사는 애가 탑니다. 책을 열어도 쉽게 찾아지지 않습니다.

0세 영아가 버둥대는 몸짓이, 2세 영아가 놀이감을 내던지는 행동이, 4세 유아가 상상을 실제처럼 주장하는 것이 무슨 이유인지를...?

어린이집 현장에서 다년간 경험을 한 많은 경력교사들은 민첩하게 대처합니다. 반면 초임교사들은 하루하루가 미로를 걷는 듯 합니다.

“내가 어린이집 교사로 임용되기 전에 어린이집에서 아이들과 생활하는 기회를 많이 가졌더라면~, 선배 보육교사들이 아이들과 상호작용 하는 장면을 많이 관찰했더라면~, 아이들과 어린이집 실내외에서 놀이해봤더라면~, 이제 담임교사가 되어 만난 아이들에게 믿음직스런 모습으로 마주할 수 있을 텐데~.” 초임 보육교사들의 안타까운 마음입니다.

영유아기에 보육교사들이 미치는 영향력을 강조한 보건복지부는 영유아보육법 시행규칙 일부개정(2016.1.12.공포)을 통해 보육교사의 자격기준을 강화하는 방안을 마련하였습니다. 강화된 보육교사 자격기준에는 대면교육 강화, 현장실습 기간 확대가 포함되어 있습니다. 특히 보육교사의 보육현장 적응력을 높이기 위해 보육교사 양성과정에서 보육현장실습을 6주 240시간으로 확대하고 평가인증을 유지하는 우수 어린이집에서 실습을 받도록 하였습니다. 2019년 6월 12일부터는 어린이집 평가제를 시행함에 따라 연차별 자체 점검보고서를 제출하는 우수 어린이집에서 실습을 받도록 하는 것이 중요하게 되었습니다.

이에 따라 박찬옥, 곽현주, 이예숙, 오경숙은 보육교사 자격기준의 강화 취지에 공감하고, 예비교사들이 전문성있는 보육교사로서의 진로를 결정할 수 있도록 돕고자 하는 마음으로 2017년 본 책을 출간하였습니다. 본 책의 내용은 보건복지부가 의지를 가지고 육아정책연구소에 연구용역을 의뢰하여 수행한 교과목「보육실습」의 구성체계에 근거하였습니다. 모두 4部, 13章으로 보육교사 양성과정 한 학기 학사일정에 충족할 수 있도록 구성하였습니다. 그리고 2019년에 2019 개정 누리과정이, 2020년에 제4차 표준보육과정이 고시됨에 따라 부분적으로 수정 · 보완하였습니다. 또한, 2023년 6월부터 만 나이 도입에 따라 본 책에 표기된 영유아 연령은 모두 만 나이임을 밝힙니다.

머리말

무엇보다, 6주간의 보육현장실습이 효율적으로 운영될 수 있도록 실습생으로 익혀야 할 관련지식과 어린이집 실무내용을 구체적 예시를 통해 자세히 소개하였습니다. 또한 보육교사 양성기관이 처리해야 할 행정절차 및 실습기관(어린이집 또는 유치원)과의 관계형성 등에 대하여도 친절히 안내하였습니다.

본 책을 통하여 실습생이 보육실습의 가치와 의미를 인식하고 6주간의 보육현장실습을 완수하는 힘을 얻기를 바랍니다. 그리고, 훗날 "오늘도 happy day, good day!" 하며 아이들과 즐겁게 하루를 여는 보육교사가 되기를 소망합니다.

초판이 나온 후 얼마 안되어 개정판을 내주시고 이어서 3판을 발행해 주신 양성원 여러분들께 깊은 감사를 드립니다.

2023년 2월

저자일동

차 례

PART 01 보육실습 기초

PART 02 보육실습 6주: 현장 이해

차 례

PART_01

보육실습의 기초

좋은 보육교사가 되고 싶어 보육학을 공부하고 있다. 아이들이 예쁘고 좋아 '나의 희망은 보육교사!' 했지만 아이들이 떼쓰고 발 구르며 울 때는 감당이 안 된다. '나는 과연 보육교사가 될 수 있을까?' 두려운 마음이다. 다행히 보육실습 과목이 있어 그동안 공부해 온 이론과 지식을 어린이집에서 실제 적용해볼 수 있으니 얼마나 좋은 기회인가!

학습목표

지식	1. 보육실습의 목적과 의의를 설명할 수 있다. 2. 보육실습의 법적 기준을 설명할 수 있다. 3. 보육실습생의 전문적 역할을 이해할 수 있다.
기술	1. 보육실습생의 전문적 역할을 숙지하고 수행할 수 있다. 2. 보육실습의 진행에 필요한 행정 절차를 숙지하고 필요한 서류를 준비할 수 있다.
태도	1. 예비보육교사로서의 자신감을 갖는다. 2. 보육실습생이 지켜야 할 근무 태도와 윤리 규정을 이해하고 준수할 수 있다.

Chapter 01 보육실습의 개요

보육교사가 되기 전에 보육교사로서의 직무와 역할을 관찰하고 연습해보는 경험을 한다는 것은 매우 중요하다. 그동안 양성교육기관에서 배우고 익힌 이론과 실제가 보육현장에서 어떻게 적용되는지를 발견하는 좋은 기회가 되기 때문이다.

본 장에서는 보육실습의 목적과 의의를 고찰하고, 보육실습의 법적 기준을 파악하도록 한다.

1. 보육실습의 목적과 의의

보육실습은 학습자가 양성교육기관에서 배운 보육 관련 이론과 지식을 보육현장에 실제 적용해보는 핵심과정이다(한국보육진흥원, 2013). 보육교사가 되기 위해서는 기본적으로 보육 관련 교과목을 17과목 이상, 51학점 이상 이수하여야 한다(영유아보육법 개정 2016. 1. 12). 그중 보육실습이 보육실무 영역의 3학점 이수 필수 교과목으로 편성되어 있다. 주목할 점은 보육실습 교과목이 크게 두 영역으로 운영된다는 것이다. 하나는 양성교육기관 강의실에서 수행하는 보육실습이론 수업이다. 그리고 다른 하나는 실습지도기관에서 수행하는 보육현장실습이다.

보육실습은 정식 보육교사가 되기 전에 예비보육교사로서 보육현장 경험을 하게 되는 중요한 기회이므로 의미가 크다. 한편, 영유아 입장에서는 새로운 예비보육교사들이 하는 모든 행동에서 긍정적·부정적 영향을 받게 되는 기회가 되기도 한다. 말하자면, 영유아들이 실습생으로부터 격려를 받고 새로운 대인관계를 형성할 수도 있지만, 실습생이 영유아의 마음을 읽지 못하고 반응할 경우, 영유아에게 상처가 될 수도 있다. 따라서 보육실습을 하기 전에 보육에 대한 지식 및 이론과 실무 역량을 위해 필요한 교과목을 충분히 이수한 뒤, 보육실습 교과목을 수강하고 보육실습에 임해야 한다(이미화 외, 2016).

알아보기

양성교육기관에서 이수해야 하는 보육 관련 교과목 및 학점

(영유아보육법 개정 2016. 1. 12)

영역	교과목		이수과목(학점)
가. 교사 인성	보육교사(인성)론, 아동권리와 복지		2과목(6학점)
나. 보육지식과 기술	필수	보육학개론, 보육과정, 영유아발달, 영유아 교수방법론, 놀이지도, 언어지도, 아동음악(또는 아동동작, 아동미술), 아동수학지도(또는 아동과학지도), 아동안전관리(또는 아동생활지도)	9과목(27학점)
	선택	아동건강교육, 영유아 사회정서지도, 아동문학교육, 아동상담론, 장애아지도, 특수아동 이해, 어린이집 운영관리, 영유아 보육프로그램 개발과 평가, 보육정책론, 정신건강론, 인간행동과 사회환경, 아동간호학, 아동영양학, 부모교육론, 가족복지론, 가족관계론, 지역사회복지론	4과목(12학점) 이상
다. 보육 실무	아동관찰 및 행동연구, 보육실습		2과목(6학점)

※ 비고

1. 교과목의 명칭이 서로 다르더라도 교과목의 내용이 비슷하면 같은 교과목으로 인정하고, <다. 보육실무 교과목> 중 보육실습은 교과목 명칭과 관계없이 보육실습기관과 보육실습기간의 조건을 충족하면 보육실습으로 인정한다.
2. 각 교과목은 3학점을 기준으로 하되, 최소 2학점이어야 한다.
3. 17과목 이상, 51학점 이상 이수하여야 한다.

보육실습의 1차적 목적은 양성교육기관의 학습자가 보육교사 자격증을 취득하는 데 있다. 그러나 궁극적으로는 보육현장에서 보육교사의 역할을 직접 경험하며 학습자가 양질의 보육교사가 되려는 진로의식을 갖게 하는 데 목적을 둔다(이미화 외, 2016).

한국보육진흥원(2017)은 보육실습의 구체적 목표를 다음과 같이 제시하고 있다.

첫째, 보육의 철학과 목적 및 목표에 대한 생각을 발전시킨다.

보육은 영유아의 발달적 요구에 맞추어 보호와 교육을 제공하는 것이다. 영유아는 보육을 통해 앞으로 살아가야 할 세상을 꿈꾸고 자신의 잠재력을 계발해간다.

영유아보육법(2015. 12. 19)에서는 "영유아의 심신을 보호하고 건전하게 교육하여 건강한 사회구성원으로 육성함과 아울러 보호자의 경제적·사회적 활동이 원활하게 이루어지도록 함으로써 영유아 및 가정의 복지 증진에 이바지함을 보육 목적으로 한다."고 기술하고 있다.

이에 따라 실습생은 보육실습을 하면서 '영유아의 심신보호와 건전한 교육, 건강한 사회구성원 육성, 가정의 복지 증진' 등 주요 개념에 대하여 이해하고 신념을 가지도록 한다.

둘째, 실제 경험을 토대로 영유아에 대한 심화된 이해를 한다.

모든 영유아는 타고난 기질이나 유전적 특성, 발달속도 등 여러 측면에서 개인차가 있음이 인정되어야 한다. 또한 영유아는 외모, 종교, 인종, 성, 연령, 장애, 경제 등에 대한 어떠한 편견없이 영유아 그 자체로서 존중되어야 한다(보건복지부 2013).

이에 따라 실습생은 보육실습을 하면서 '영유아를 인격체로서 존중하고, 영유아의 요구에 적절히 반응하는' 등의 태도를 익히도록 한다.

셋째, 연령과 발달수준에 적합한 구체적인 보육 내용, 놀이 중심의 상호작용, 영유아의 흥미를 고려한 효과적인 교수법 등을 관찰하고 직접 수행해본다.

미국 NAEYC(1984)에서는 '발달에 적합한 보육실제'를 제시하였는데, 영유아의 연령적·개인적·사회문화적 수준을 통합한 발달적 적합성을 고려하여 보육해야 한다고 하였다. 실제로, 0~5세의 영유아를 보육하는 어린이집에서는 국가수준의 표준보육과정을 기초로, 영유아 발달수준에 적합한 보육운영을 하고 있다.

이에 따라 실습생은 보육실습을 하면서 '영유아의 행동을 관찰하고 일화기록을 쓰면서 영유아의 발달수준 및 흥미에 대한 이해를 높이고, 직접 영유아와 놀이를 통한 상호작용을 해보는 경험을' 가지도록 한다.

넷째, 실습기관의 실내외 환경 구성 및 자료의 적절한 활용을 경험한다.

어린이집의 실내외환경은 다양한 놀이영역으로 구성하여 영유아의 자발적 선택과 참여를 촉진하고 있다. 놀이영역의 종류와 수는 영유아의 연령과 보육실 크기에 따라 결정한다. 영아반은 수유 · 낮잠 등 일상생활공간을 우선적으로 확보하고 유아반은 수과학영역, 언어영역 등 다양한 놀이영역을 배치한다.

이에 따라 실습생은 보육실습을 하면서 '환경구성의 원리와 이를 기본으로 한 놀이 영역 배치 및 벽면 구성, 보육활동 자료의 적절한 활용' 등을 익히도록 한다.

다섯째, 보육교사의 전문적 역할과 책임, 태도를 직접 경험한다.

보육교사는 영유아의 전인적 성장과 발달에 있어 매우 중요한 사람이다.

보육교사의 전문적 역할은 크게 양육자의 역할과 교육자의 역할로 구분된다(박찬옥 외, 2013). 양육자의 역할은 영유아의 영양 · 건강 · 안전을 위한 보호 서비스를 통하여 영유아가 조화로운 발달을 할 수 있도록 돕는 것을 의미한다. 교육자의 역할은 영유아의 신체 · 인지 · 언어 · 사회 · 정서발달이 균형 있게 이루어질 수 있도록 보육과정을 계획하고 실행하며 평가하는 것을 의미한다.

이에 따라 실습생은 보육실습을 하면서 '영유아와 친밀감을 형성하고, 건강 · 영양 · 안전과 관련한 지도방법을 익히며, 보육계획안을 작성하고, 영유아와 긍정적인 의사소통을 하는' 등의 보육교사의 역할과 책임을 모델링하도록 한다.

여섯째, 어린이집과 지역사회, 부모 간 연계를 경험하고, 어린이집 내 조직문화 등을 이해한다.

어린이집과 지역사회, 부모 간의 협력적인 관계는 보육과정 운영에 긍정적인 영향을 준다. 또한, 어린이집의 자체 역사를 통해 형성한 보육철학, 인간관계 등 조직문화는 보육과정운영에 중요한 영향을 준다.

이에 따라 실습생은 '어린이집과 가정과의 연계활동, 어린이집과 지역사회와의 연계활동에 대해 알아보고, 특히 어린이집 내의 분위기, 운영특징' 등을 이해하도록 한다.

일곱째, 실습생 스스로 보육교사로서의 자질을 파악하고 전문성을 향상시키기 위한 노력을 하며, 향후 진로를 탐색한다.

이제까지 실습생은 보육교사양성교육기관에서 보육관련 교과목들을 이론적으로 배우며 보육교사에 대한 그림을 그려왔다.

보육실습은 보육현장에 들어가 실제적으로 어린이집 환경특성과 인간관계를 경험하고, 특히 영유아의 행동특성을 이해하며 경험해보는 기회이므로 실습생은 자신이 보육관련 직무에 적응할 수 있거나 자질이 있는지를 성찰해볼 수 있게 된다.

이에 따라 실습생은 보육실습을 하면서 '보육교사의 자질, 전문성 등에 대해 더욱 파악하고 스스로 향상시키고자 하는 노력을 다짐하거나 또는 보육과 관련된 여러 직무들에 대해' 알아보도록 한다.

이어서 한국보육진흥원(2017)은 보육실습의 의의를 다음과 같이 설명하고 있다.

첫째, 이론 중심으로 배웠던 지식을 보육 현장에 실제 적용해보면서 실천적 지식을 습득하고, 영유아에 대한 이해를 향상시키는 기회를 갖는다.

둘째, 보육계획이 어떻게 이루어지고, 융통적으로 운영되며, 보육실내외에서 영유아의 놀이가 어떻게 확장되고 활동과 자료가 흥미와 발달에 적합하게 운영되는가를 직접 관찰하여 교사의 전문적 역할과 상호작용 방법을 배울 수 있는 기회를 갖는다.

셋째, 실습생이 직접 보육활동을 계획하고 실시해봄으로써 바람직한 일과운영을 익히고 효과적인 교수학습방법을 이해하는 기회를 갖는다.

넷째, 어린이집 교사의 역할에 대해 현실적으로 이해하고 보육교사로서 자신의 능력과 자질을 평가해보는 기회를 갖는다.

다섯째, 어린이집 원장, 보육교사 및 부모 등의 다양한 관점과 요구 등을 관찰하고, 지역사회에서 어린이집의 역할과 기능에 대해 생각해보는 기회를 갖는다.

여섯째, 영유아에게 영향을 미치는 좀 더 넓은 관점인 사회현상, 보육정책, 부모교육 등과 영유아에 대한 심도있는 연구결과들에 관심을 가질 수 있다.

일곱째, 6주간의 보육실습을 성공적으로 끝냈다는 자신감은 향후 새롭게 시도할 다양한 경험에 대한 도전정신과 긍정적인 태도를 줄 수 있다.

활동하기

실습생인 나에게 영유아들이 "선생님!"하고 부르며 안길 때 나는 어떤 마음일까?
떠오르는 생각들을 저널 쓰기 형식으로 써보자.

2. 보육실습의 법적 기준

영유아보육법 시행규칙(개정 2016. 1. 12) 제12조 제1항 관련 [별표 4]와 [별표 5]에 제시된 보육실습의 기준을 알아보기로 한다. 이 시행규칙의 적용 시기는 보육교사 양성기관 및 자격등급에 따라 다르게 운영한다. 예를 들어, 보육교사 2급 중 대학의 경우 2017년 1월 1일 이후 입학자부터, 학점인정기관의 경우 2018년 1월 1일 이후 학위취득자부터 적용된다. 보육교사 3급의 경우에는 2016년 8월 1일 이후 적용된다. 다음의 구체적인 법적기준은 한국보육진흥원(2017)과 보건복지부 · 육아정책연구소(2016)에서 제시한 내용을 정리한 것이다.

1) 보육실습기관

- 법적으로 인가받은 정원 15명 이상으로 평가인증을 유지하는 어린이집(2020년 8월 현재, 어린이집 평가제로 전환됨에 따른 보육실습기관에 대한 사항이 변경된 바 없음)
- 교육과정과 방과 후 과정을 운영하는 유치원

※ 어린이집 평가인증을 유지하고 있는지 여부는 임신육아종합포털 아이사랑 홈페이지(http://www.childcare.go.kr) 내 '어린이집 > 어린이집 찾기 > 평가인증정보'를 통해 확인

※ 영유아보육법(2018. 12. 11) 개정에 의거, 2019년 6월 12일부터 어린이집 평가제가 시행됨에 따라 어린이집 평가 등급이 우수한 어린이집을 선정하는 것이 중요함

2) 보육실습 지도교사

보육실습은 보육교사 1급 또는 유치원 정교사 1급 자격을 가진 자가 지도해야 한다.

- 실습 지도교사 1명당 실습생을 3명 이내로 지도해야 한다.
- 보육교사 1급 자격을 소지한 원장은 보육실습 지도교사에 해당하지 않는다.
  ※ 단, 다음에 해당되어 원장이 보육교사를 겸임하고 있는 경우는 교사 겸직 원장의 실습지도가 가능하다.
  - 보육정원이 20인 이하 어린이집의 원장
  - 시장 · 군수 · 구청장이 특례를 인정한 정원 21~39인 어린이집의 원장
    (교사 채용의 어려움이 예상되는 도서 · 벽지 · 농어촌 지역에 있는 어린이집)

3) 보육실습 교과목 및 학점기준

- 보육실습은 '보육실습' 교과목 3학점으로 이수하는 것이 원칙이며 성적 증명서를 통하여 교과목 확인이 가능해야 한다.
- 보육실습, 교육실습 등 교과목 명칭이 다르더라도 보육실습기관과 보육실습기간의 조건을 충족하면 보육실습으로 인정한다.
- 보육실습 교과목은 보육현장실습 6주 240시간과, 별도로 보육실습 이론수업을 필히 편성·운영하여야 한다.
- 보육실습은 대면 교과목으로서 8시간 이상 출석수업과 1회 이상 출석시험을 실시하여야 한다.
- 보육실습의 평가는 보건복지부 장관이 정하는 보육실습일지와 보육실습평가서에 근거하여 하되, 평가점수가 80점 이상인 경우에만 보육실습을 이수한 것으로 인정한다.

알아보기

대면 교과목

영역	교과목
가. 교사 인성	보육교사(인성)론, 아동권리와 복지
나. 보육지식과 기술	놀이지도, 언어지도, 아동음악(또는 아동동작, 아동미술), 아동수학지도(또는 아동과학지도), 아동안전관리(또는 아동생활지도)
다. 보육실무	아동관찰 및 행동연구, 보육실습

- 대면교과목: 온라인 강좌를 통한 보육교사 자격취득 문제를 해소하고, 보육교사의 인성과 자질을 향상시키기 위한 목적으로, 교수와 학습자가 마주보고 수업하는 교과목을 가리킴

4) 보육실습기간

- 보육실습은 6주 이상 240시간 이상을 원칙으로 하되, 2회에 나누어 실시할 수 있다.
- 보육실습은 평일 오전 9시부터 오후 7시 사이에 실습을 한 경우에만 인정하며, 보육실습시간은 하루 8시간을 초과할 수 없다.
  (주 1회, 주말 실습, 오후 7시 이후 야간 실습, 특정 요일에만 실습을 하여 240시간 이상이 되더라도 보육실습을 이수한 것으로 인정할 수 없다)

5) 보육실습 운영 모형

영유아보육법 시행규칙 개정(2016. 1. 12 공포, 보건복지부령 제392호)에 따라 보육실습은 교육 편의를 위하여 2회로 나누어 실시할 수도 있으며, 이 경우 실습기간을 나누는 방식은 양성교육기관과 어린이집에서 협의하여 진행 가능하다. 따라서 6주를 한 개 기관에서 모두 실습하여도 되고, 2주와 4주, 3주와 3주, 4주와 2주로 나누어 1개 기관 혹은 2개 기관에서 나누어 실습하여도 무방하다. 만일 실습을 두 개 기관을 거쳐 하였다면, 모두 실습기관의 요건을 갖춘 기관이어야 하며, 실습관련 서류를 구비하고, 행정 절차를 모두 거쳐야 보육실습으로 인정받을 수 있다. 유치원에서 현장실습을 한 경우라도 2주 이상은 어린이집 영아반의 현장실습을 필히 해야 한다. 이미화 등(2016)이 보건복지부의 용역을 받아 수행한 연구에서 제시한 보육실습 운영 모형을 알아보기로 한다.

(1) 6주 연속형

6주 연속형	사전 참여실습	보육활동운영 실습	사후 참여실습
	1주	4주	1주

표 1-1 은 6주 연속 보육실습을 시행하는 사례이다.

표 1-1 6주 연속형 보육실습 예시안

<table>
<tr><th colspan="2">주</th><th>1일차</th><th>2일차</th><th>3일차</th><th>4일차</th><th>5일차</th></tr>
<tr><td colspan="2">사전 방문과 교육</td><td colspan="5">• 사전 방문하여 실습 오리엔테이션을 실시함
• 보육실습 일정과 내용, 준비물, 준비 서류 및 기타 유의사항 협의함</td></tr>
<tr><td>사전 참여 실습</td><td>1주</td><td colspan="5">• 어린이집의 운영 철학 및 서비스 등의 특징 파악하기
• 어린이집 보육교직원들과 친밀감 형성하기
• 모든 연령의 반 참여 관찰하기: 일과운영, 보육환경, 영유아-교사 상호작용 등. 영아반과 유아반 고르게 경험. 실습기관의 지침에 따라 순서는 융통성 있게 운영함
• 보육실습일지 작성과 지도교사의 평가하기</td></tr>
</table>

<table>
<tr><th colspan="2">주</th><th>1일차</th><th>2일차</th><th>3일차</th><th>4일차</th><th>5일차</th></tr>
<tr><td rowspan="8">보육
활동
운영
실습</td><td rowspan="2">2주</td><td colspan="5">• 실습반 영유아와 친밀감 형성하기
• 보육실습생으로서의 역할 수행하기</td></tr>
<tr><td colspan="2">실습반 관찰하기(일과 운영, 보육환경, 영유아-교사 상호작용 등)</td><td colspan="3">3주차 영역별 보육활동 선정 및 계획안 제출과 지도교사의 평가하기</td></tr>
<tr><td rowspan="2">3주</td><td></td><td>영역별 보육 활동 실습</td><td></td><td>영역별 보육 활동 실습</td><td></td></tr>
<tr><td></td><td>자기평가, 지도교사 평가</td><td>영역별 보육활동 선정</td><td>자기평가, 지도교사 평가</td><td>연계활동계획안 제출</td></tr>
<tr><td rowspan="2">4주</td><td></td><td>연계활동 실시</td><td></td><td></td><td></td></tr>
<tr><td>연계활동자료 준비 및 제작</td><td>자기평가, 지도교사 평가</td><td colspan="2">반일(일일) 보육계획 협의</td><td>반일(일일) 보육 계획안 제출</td></tr>
<tr><td rowspan="2">5주</td><td></td><td></td><td>일일(반일) 보육활동 실시</td><td rowspan="2"></td><td rowspan="2"></td></tr>
<tr><td colspan="2">일일(반일) 보육활동자료 점검</td><td>자기평가, 지도교사 평가</td></tr>
<tr><td>사후
참여
실습</td><td>6주</td><td colspan="3">• 참여관찰하기(일과운영, 보육환경, 영유아-교사 상호작용 등)
• 보육실습교사 역할 수행하기
• 보육실습일지 작성 및 참관 경험에 대한 저널 작성하기</td><td>최종 어린이집 실습 평가회 (원장, 지도교사 등의 참여)</td><td>실습일지 및 기타 실습 관련 서류 제출</td></tr>
</table>

(2) 분리형

참여실습은 6주간의 보육실습기간 동안 계속적으로 이루어지지만 보육실습생으로서 활동을 지도하는 보육활동운영 실습을 하는 4주간을 제외한 다른 연령의 반에서 영유아의 발달적 특성을 경험하고, 이를 반영한 일과의 흐름 및 교사의 역할을 경험하기 위한 참여관찰의 시간을 말한다. 실습 지도교사뿐만 아니라, 각 반의 담임교사들의 안내와 지도를 필요로 하며, 실습생의 참관 내용과 경험에 대한 반성적 사고를 지원한다. 따라서 참여관찰의 주된 내용은 영유아의 연령에 따른 보육실 환경 구성의 특성, 하루일과의 진행, 영유아의 발달특성, 담임교사의 역할 및 영유아와의 상호작용을 포함한다. 참여관찰을 하는 동안 실습생은 영유아와 친밀한 관계를 형성하고, 영유아에 대한 이해 및 보육교사로서의 업무를 파악한다.

① 분리형 A: 사전 참여실습 사례(2주 사전 참여실습 + 4주 보육활동운영 실습)

본 실습 시작 전에 먼저 2주간의 참여실습을 하고, 4주의 본 실습을 하는 형태의 실습과정이다. 본 유형은 실습생이 보육실습기간 동안 모든 연령의 반에 참여관찰을 하며 연령별 영유아의 발달적 특성에 따른 일과운영의 흐름과 보육교사의 역할을 배울 수 있도록 한다. 예를 들어, 2세반에서 본 실습을 하기로 한 실습생의 경우, 참여실습을 하는 2주 동안 0세반에서 2일, 1세반에서 3일, 3세반에서 2일, 4세반에서 2일, 5세반에서 2일을 참여관찰을 하는 형태이다. 4주간의 본 실습을 하는 반에서 관찰자 및 보조교사로 참여하기 시작하여 점차적으로 하루일과의 일부분 동안 한 영역에서의 보육활동을 시작으로 영유아를 지도하고, 차츰 반일이나 하루일과 전체 동안 영유아를 지도하는 과정으로 보육실습을 하게 된다. 분리형 보육실습 진행과정의 예시를 제시하면 표 1-2 와 같다.

표 1-2 분리형 A 보육실습 예시안

<table>
<tr><th colspan="2">주</th><th>1일차</th><th>2일차</th><th>3일차</th><th>4일차</th><th>5일차</th></tr>
<tr><td colspan="2">사전 방문과 교육</td><td colspan="5">• 사전 방문하여 실습 오리엔테이션을 실시함
• 보육실습 일정과 내용, 준비물, 준비 서류 및 기타 유의사항 협의함</td></tr>
<tr><td>사전 참여 실습</td><td>1주</td><td colspan="5">• 어린이집의 운영 철학 및 서비스 등의 특징을 파악하기
• 어린이집 보육교직원들과 친밀감 형성하기
• 모든 연령의 반에 참여 관찰하기(일과운영, 보육환경, 영유아-교사 상호작용 등)
• 보조교사로서의 역할 수행하기
• 보육실습일지 작성 및 참관 경험에 대한 저널 작성하기</td></tr>
</table>

<table>
<tr><th colspan="2">주</th><th>1일차</th><th>2일차</th><th>3일차</th><th>4일차</th><th>5일차</th></tr>
<tr><td></td><td>2주</td><td colspan="5">• 보육활동운영 실습반 관찰하기(일과운영, 보육환경, 영유아-교사 상호작용 등)
• 보육실습교사 역할 수행하기
• 실습반의 영유아와 친밀감 형성하기
• 보육실습일지 작성 및 지도교사 평가하기
• 3주차 영역별 보육활동 선정 및 계획안 제출하기</td></tr>
<tr><td rowspan="9">보육
활동
운영
실습</td><td rowspan="3">3주</td><td colspan="5">• 보육활동운영 실습반 관찰하기(일과운영, 보육환경, 영유아-교사 상호작용 등)
• 보육실습교사 역할 수행하기
• 실습반의 영유아와 친밀감 형성하기</td></tr>
<tr><td></td><td></td><td></td><td>영역별
보육활동실습</td><td></td></tr>
<tr><td></td><td>영역별 보육
활동 선정</td><td></td><td>자기평가,
지도교사 평가</td><td>4주차 영역별
보육활동 계획
안 제출</td></tr>
<tr><td rowspan="2">4주</td><td></td><td></td><td>영역별
보육활동실습</td><td></td><td></td></tr>
<tr><td>영역별 보육
활동 선정</td><td></td><td>자기평가,
지도교사 평가</td><td>연계활동계획안
제출</td><td>연계활동자료
준비 및 제작</td></tr>
<tr><td rowspan="2">5주</td><td></td><td>연계활동 실시</td><td></td><td></td><td></td></tr>
<tr><td></td><td>자기평가,
지도교사 평가</td><td colspan="2">반일(일일) 보육계획 협의</td><td>반일(일일) 보육
계획안 제출</td></tr>
<tr><td rowspan="2">6주</td><td></td><td></td><td>일일(반일)
보육활동 실시</td><td rowspan="2">최종 어린이집
실습 평가회
(원장, 지도교사,
지도교수 등의
참여)</td><td rowspan="2">실습일지 및
기타
실습 관련 서류
제출</td></tr>
<tr><td colspan="2">일일(반일) 보육활동자료 점검</td><td>자기평가,
지도교사 평가</td></tr>
</table>

② 분리형 B: 사후 참여실습 사례(4주 보육활동운영 실습 + 2주 사후 참여실습)

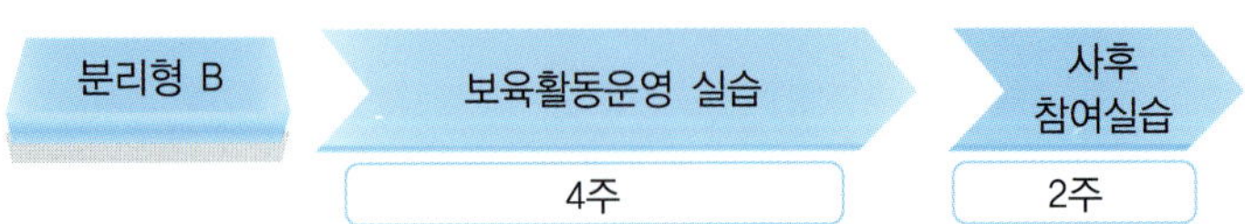

사후 참여실습은 4주의 본 실습과 2주의 참여관찰을 하는 실습이다. 4주의 본 실습을 충실히 한 후, 2주간 실습한 연령의 반을 제외한 모든 연령의 반에 참여관찰을 하는 유형이다. 참여실습이 본 실습 이후에 이루어져 연령별 영유아의 발달적 특성에 따른 일과운영의 흐름을 자신이 실습을 했던 경험을 바탕으로 하여 배울 수 있는 장점이 있다. 예를 들어, 3세반에서 4주간 본 실습을 한 후, 참여실습을 하는 0세반에서 2일, 1세반에서 2일, 2세반에서 2일, 4세반에서 2일, 5세반에서 2일을 참여관찰하는 형태이다. 분리형 보육실습 진행과정의 예시를 제시하면 표 1-3 과 같다.

표 1-3 분리형 B 보육실습 예시안

<table>
<tr><th colspan="2">주</th><th>1일차</th><th>2일차</th><th>3일차</th><th>4일차</th><th>5일차</th></tr>
<tr><td colspan="2">사전 방문과 교육</td><td colspan="5">• 사전 방문하여 사전교육을 실시함
• 보육실습 일정과 내용, 준비물, 준비 서류 및 기타 유의사항 협의함</td></tr>
<tr><td rowspan="7">보육활동운영실습</td><td>1주</td><td colspan="5">• 실습반 관찰하기(일과운영, 보육환경, 영유아-교사 상호작용 등)
• 실습반의 영유아와 친밀감 형성하기
• 보조교사 역할 수행하기
• 어린이집의 운영철학 및 서비스 등의 특징을 파악하기
• 어린이집 보육교직원들과 친밀감 형성하기
• 보육실습일지 작성 및 지도교사 평가하기
• 2주차 영역별 보육활동 선정 및 계획안 제출하기</td></tr>
<tr><td rowspan="2">2주</td><td></td><td>영역별 보육활동실습</td><td></td><td>영역별 보육활동실습</td><td></td></tr>
<tr><td></td><td>자기평가, 지도교사 평가</td><td>영역별 보육 활동 선정</td><td>자기평가, 지도교사 평가</td><td>연계활동계획안 제출</td></tr>
<tr><td rowspan="2">3주</td><td></td><td>연계활동 실시</td><td></td><td></td><td></td></tr>
<tr><td>연계활동자료 준비 및 제작</td><td>자기평가, 지도교사 평가</td><td colspan="2">반일(일일) 보육계획 협의</td><td>반일(일일) 보육 계획안 제출</td></tr>
<tr><td rowspan="2">4주</td><td></td><td></td><td>일일(반일) 보육활동 실시</td><td></td><td></td></tr>
<tr><td colspan="2">일일(반일) 보육활동자료 점검</td><td>자기평가, 지도교사 평가</td><td></td><td></td></tr>
</table>

<table>
<tr><th colspan="2">주</th><th>1일차</th><th>2일차</th><th>3일차</th><th>4일차</th><th>5일차</th></tr>
<tr><td rowspan="3">사후 참여 실습</td><td>5주</td><td colspan="5">• 참여관찰하기(일과운영, 보육환경, 영유아-교사 상호작용 등)
• 보조교사 역할 수행하기
• 보육실습일지 작성 및 참관 경험에 대한 저널 작성 및 지도교사 평가하기
• 6주차 영역별 보육활동 선정 및 계획안 제출하기</td></tr>
<tr><td rowspan="2">6주</td><td></td><td>영역별 보육 활동 실시</td><td></td><td rowspan="2">최종 어린이집 실습 평가회 (원장, 지도교사, 실습생, 지도교수 등의 참여)</td><td rowspan="2">실습일지 및 기타 실습 관련 서류 제출</td></tr>
<tr><td></td><td>자기평가, 지도교사 평가</td><td></td></tr>
</table>

③ 분리형 C: 보육활동운영 분리 사례(3주 보육활동운영 실습 + 3주 보육활동운영 실습)

마지막 안은 보육활동운영 실습을 분리 운영하는 것으로 본 실습을 3주씩 나누어 실시하는 유형이다. 다른 보육실습기관에서 실습을 2회로 나누어 운영하고자 할 때 선택할 수 있는 안으로, 3주의 보육활동운영 실습을 2회 나누어 실시한다고 보면 될 것이다. 3주 중 1주는 참여관찰과 보육활동운영 계획을 주로 하며, 2주와 3주차에는 실제 보육활동을 운영해 보는 형태이다. 예를 들어, 3세 이상의 유아반에서 3주간 본 실습을 한 후, 영아반에서 3주간 보육활동운영 실습을 진행하는 안이다. 분리형 보육실습의 과정을 예시로 제시하면 표 1-4 와 같다.

표 1-4 분리형 C 보육실습 예시안

<table>
<tr><th colspan="2">주</th><th>1일차</th><th>2일차</th><th>3일차</th><th>4일차</th><th>5일차</th></tr>
<tr><td colspan="2">사전 방문과 교육</td><td colspan="5">• 사전 방문하여 실습 오리엔테이션을 실시함
• 보육실습 일정과 내용, 준비물, 준비 서류 및 기타 유의사항 협의함</td></tr>
<tr><td rowspan="5">보육 활동 운영 실습 I</td><td>1주</td><td colspan="5">• 어린이집의 운영 철학 및 서비스 등의 특징 파악하기
• 어린이집 보육교직원들과 친밀감 형성하기
• 실습반 영유아와 친밀감 형성하기
• 보육실습생으로서의 역할 수행하기
• 본 실습반 관찰하기(일과운영, 보육환경, 영유아-교사 상호작용 등)
• 보육실습일지 작성과 지도교사의 평가하기
• 2주차 영역별 보육활동 선정 및 계획안 제출하기</td></tr>
<tr><td rowspan="2">2주</td><td></td><td></td><td></td><td>영역별 보육 활동 실습</td><td>연계활동계획안 제출</td></tr>
<tr><td></td><td></td><td></td><td>자기평가, 지도교사 평가</td><td></td></tr>
<tr><td rowspan="2">3주</td><td></td><td>연계활동 실시</td><td></td><td rowspan="2">중간 어린이집 실습 평가회 (원장, 지도교사 등의 참여)</td><td rowspan="2">실습일지 및 기타 실습 관련 서류 제출</td></tr>
<tr><td>연계활동자료 준비 및 제작</td><td>자기평가, 지도교사 평가</td><td></td></tr>
<tr><td rowspan="5">보육 활동 운영 실습 II</td><td rowspan="2">4주</td><td></td><td></td><td></td><td>영역별 보육 활동 실습</td><td></td></tr>
<tr><td></td><td></td><td>영역별 보육 활동 선정</td><td>자기평가, 지도교사 평가</td><td></td></tr>
<tr><td>5주</td><td></td><td></td><td colspan="2">반일(일일) 보육계획 협의</td><td>반일(일일) 보육 계획안 제출</td></tr>
<tr><td rowspan="2">6주</td><td></td><td></td><td>일일(반일) 보육활동 실시</td><td rowspan="2">최종 어린이집 실습 평가회 (원장, 지도교사 등의 참여)</td><td rowspan="2">실습일지 및 기타 실습 관련 서류 제출</td></tr>
<tr><td colspan="2">일일(반일) 보육활동자료 점검</td><td>자기평가, 지도교사 평가</td></tr>
</table>

Chapter 02 보육실습의 진행

예비보육교사가 되어 보육실습을 경험하는 일은 이후에 보육교사로서 전문성을 가지고 임하는 데에 매우 큰 영향을 미친다. 따라서 실습을 어느 기관에서 어느 기간 동안 수행했는가 라는 질적 경험이 중요하다.

본 장에서는 보육실습의 운영과정 및 필요 서류와 행정 절차 등을 숙지하고 어린이집에 실습가기 전 실습생이 준비해야 할 것에 대하여 알아보도록 한다.

1. 보육실습의 과정

제1장에서 알아본 바와 같이, 보육실습운영 모형(안)은 크게 6주 연속형과 분리형으로 나뉜다. 분리형 중 사전/사후 참여실습 없이 보육활동운영 실습을 2번 운영하는 모형도 있으나 그 밖의 여러 모형에서 '사전 참여실습– 보육활동운영 실습–사후 참여실습' 세 단계로 보육실습이 이루어진다. 각 단계에 따라 경험하게 되는 실습 내용을 표로 정리하면 다음과 같다.

1) 사전 참여실습

기간	실습 내용	비고
1주 또는 2주	• 어린이집의 운영철학 및 서비스 등의 특징 파악하기 • 어린이집 보육교직원들과 친밀감 형성하기 • 모든 연령의 반 참여관찰하기(일과운영, 보육환경, 영유아-교사 상호작용 등) • 보육실습일지 작성과 지도교사의 평가하기	• 실습기관지침에 따라 보육활동운영 실습반을 집중적으로 관찰하거나 영아반과 유아반을 고르게 관찰해보는 경험을 제공할 수 있음

기간	실습 내용	비고
	• 참관 경험에 대한 저널 작성하기 • 보조교사로서의 역할 수행하기 • 보육실습교사 역할 수행하기 • 실습반의 영유아와 친밀감 형성하기	• 2주의 경우, 3주차 영역별 보육활동 선정 및 계획안을 제출할 수 있음

2) 보육활동운영 실습

기간	실습 내용	비고
4주 또는 6주	• 실습반 관찰하기(일과운영, 보육환경, 영유아-교사 상호작용 등) • 영역별 보육활동 선정 및 계획안 제출과 지도교사의 평가하기 • 영역별 보육활동실습 • 자기평가, 지도교사 평가 • 다음 주차 영역별 보육활동 선정 및 연계활동계획안 제출 • 연계활동자료 준비 및 제작, 연계활동 실시 • 반일(일일) 보육계획 협의 • 반일(일일) 보육계획안 제출 • 일일(반일) 보육활동자료 점검	• 사전참여실습 없이 보육활동운영 실습을 하는 경우, 첫 주에 사전 참여실습 시 하게 되는 실습 내용이 이루어지며, 2주차 영역별 보육활동 선정 및 계획안 제출할 수 있음 • 보육활동운영 실습만을 3주씩 두 번 하게 되는 경우 영아반과 유아반에서 실습할 수 있음

3) 사후 참여실습

기간	실습 내용	비고
1주 또는 2주	• 참여 관찰하기(일과운영, 보육환경, 영유아-교사 상호작용 등) • 보육실습교사 역할 수행하기 • 보육실습일지 작성하기 및 지도교사 평가하기 • 참관 경험에 대한 저널 작성하기 • 보조교사 역할 수행하기 • 최종 어린이집 실습평가회(원장, 지도교사 등의 참여) • 실습일지 및 기타 실습 관련 서류 제출	• 실습기관의 지침에 따라 실습한 연령의 반을 제외한 모든 연령의 반에서 참여관찰할 수도 있음

2. 보육실습의 운영

일반적으로 6주간의 보육실습은 크게 참여실습과 보육활동운영 실습으로 운영한다. 먼저, 보육실습 운영 대상들의 임무를 정리하면 표 2-1 과 같다.

표 2-1 보육실습 운영 대상들의 임무

양성교육기관	실습기관		보육실습생
	원장	지도교사	
• 실습기관 선정 계획 실행 • 보육활동계획안 및 관찰일지 작성 지도 • 교재교구 및 교수자료 제작 지도 • 지도교수 방문 지도	• 주별 실습일지 결재 • 최종평가 실시 • 실습생에 대한 결과의 보육통합시스템 입력	• 매일 실습일지 읽고 평가란에 조언 작성 • 관찰일지, 보육계획안, 보육활동자료 준비, 일과운영 등에 대한 지도 • 영유아의 일상생활지도 및 놀이참여, 상호작용에 대해 보육실습생의 역할을 구체적으로 알려주기 • 매일의 보육실습생 역할 수행 정도, 태도 등에 대해 구체적으로 평가하기 • 보육실습생의 신체적, 심리적 어려움이나 이론을 실제에 적용하는 데 있어서 실수한 행동, 영유아 행동 지도의 어려움, 영유아 간 문제를 해결하는 방법에 대한 혼란 등에 대해 적절한 답을 제공하고 공감과 용기 북돋아주기	• 영유아 행동 관찰 기록 • 보육활동 계획과 실행 및 평가 • 보육활동 자료 준비 • 영유아 놀이 참여 및 상호작용 • 보육실습일지 작성

출처: 이미화 외(2016).

참고로, 실습생이 영아반(0, 1, 2세) 또는 유아반(3, 4, 5세) 중 어느 학급에 배정받느냐에 따라 보육실습 운영의 중점 내용이 표 2-2 와 같이 약간 다를 수 있다.

표 2-2 배정 학급에 따른 보육실습 운영 내용

영아반 실습 내용		3~5세 유아반 실습 내용
0세반	1, 2세반	
• 수유 및 이유, 기저귀 갈이, 잠재우기, 안아주기 등의 일상적 양육과 사회·정서적인 상호	• 영아들의 일상적 양육이 중요하므로 이를 포함하여야 하며, 대집단 형태가 아닌 영역별 소	• 기본생활습관 및 안전 지도에 대한 내용이 포함되게 함 • 유아 놀이의 지원과 놀이를

영아반 실습 내용		3~5세 유아반 실습 내용
0세반	1, 2세반	
작용, 안전이 중요하며, 개별적인 보살핌과 지도가 중심이 되므로 보육실습에 이에 대한 내용이 포함되게 함	집단 놀이 지원으로 이루어짐	지원하기 위한 활동들을 경험해보게 함
보육일과 운영 중 일상생활지도에 대한 보육실습생의 역할(정리정돈/수유, 이유, 점심 및 간식/낮잠/이 닦기 등)에 대해 관찰을 충분히 한 후 실습생이 시작할 수 있는 부분부터 지도해보게 하며, 지도교사가 담당할 부분에 대해서는 실습생이 참관을 하며 간접 경험하도록 지도함		

3. 보육실습의 행정절차

보육실습의 행정 절차가 효율적으로 이루어져야 보육실습이 원활하게 운영된다. 양성교육기관, 실습기관, 실습생 등 각 대상과 실습 시기(전, 중, 후)에 따라 준비할 실습 관련 행정자료가 다르다. 이를 정리하면 표 2-3 과 같다.

표 2-3 대상과 실습시기에 따른 실습 관련 행정자료

구분	실습 전	실습 중			실습 후
		초기	중기	후기	
양성교육기관	• 보육실습기관 섭외 및 선정 • 보육실습 협조 공문 • 보육실습생 명단 작성 • 보육실습 동의서 수령 • 보육실습생 상해보험 가입 • 양성교육기관의 실습생 사전교육 실시 • 실습생 서류작성지도(보육실습생 신상카드, 보육실습생 자기소개서) • 실습생 기관 사전방문 시 서류 전달(보육실습생 신상카드, 보육실습생 자기소개서, 보육실습 확인서, 보육실습 결과보고서) • 보육실습비 지급 또는 송금		• 지도교수 방문지도 • 지도교수 방문지도 결과보고서		• 실습평가회 • 실습 만족도 조사지

구분	실습 전	실습 중			실습 후
		초기	중기	후기	
	• 보육실습일지 양식 제공				
실습기관	• 보육실습지침 마련 • 실습생 사전교육 준비 • 실습지도교사 배정 및 실습생지도 교육 • 보육실습 관련 서류 수령 및 보관 {보건소의 전염성 질환(간염, 결핵, 장티푸스 등)에 대한 건강진단 결과서, 보육실습 협조 공문, 보육실습생 신상카드, 보육실습생 서약서, 보육실습생 동의서, 실습확인서, 신분증 사본, 성범죄경력조회 동의서, 성범죄경력조회 회신서}	• 주별 실습 일지 결재	• 주별 실습 일지 결재	• 주별 실습일지 결재 • 보육실습 최종 평가회 • 실습결과보고서 작성 • 보육실습확인서 작성·출력 • 양성교육기관 송부	
실습생	• 양성교육기관 사전교육 이수 • 실습기관 사전 방문 및 사전교육 이수 서류 작성 및 실습기관에 서류 전달{보육실습생 신상카드, 보육실습생 서약서, 보육실습생 동의서, 보건소의 전염성 질환(간염, 결핵, 장티푸스 등)에 대한 건강진단결과서} • 보육실습생 이름표(헝겊으로 된) • 실내화, 덧신 및 여벌 옷 • 보육실습일지 및 필기도구 • 실습수업 재료	• 영유아 행동 관찰 기록 • 보육실습 일지 작성	• 영유아 행동 관찰 기록 • 보육실습 일지 작성	• 영유아 행동 관찰 기록 • 보육실습 일지 작성 • 실습일지 최종 검사 • 교재교구 제출	• 보육실습 확인서와 결과보고서 제출 • 실습평가회(실습평가용 ppt 자료 준비) • 실습만족도 조사지 작성

보육실습 기간이 6주간 연속되지 않더라도 동일기관에서 실습을 실시하는 경우에 보육실습의 행정절차는 그림 2-1과 같이 진행된다.

보육 실습 관련 내용	실행주체
실습기관 섭외 및 선정	양성교육기관, 실습기관, 실습생
⇩	
양성교육기관의 실습협조공문 발송 및 실습동의서 수령	양성교육기관 → 실습기관 실습기관 → 양성교육기관
⇩	
양성교육기관의 보육실습생 상해보험 가입 실습비 송금	양성교육기관 → 실습기관
⇩	
양성교육기관의 실습생 사전교육	양성교육기관 → 실습생
⇩	
실습생 신상카드, 서약서, 자기소개서 작성지도 실습일지 및 실습 관련 서류 전달	양성교육기관 → 실습생
⇩	
실습생 실습기관 사전방문 및 사전교육	실습생 → 실습기관 실습기관 → 실습생
⇩	
양성교육기관의 각종 서류 전달 (실습생 신상카드, 서약서, 자기소개서, 보육실습확인서, 실습결과보고서, 실습 안내 지침 협조 공문)	실습생 → 실습기관
⇩	
6주 실습 실시	실습기관 → 실습생
⇩	
지도교수의 방문지도	양성교육기관 → 실습기관
⇩	
실습기관의 실습 관련 서류 송부 및 보관 (보육실습확인서, 실습결과보고서, 실습비영수증) 실습생 보육실습일지 제출	실습기관 → (실습생) → 양성교육기관 실습생 → 양성교육기관
⇩	
양성교육기관의 보육실습평가회 및 보육실습 종료	학교, 실습기관, 학생

그림 2-1 보육실습의 행정절차

각각의 행정 절차상에서 이루어지는 내용, 방법, 유의점, 서류 등을 다음과 같이 자세히 살펴보고자 한다.

1) 보육실습기관 섭외 및 선정

보육실습계획 시 미리 해당 기관을 선정한다. 실습생 개인이 정하도록 할 수 있으나 현장실습 중도탈락을 예방하기 위해서는 양성교육기관에서 실습생의 집과 기관과의 거리, 기관 유형/규모/특색, 함께 실습할 학생들의 특성 등을 고려하여 배정하는 것이 좋다. 보육실습기관 섭외 시 유의할 사항이 있다. 20인 이하의 소규모 어린이집에 실습을 의뢰할 경우, 담임을 겸직하는 원장 외에 보육교사 1급 교사의 재직 여부를 살펴보아 실습기관을 선정한다. 보육교사 1급 교사가 해당 기간에 3명 이내의 실습생을 지도할 수 있으므로, 실습기관 선정 시 타 양성교육기관 실습생과 겹치지 않는지, 지도 실습생 인원수를 초과하지 않는지 유의하도록 한다.

또한 평가인증 유효기간 내에 실습을 해야 인정받을 수 있으므로 평가인증 유효기간과 재인증 시기를 함께 조사한 후 선정한다.

> ※ 평가인증 유효기간 확인 방법(어린이집 정보 공개포털)
> 중앙육아종합지원센터 → 지역 입력 후 기관 검색 → 기관명 클릭 → 평가인증 버튼 클릭 → 평가인증 유효기간 확인

양성교육기관에서는 실습생 배정현황이 한눈에 보이도록 표 2-4 와 같이 명단을 작성한다.

표 2-4 보육실습생 명단

2020학년도 보육실습(○○학번)

* 실습기간 : 년 월 일( ) ~ 년 월 일( ) 총 ○주간

구별	어린이집명 (평가인증 유효기간, 재인증 시기)	연령	교사 수 (1급)	연락처	주소 / 교통편	실습 인원	실습생	실습비 납부 계좌번호
종로구		1~5세		Tel: Fax: Email:				
서대문구		1~5세		Tel: Fax: Email:				
. . .		1~5세		Tel: Fax: Email:				

2) 양성교육기관의 실습협조공문 발송 및 실습동의서 수령

양성교육기관에서는 실습기관과 유선상으로 실습 동의를 득한 후에 표 2-5, 표 2-6 과 같이 실습 의뢰와 시행을 위한 협조공문을 실습기관에 발송한다. 이후 양성교육기관에서는 표 2-7 과 같이 실습기관으로부터 실습동의서를 수령한다.

표 2-5 보육실습 의뢰공문 예

배움과 일이 하나가 되는 실용학문 중심 최고대학!

○○ 대학교

수신자　수신자 참조
(경유)　보육실습 지도 담당자
제 목　2020학년도 보육실습생 의뢰

---

1. 귀 기관의 무궁한 발전이 있으시기를 기원합니다.
2. ○○대학교 ○○과 학생들이 귀 기관에서 보육실습을 희망합니다. 이에 보육실습생을 의뢰하오니 보육실습에 대한 협조를 부탁드립니다.
   가. 보육실습(현장실습)기간 : 2020년 ○월 ○일(월) ~ ○월 ○일(금)
   (총 ○주간 9 : 00~18 : 00)
   나. 보육실습(현장실습) 실습생 : 보육실습(현장실습) 동의서 참조
3. 보육실습 동의서를 확인하신 후 2020년 ○월 ○일(목)까지 회신 부탁드립니다.

붙임. 1. 보육실습 동의서 1부(회신용).
2. 현장실습 참여신청서(현장실습기관용) 1부(회신용). 끝.

○○ 대 학 교 총 장

수신자 ○○○어린이집, □□□어린이집, △△△어린이집, ○○○어린이집, □□□어린이집, △△△어린이집, ○○○어린이집, □□□어린이집, △△△어린이집, ○○○어린이집, □□□어린이집, △△△어린이집, ○○○어린이집, □□□어린이집, △△△어린이집, ○○○어린이집, □□□어린이집, △△△어린이집

담당 **홍길동**　학과장 **이순신**　현장실습지원센터장 **유관순**　총장 **윤동주**

시행 00000과-77 (2020.00.00) 접수 ( )
우 00000 서울특별시 00구 00대로 0길 / http://www.
전화 (02)000-0000 /전송 (02)000-0000 / abc@naver.com / 공개

표 2-6 보육실습 시행공문 예

배움과 일이 하나가 되는 실용학문 중심 최고대학!

○○ 대학교

수신자　　수신자 참조
(경유)
제　목　　2020학년도 ○○과 2학년 현장실습(보육실습) 시행

1. 귀 기관의 무궁한 발전이 있으시기를 기원합니다.
2. 2020학년도 ○학기 ○○과 현장실습(보육실습)을 아래와 같이 실시하고자 하오니 협조를 부탁드립니다.

가. 현장실습(보육실습) 기간 : 2020년 ○월 ○일(월) ~ ○월 ○일(금)
(총 ○주간 ○○○시간, 9 : 00~18 : 00)

나. 어린이집지원시스템을 통한 보육실습생 등록 · 관리 안내 및 보육실습 확인서 회신 협조
- 보육정보종합시스템 내 어린이집지원시스템 보육실습생관리 메뉴에 보육실습 내용을 입력 후 출력하여 회신 부탁드립니다.

다. 현장실습(보육실습) 출근부, 평가표, 만족도 조사서, 보육실습 확인서는 실습이 끝난 직후 실습생 편으로 보내주시기 바랍니다.

붙임. 1. 현장실습(보육실습)생 명렬표
2. 현장실습(보육실습)생 신상카드
3. 현장실습(보육실습)생 서약서
4. 현장실습(보육실습)생 출근부(회신용)
5. 현장실습(보육실습) 평가표(회신용)
6. 현장실습(보육실습) 만족도 조사서(현장실습 기관용) (회신용).　끝.

○○ 대 학 교 총 장

수신자 ○○○어린이집, □□□어린이집, △△△어린이집, ○○○어린이집, □□□어린이집, △△△어린이집, ○○○어린이집, □□□어린이집, △△△어린이집, ○○○어린이집, □□□어린이집, △△△어린이집, ○○○어린이집, □□□어린이집, △△△어린이집, ○○○어린이집, □□□어린이집, △△△어린이집

담당　**홍길동**　학과장　**이순신**　현장실습지원센터장　**유관순**　총장　**윤동주**

시행　0000과-77　(2020.00.00)　접수　(　　)
우　00000　서울특별시 00구 00대로 0길　/　http://www.
전화　(02)000-0000　/전송　(02)000-0000　/ abc@naver.com　/ 공개

표 2-7 보육실습 동의서 예

보육실습 동의서

실 습 생 정 보					
성명		학과		학번	
보육실습 기간	년 월 일 ~ 년 월 일 (O주 OOO 시간 이상)				
집주소	우편번호)				
개인연락처		e-mail 주소			

보 육 실 습 기 관 정 보			
보육실습 기관명	(정원 : 명)	보육실습기관 원장명	
기관주소	우편번호)		
전화번호		팩스	
평가인증 여부	① 예( ), ② 아니오 ( )		
보육실습 지도교사	이름 :	보육교사 1급 ( ) 유치원정교사 1급 ( ) ※ 해당 자격에 'O'표 하세요.	

위 학생이 본 기관에서 보육실습을 수행함에 동의합니다.

년 월 일

보육실습기관 원장 : (서명 또는 인)

3) 양성교육기관의 보육실습생 상해보험 가입, 실습비 송금

양성교육기관에서는 표 2-8 과 같이 실습생을 위한 상해보험에 가입을 한다.

표 2-8 양성교육기관의 보육실습생 상해보험 가입 예

○○대학종합보험 안내

우리대학 재학생들이 학교 내 시설이나 학교 공식업무 수행 중 발생하는 각종 안전사고에 대비하고 학생복지증진을 도모하고자 대학에서 학생들을 위하여 보험료를 전액 부담하여 종합보험에 가입하였습니다.

1. 가입보험 : ㅇㅇ대학종합보험
2. 보험기간 : 2020. 4. 1. 16 : 00 ~ 2021. 4. 1. 16 : 00(1년)
3. 배상금액 :
4. 보상하는 내용

가. 대인 및 대물사고
우리대학 재학생이 학교운영과 관련하여 직접 소유, 사용 관리하는 학교시설의 이용 및 수업활동으로 발생하는 우연한 각종 사고로 인한 피해 중 학교 측의 법률상 책임이 있는 손해를 보상

※ 수업활동의 범위 : 총장의 승인을 받아 지도교수의 책임(인솔)하에 이루어지는 교외교육(현장학습), OT, MT, 졸업여행 등을 포함한다. 다만, 학교 측의 법률상 책임이 없는 사고는 보상에서 제외됨

나. 구내치료비 담보특별약관 II
학생들이 교내생활 중 발생하는 우연한 각종 사고 및 총장의 승인을 받아 교직원의 책임(인솔)하에 이루어지는 교외교육(현장실습), OT, MT, 졸업여행으로 인한 사고를 당한 피해의 실비(치료) 보상

다. 담보지역 : 대한민국

5. 보상하지 아니하는 내용 :

6. 보험금 청구 및 지급 절차
사고발생 2일 내 보건관리실/현장실습지원센터 및 학과로 사고 발생 접수(최종 보험료 청구는 사고발생 180일 이내 완료되어야 함)
※ 학과 현장실습 시 : 학과 및 현장실습지원센터에 사고 발생 접수 → 사고경위서 작성 및 구

비서류 준비 → 현장실습 지원센터에 서류제출 → 현장실습지원센터에서 서류접수 → 총무인사과에서 보험금 청구 → 보험사에서 대학(회계과)에 보험금 지급 → 회계과에서 신청인 계좌에 입금

7. 구비서류
 가. 학생상해사고경위서(대학 양식) 1부
 나. 개인정보제공동의서(보험회사 양식) 1부
 다. 재학증명서 1부(1개월 이내 발급분에 한함)
 라. 본인명의 예금통장 사본 1부
 마. 진료비계산서 원본(진료비 영수증 + 약제비 영수증) 각 1부
 바. 교외활동(학과 및 부서에서 구비) – 시행기안 사본 1부
 사. 현장실습(학과에서 구비) - 실습업체협약서/지도보고서/출석부 사본 각 1부
 아. 입원 시 - 진료비 상세(세부)내역서 1부

보육실습비는 지도교사의 실습지도 수당, 실습생의 급량비(간식, 중식) 및 실습 중 필요한 자료 제작에 소비되는 실습기관의 물품비용 등을 책정하여 양성교육기관에 내역을 고지하여 납입을 안내한다. 실습기관에서 보육실습비를 책정하도록 하나, 기준이 없을 경우 양성교육기관에서 책정할 수 있다. 양성교육기관에서는 각 실습기관의 명의로 된(○○어린이집) 통장으로 보육실습비를 송금한다.

4) 양성교육기관의 실습생 사전교육(오리엔테이션)

양성교육기관은 보육실습 교과목의 이론수업과 보육실습 사전교육을 통해 실습생에게 보육실습의 과정과 그에 필요한 서류 및 준비물 목록, 실습 중 문제 발생 시 해결방법, 실습 후 사후처리방안에 대해 자세히 안내한다. 방학 중 보육실습을 수행하는 경우에도 사전교육을 통해 자세한 사항들을 숙지한 후 실습에 임할 수 있도록 지도한다.

양성교육기관에서의 실습생 사전교육은 표 2-9 와 같이 실시한다.

표 2-9 양성교육기관의 보육실습 사전교육 예

보육실습 사전교육

* 실습기간 : 년 월 일( )~ 월 일( ) ㅇ주(09 : 00~18 : 00)

1. 보육실습의 의의, 배워야 할 점

2. 실습생으로서의 에티켓 및 역할
   - 기관 내 모든 교직원에게 밝은 표정과 인사 잘하기
   - 선생님다운 복장으로 입되 편한 것으로 입기
   - 영유아에게 친구한테 사용하는 은어 사용 삼가기(예 : 이마를 깐다, 대박, 헐 등)
   - 경력교사와 실습생의 세대 차이가 있을 수 있으니 긍정적인 관계를 형성할 수 있도록 예의 바르고 활기찬 태도 보이기
   - 경직되어 있는 경우가 많아 질문이 적음. 실습 시 궁금한 사항에 대해서는 적극적으로 질문하여 의문점을 해결하려는 태도 보이기
   - 학부모 질문에 실습생이 대답하지 말고 담임교사와 연결시키기
   - 실내화 또는 덧신, 교생 명찰, 수첩 준비
   - 휴대폰 전원 꺼놓기, 영유아 사진 촬영 금지
   - 항상 뒷정리 잘 하기, 원의 물건을 조심히 사용하고 아껴 쓰기
   - 담임교사와의 실습수업 약속 준수하기
   - 실습기간 내 일지, 제출 교재교구, 영수증 처리 마무리하기
   - 퇴근 시 미리 5분 전 정리하기
   - 행사 일정 체크하기
   - 안전에 유의하기, 성폭력 · 성희롱 예방교육 이수하기
   - 퇴근 후 기관 근처에서 함부로 행동하지 말기(예 : 흡연)

3. 실습서류 준비
   - 실습생 신상카드, 서약서, 자기소개서 작성
   - 보건소 건강검진 받은 후 건강진단결과서 수령

4. 실습 전 기관에 전화하여 방문하기
   - 전화 드려 미리 찾아뵙고, 인사드리기
   - 실습생 수칙, 주의사항 및 준비사항 사전교육 받기
   - 양성교육기관에서 준비한 각종 서류들을 제출하기

5. 기타 당부사항
   - 체력 관리하기
   - 결석 및 지각하지 않도록 하기
   - 몸이 아플 경우 무단결석이나 전화통보가 아닌 우선 출근하기
   - 결근 시 양성교육기관에서 실습기관으로 연락할 수 있도록 하기(부모가 대신 기관에 연락 금지)

실습기관의 실습지도교사 또는 기관장을 초청하여 사전교육을 실시할 수 있다. 실습지도 경험이 있는 지도교사의 시각에서 바라본 실습생의 자세와 윤리, 행동 등에 대한 사전 직무교육은 실습을 앞둔 학생들에게 효과적이다.

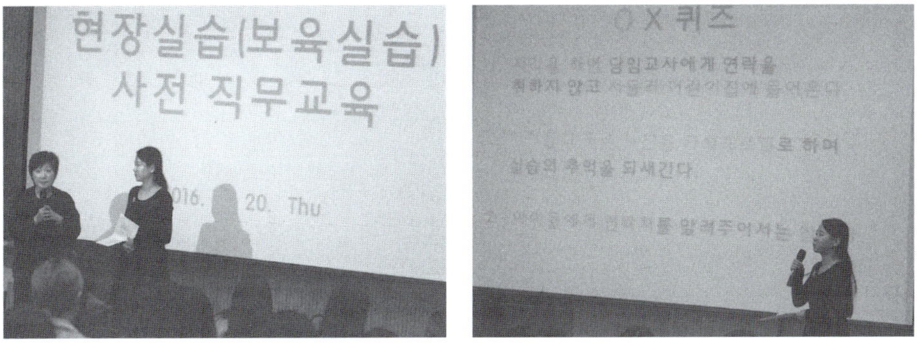

그림 2-2 실습지도교사 초청 사전교육

5) 실습생 신상카드, 서약서, 자기소개서 작성지도, 실습일지 및 실습 관련 서류 전달

보육실습생은 표 2-10 , 표 2-11 , 표 2-12 의 실습생 신상카드, 서약서, 자기소개서 서식에 따라 작성하도록 한다.

자기소개서를 작성할 때는 성장배경, 성격의 장단점, 인생관 및 교육관, 실습포부 등으로 굵직한 소주제를 정하여 작성한다. 너무 극단적으로 내용을 기술하지 않도록 유의한다. 즉, 글의 내용이 너무 부정적이거나, 과장하는 느낌이 들지 않도록 유의한다. 특히, 자신의 능력에 대해 미흡한 점을 기술했다면 그 단점을 보완하기 위해 어떠한 노력을 하고 있는지도 함께 기술하도록 한다.

양성교육기관(또는 보육실습과목 담당교수)에서는 실습생이 작성한 서류를 검토하고 필요한 경우 첨삭지도를 한다. 실습생이 수정하여 완성한 서류와 그 밖의 실습 관련 서류를 실습기관에 전달하도록 한다.

표 2-10 보육실습생 신상카드

보육실습생 신상카드

<table>
<tr><td rowspan="2">성 명</td><td>한 글</td><td colspan="2">홍길동 (여)</td><td rowspan="4">사진</td></tr>
<tr><td>한 자</td><td colspan="2"></td></tr>
<tr><td>주민등록번호</td><td colspan="3">123456-1234567</td></tr>
<tr><td>소 속</td><td colspan="3">○○대학교 ○○과</td></tr>
<tr><td>집 주 소</td><td colspan="4"></td></tr>
<tr><td rowspan="3">학 력</td><td colspan="2">2009. 3. 2 ~ 2012. 2. 9</td><td colspan="2">○○고등학교 입학 및 졸업</td></tr>
<tr><td colspan="2">2013. 3 ~ 현재</td><td colspan="2">○○대학교 ○○과 재학 중</td></tr>
<tr><td colspan="2">. . ~ . .</td><td colspan="2"></td></tr>
<tr><td>보육 관련 이수교과목</td><td colspan="4">영유아발달, 유아교육론, 아동복지와 권리, 아동문학, 아동음악, 유아미술교육, 유아과학교육, 유아동작교육, 유아언어교육, 정신건강 : 총 (10)개 교과목</td></tr>
<tr><td rowspan="3">비상연락처</td><td colspan="4">집 전화:</td></tr>
<tr><td colspan="4">본인 휴대폰: 010-1234-5678</td></tr>
<tr><td colspan="4">비상시 연락휴대폰: 010-8765-4321 (관계: 모)</td></tr>
<tr><td>e-mail 주소</td><td colspan="4">abcde@naver.com</td></tr>
<tr><td colspan="5">위의 사항이 틀림없음을 확인합니다.
년 월 일

본인 서명 홍 길 동 (인)

○○어린이집 원 장 귀 하</td></tr>
<tr><td colspan="5">개인정보 수집 · 이용 동의</td></tr>
<tr><td colspan="5">보육실습생 관리를 위하여 '개인정보보호법'에 따라 개인정보 수집 · 이용에 대한 내용을 알려드리오니 동의하여 주시기 바랍니다.
[법률근거] 개인정보보호법 제15조 '개인정보의 수집 · 이용'에 관한 법률
[수집 · 이용 항목] 이름, 주민등록번호, 연락처(전화번호, 휴대폰번호), 이메일, 주소
[수집 · 이용 목적] 보육실습생 관리를 위한 목적으로 이용되며, 수집한 개인정보는 다른 목적으로 사용되지 않습니다.
[이용 및 보유기간] 보육실습이 종료되는 시점에 수집한 개인정보는 폐기됩니다.
[동의거부 및 불이익] 위의 개인정보 수집 · 이용에 관한 내용에 동의하지 않는 경우에는 보육실습이 불가합니다.

■ 동의함 □ 동의하지 않음 실습생: 홍 길 동 (인)</td></tr>
</table>

표 2-11 보육실습생 서약서

보육실습생 서약서

성명:
소속:

상기 본인은 귀 어린이집의 보육실습생으로서 보육실습의 목적과 중요성을 충분히 이해하고 어린이집의 제반 규정을 성실히 준수하여 보육능력 향상에 최선을 다할 것을 서약합니다.

년 월 일

보육실습생: (인)

어 린 이 집 원 장 귀 하

표 2-12 보육실습생 자기소개서 예

배우려고 하고, 들으려고 하고, 해보려고 하는 예비보육교사가 되겠습니다.

성 장 과 정

놀이를 소중히 생각하는 사랑 만점 실습생

저는 어린 시절을 서울이 아닌 경상남도 진해라는 곳에서 보냈습니다. 그곳에서 저는 가족과 함께 산으로 가서 뛰어 놀기도 하고 물고기도 잡고 자연을 즐기며 여유와 즐김이란 것을 배웠습니다. 그리고 직접 자연 속에서 놀면서 배운 것들이 지금도 생각이 납니다. 유아기 때 놀이를 하면서 배운다는 말을 몸소 체험하며 자랐습니다. 이런 경험을 유아들에게도 나누어주고 싶습니다. 부모님께서는 '나눔'을 늘 실천하면서 살아야 한다고 하셨습니다. 제가 나눌 수 있는 것에는 무엇이 있을지 곰곰이 생각하면서 교사라는 꿈을 키웠습니다. 교사는 자신이 가진 지식을 나누기도 하지만, 마음을 나누어야 아이들과 진정한 소통을 할 수 있다는 것을 깨달았습니다.

저는 교사라는 꿈을 이루기 위하여 직업교육의 교사 강의를 듣기도 하였습니다. 학급 임원을 하면서 반 전체를 이끌어 보고 다독거리는 값진 경험도 하였습니다. 이때의 경험이 한 반을 이끌어 가는 데 큰 도움이 되리라 생각합니다. ○○과에 들어와서 교사의 모습을 갖추기 위하여 유아 레크리에이션, 동화 구연, 우쿨렐레 등의 교육을 받았습니다. 부족한 점이 많이 있지만 유아들과 함께 지내면서 더 많은 것을 배우며 노력하겠습니다.

성격의 장단점

긍정의 힘을 믿는 성실한 실습생

'생각하기 나름이다'라는 옛말이 있습니다. 제가 자라나면서 긍정적인 마음과 부정적인 마음을 가지고 일을 하였을 때 마음가짐에 따라 그 일의 결과가 달라진 것을 경험한 적이 있습니다. 그것을 깨달은 후부터 긍정적인 마음을 가지려고 많은 노력을 하였습니다. 그리하여 지금은 어떠한 일을 시작할 때에 잘 될 거라고 생각하고 믿고 시작하는 편입니다. 극한 상황이 오더라도 '방법이 생길 거야, 잘 해결될 거야.'라고 생각하며 해결방법을 찾으려고 노력하는 편입니다. 이런 저의 성격이 유아들에게 무언가를 할 수 있다는 자신감을 심어주고, 해결방법을 같이 찾으며 문제해결력을 기르는 데 많은 도움을 줄 수 있다고 생각합니다. 긍정적인 것이 다른 사람에 비해 과하여 생기는 문제가 종종 있었습니다. 그러나 이것은 제 자신이 스스로 통제하는 기준을 만들고 제 자신을 조금 더 돌아보는 시간을 가진다면 나아질 거라고 생각합니다.

제가 제일 잘하는 것이 무엇인지 생각해보니 초등학교 때부터 단 하루도 결석이나 조퇴를 해 본 적 없는 출석이었습니다. 실습생이 결근을 하는 것은 있을 수 없는 일입니다. 출석이 자신 있습니다. 그리고 저는 무엇인가를 배우는 일에 많은 관심이 있습니다. 막연하게 무언가를 배운다고 생각할 수 있지만, 어떠한 분야에서든지 성실한 자세로 열심히 배우는 것을 잘할 수 있습니다. 교사란 끊임없이 새로운 것을 배우고 연구하는 사람입니다. 이런 성격이 어린이집에서 아이들을 관찰하고 수업을 연구하는 데 저에게 큰 도움이 될 거라고 생각합니다.

인생관 및 교육관

생생하게 vivid 꿈꾸면 dream 이루어진다! realization R=VD

이 말은 '꿈꾸는 다락방' 이라는 자기계발 서적에서 나온 시각화의 힘이라 부르는 공식입니다. 자신이 원하는 것 또는 바라는 것을 생생하게 꿈꾸고 글로 적으면 현실이 된다는 말입니다. 조금 헛된 이야기처럼 들릴지도 모르지만 이 말은 자기 자신에게 잠재되어 있는 가능성을 믿는 것이 전제가 되어야 한다고 생각합니다. 저는 잠재되어 있는 가능성이 '나는 할 수 있다!'는 마음을 가지게 되고 자신을 믿고 어떤 일을 해낼 수 있는 원동력이 된다고 생각합니다. 저는 늘 이 말을 마음속에 새겨두고 모든 일에 임하며 살아왔습니다. 저는 많이 부족한 사람이지만 제 속에 잠재되어 있는 무언가가 있다고 생각하였습니다. 그렇기에 어려운 일이 있어도 포기하기보다는 도전해보고 그 일을 한 번 더 돌아보았습니다. 이런 저의 생각이 유아들에게도 긍정적인 자아를 형성하는 데 좋은 영향을 끼칠 것이라 생각합니다.

사람들은 자신이 생각한 대로 보고 믿는 경향이 있습니다. 저는 부정적인 것보다는 긍정적인 것을, 불가능보다는 가능성을 보려 합니다. 영유아들에게도 이처럼 그들의 가능성을 보려고 합니다. 아이들이 태어나서 처음으로 어린이집에 옵니다. 그리고 생애 첫 교사가 유아교사이기도 합니다. 한창 발전하고 자라나는 아이들에게서 최대한 많은 가능성을 보고 이끌어 내주려고 합니다. 그리고 그 가능성을 교사가 믿어주고 지켜보고 도와주는 것이 교사의 임무라고 생각합니다.

실습 포부

사랑을 나누는 실습생 / 들으려 하고 배우려하고 해보려 하는 실습생

어린이집에서 실습하게 된다면 저는 아이들의 마음을 알아주는 실습생이 되고 싶습니다. 사람은 누구나 자신의 마음을 헤아려주고, 자신의 말에 귀 기울여 들어주는 사람에게 편안한 마음을 가집니다. 저는 유아들에게 이런 실습생이 되고 싶습니다. 어른의 관점이 아닌 아이들의 관점에서 늘 듣고 바라보는 생활을 하려 합니다. 그리고 제가 자라면서 받았던 사랑을 유아들에게 관심을 갖고 같이 놀이도 하고 생활하면서 자상함과 따뜻한 사랑으로 베풀어 주려 합니다. 요즘은 도시화, 정보화 등 많은 과학문명으로 인해서 '우리'라는 말보다는 '나'라는 말을 더 중요하게 생각하는 사회가 되었습니다. 그러나 우리 아이들의 마음속에 사랑이란 것이 먼저 자리 잡으면 다른 누군가에게 나누어 주는 사람으로 자라날 것이라고 생각합니다.

그리고 저는 늘 배우려 하고 들으려 하고 해보려고 하는 실습생으로 지낼 것입니다. 늘 적극적인 자세로 긍정적인 마음으로 배우려고 하고, 지도선생님께서 해주시는 조언을 들으려고 하며, 새로 알게 된 것들을 해보려고 하는 준비가 되어 있습니다.

보육실습 관련 서류 중 건강진단결과서는 수령하기까지 시간이 많이 소요될 수 있다. 보육실습 사전교육 전에 보건소에 방문하여 전염성 질환(간염, 결핵, 장티푸스, 성병 등)에 대해 건강검진을 받도록 지도하며 건강진단결과서를 수령하였는지 확인한다. 성범죄경력조회의 경우, 경찰청 온라인시스템(범죄경력회보서발급시스템, http://crims.police.go.kr)을 통하여 신청한다. 실습생의 동의를 얻어 기관장이 신청서를 작성하고 회보서를 확인하게 되므로 실습기관에 사전 방문했을 때 성범죄경력조회 동의서를 작성하며, 실습기관에서는 관할 경찰서에 성범죄경력조회를 신청하여 추후 수령한 회신서를 보관하게 됨을 안내한다.

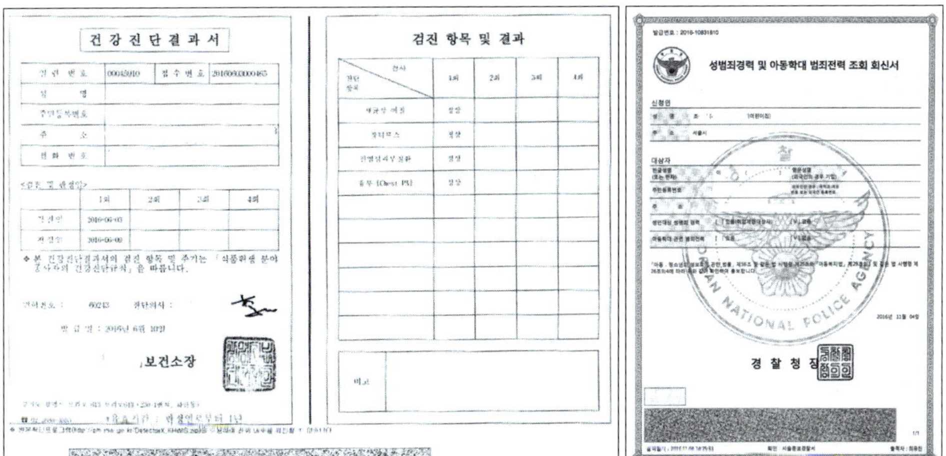
건강진단결과서

검진 항목 및 결과

성범죄경력 및 아동학대 범죄전력 조회 회신서

그림 2-3 보육실습 관련 건강진단결과서와 성범죄경력조회 제출서류

6) 실습생 실습기관 사전방문 및 사전교육

보육실습생은 실습이 시작되기 최소 일주일 전에는 실습기관의 위치를 파악하기 위하여 사전에 방문한다. 보육실습생은 사전에 실습기관에 전화를 걸어서 방문일정에 대한 약속을 정하고 방문하도록 한다. 방문시간은 실습기관의 일과에 영향을 주지 않는 오후 시간대가 바람직하다.

실습생이 기관을 방문하였을 때 실습기관에서는 보육실습이 원활하게 수행될 수 있도록 사전교육을 실시한다. 실습지도기관에서의 사전교육은 원장 또는 실습지도교사가 담당한다. 이를 위해 원장은 실습지도교사와 함께 실습의 내용과 일정을 계획하고 이를 토대로 사전교육 내용을 준비한다. 원장과 실습지도교사의 사전교육에서 다루어질 내용을 나누어 살펴보면 다음과 같다.

▸ 원장의 사전교육

- 실습지도기관의 보육철학 및 프로그램 운영방침 안내
- 실습기관의 현황(보육교사, 영유아, 시설) 안내
- 실습기관의 보육교직원 소개
- 각 실습생의 보육실습담당반의 특성(연령, 인원수, 성비, 영유아의 특성, 하루일과 등) 및 담당지도교사 소개
- 실습의 의의 및 실습 지침 안내
- 실습 일정과 내용
- 실습 기간 중 행사일정 소개
- 실습기관의 시설물 및 물품 이용에 대한 안내
- 실습기관의 동의하에 기관 사진 촬영 가능 범위 안내
- 실습생의 역할 및 윤리 안내(영유아의 초상권과 관련해 개인 홈페이지나 블로그에 영유아의 사진과 이름 올리지 않기 등)
- 실습지도기관에서 실습생의 준수사항 및 유의사항 안내(결석 및 지각 등 문제 발생 시 처리 절차 등)
- 보육실습비 내역 및 영수증 수령 안내
- 보육실습 시 필요한 준비물

▸ 실습지도교사의 사전교육

- 보육실습에 참여하는 반 구성(연령, 인원수, 성비, 영유아 특성, 하루일과 등) 소개
- 보육실습기간 중 월간 보육계획 및 행사 일정 소개
- 보육실습기간 중 실내외에서 실습생의 역할 안내
- 실습생의 보육활동계획 안내(영역별 보육활동, 연계 보육활동, 반일 또는 일일 보육활동 등)

- 보육일지 작성 및 지도 안내
- 안전사고 예방교육 실시(위급한 상황 시 대처방법, 보육실에서 칼, 글루건 등과 같은 위험한 물건 사용 금지, 투약 금지 등)
- 영유아 일상생활지도(급식·간식, 낮잠, 화장실 다녀오기 등)와 관련된 지침 제공
- 보육실습 준비물 안내
- 보육실습 시 주의사항 안내
- 기타 보육실습에 필요한 정보 제공

출처: 한국보육진흥원(2017).

표 2-13 은 실습기관에서의 실습생 사전교육의 예다. 각 기관에서 실습생이 준수하도록 정한 규정 또는 지침에 대해 설명하고, 기관에 대한 이해를 돕고자 안내를 한다.

표 2-13 실습기관의 보육실습 사전교육 예

B 국공립어린이집 보육실습 사전교육

1. 근무시간
- 9 : 00~18 : 00을 원칙으로 합니다(휴게시간 1시간 포함).
- 최소한 근무시간 10분 전에 출근합니다.
- 출퇴근 시 원장님 및 모든 교직원들께 예의 바르게 인사를 합니다.

2. 근무규정
- 복장: 활동하기 편한 옷을 단정하게 입습니다.
  긴 머리는 묶고, 노출이 심한 옷(너무 짧거나 파인 옷)이나 화려한 장신구는 피합니다.
  앞치마는 착용하지 않으며 양말(덧양말)을 신습니다.
- 근무 중 핸드폰을 사용하지 않습니다.
- 어린이집에 근무하는 모든 분들께는 '선생님'이란 호칭을 쓰며, 실습생 간에도 반드시 '선생님'이란 호칭을 사용합니다.
- 선생님들을 만나면 먼저 인사하고 존대어를 사용합니다.
- 근무 시간 내에 실습생들끼리 모여 잡담하지 않습니다.
- 참관수업이나 기타 활동, 유아들과 발생하는 문제는 항상 지도교사와 의논합니다.
- 어린이집 또는 유아들과 관련된 이야기를 외부에 전달하지 않습니다.
- 실습생이 수업계획 및 수업자료를 준비하지 않았을 경우에는 수업을 진행할 수 없습니다.
- 사진이나 동영상 촬영 및 녹음 등은 반드시 사전에 어린이집에 허락을 구합니다.

3. 보육일지 작성
- 보육일지는 매일 아침 출근과 동시에 지도교사에게 제출합니다.
- 실습 수업계획안 및 교구 제작 시 적어도 일주일 전에 계획서를 먼저 제출하여 지도교사의 지도를 받습니다.

4. 보육실습 내용
- 1주: 참관 및 동화 부분수업
- 2~3주: 부분수업(지도교사와 협의)
- 4~5주: 연계수업(지도교사와 협의)
- 6주: all day(지도교사와 협의)

※ 수업계획 및 수업자료가 준비되지 않았을 경우 수업을 진행할 수 없습니다.

5. 기타
- 원내에서 제공되는 식사를 희망할 경우 식비 5만 원을 지급하여야 하며 이를 희망하지 않을 경우에는 개별적으로 식사를 준비하여야 합니다.

※ 입금계좌: ○○은행 예금주 : ○○어린이집

6. 실습생 준비서류

□보육실습생 신상카드
□보육실습생 서약서
□보육실습 동의서
□보육실습 확인서
□보육실습 평가서
□보육실습생 신분증 사본
□보건소의 전염성질환에 대한 건강진단결과서 (구 보건증)
※ 성범죄 경력 동의서 (실습 사전교육 시 작성하여 제출)

B국공립어린이집 보육 실습 규정 및 유의사항에 대해 충분히 안내를 받았으며 실습기간 동안 실습 규정 및 유의사항을 지키며 최선을 다해 실습에 임할 것을 약속합니다.

____________대학교 실습생 __________(인)

L 직장어린이집 안내

1. 설립개요

○○어린이집은 3~5세 유아의 심신 보호와 건전한 교육을 통해 건전한 사회구성원으로서 육성함과 아울러 자녀를 양육하는 직원의 경제적·사회적 활동을 원활하게 함으로써 가정 복지 증진에 기여함을 목적으로 한다.

2. 교육목표

원 훈

교육목표

3. 운영의 기본 방침

4. 어린이집 연혁

5. 반별 현황

연 령	반 명	아동 수	교사 수
3세	○○반	11	2
3세	○○반	11	2
4세	○○반	21	3
5세	○○반	22	3
계		68	10

6. 보육시간

월~금요일 오전 7시 00분 ~ 오후 10시 00분(주5일 보육)

※ <u>시간 연장 통합보육 안내</u>

평일 : 7시~8시 (교사 당직제 운영) 17시~22시 (교사 당직제 운영)

7. 어린이집의 환경

보육실	교직원실	유희실	화장실	조리실	바깥놀이터	기타
4	1	1	3	1	1	교재실 1

8. 보육교직원의 구성

구성	원장	교사	누리교사	조리사	위생원	계
인원수	1	9	1	2	1	14

보육 일지 정리 순서
• 어린이집 운영 현황 • 보육실습 규정 및 유의사항 • 월간 · 주간계획안 • 일일 계획안 ※ 실습수업계획안은 해당 일지 뒷부분에 넣어서 라벨링해주세요(부분, 연계)

7) 양성교육기관의 각종 서류 전달

실습생은 실습기관을 사전에 방문할 때, 양성교육기관에서 받아온 각종 서류 {실습생 신상카드, 서약서, 동의서, 자기소개서, 보육실습확인서, 실습결과보고서, 보육실습생 신분증 사본, 보건소의 전염성 질환(간염, 결핵, 장티푸스, 성병 등)에 대한 건강진단결과서}들을 실습기관 사전교육 직전이나 직후에 원장에게 제출한다.

또한 양성교육기관과 실습기관의 보육실습을 위한 협조가 원활히 이루어지기 위해서 긴밀한 관계가 필요하며, 양성교육기관은 보육실습기관을 선정함과 동시에 실습기관의 원장이나 주임교사에게 보육실습의 과정, 필요한 서류 및 절차, 사전교육 시 포함될 내용, 보육실습의 운영 내용, 사후관리방안 등에 대한 안내지침을 표 2-14 과 같이 발송하여 협조를 구한다.

표 2-14 양성교육기관의 보육실습생 지도 안내문

보육실습생 지도 안내문
✉ 원장님 및 실습지도선생님께 드리는 말씀 귀 어린이집의 무궁한 발전을 바라오며 귀 어린이집에서 본교 학생의 실습을 허락해주심에 감사드립니다. 우리대학 실습생의 실습 지도를 다음과 같이 의뢰하오니 참고하여 지도해주시기 바랍니다. (1) 실습생 출근부를 철저히 점검해주시고 근무시간을 준수하도록 도와주시기 바랍니다. (2) 보육실습 일정을 주차별로 구체적으로 계획하여 실습 지도해주시기 바랍니다. (3) 보육실습 범위는 교사로서 갖추어야 할 태도, 보육활동 계획과 실행, 예비보육교사로서 역할 수행(관찰, 상호작용, 일상생활지도), 보육실습일지 작성, 어린이집 행사, 일반 사무 등 폭넓게 지도해주시기 바랍니다.

(4) 실습생에게 보육일지 작성 및 보육활동 준비시간을 배려해주시기 바랍니다.
(5) 실습생에게 보육실습의 취지에 어긋나는 부적합한 업무(예 : 영유아의 등원・하원 차량 지도, 영유아의 간식 및 식사 조리, 보육실습 지도교사 휴가 및 승급교육 시 보육실습생을 대체교사로 활용, 보육활동 이외의 업무 지시, 보육실습 학급 이외 보육실습기관 전체 정리정돈 업무, 보육실습 학급 이외 동일연령 반을 위한 교재교구 제작, 영유아 응급처치 및 아픈 영유아 데리고 병원 가기, 학부모 상담, 오전・오후 통합보육 담당 등)를 부가하지 않으시길 바랍니다.
(6) 특히 실습생의 담당학급과 실습수업에 관련된 귀 어린이집에 제출하는 교구 제작 수를 1~2개로 정하고 교재교구 제작용 재료를 제공해주시어 실습생이 시간적・경제적 부담을 갖지 않도록 도와주시기 바랍니다.
(7) 실습생에 대한 평가는 별첨한 평가척도에 기준하여 공정히 평가해주시기 바랍니다.

⊙ 부탁의 말씀 ⊙

보육교사 자격증을 발급받는데 필요한 첨부서류가 있습니다.
평가서를 보내주실 때에 아래의 서류를 함께 보내주시면 감사하겠습니다.
1. 보육실습 확인서(직인 찍어 보내주시기 바랍니다.)
2. 실습기관시설 인가증 사본 1부(실습기간이 포함된 기간의 것)
2. 실습지도교사 자격증 사본 1부(유치원 정교사 1급 또는 보육교사 1급)

○○ 대학교 ○○과

이 외에도 다음의 사항들을 안내한다. 첫째, 보육실습비로 인한 민원의 발생을 막기 위해 보육실습기관의 보육실습비 수령에 대한 내역과 책정방법, 지급방법, 영수증 수령 등의 방법을 구체적으로 제시하여 안내하도록 한다. 둘째, 보육실습 시 실습지도교사나 실습생으로 인해 발생하는 문제와 처리 절차에 대해 협의한다.

8) 6주 실습 실시

실습생은 표 2-15 와 같이 매일 8시간씩 6주에 걸쳐 보육실습 일지를 기록하고 출근 여부와 근무시간을 날인한다. 결석・지각・조퇴는 불가하다. 만약 결석, 조퇴 및 지각 사유가 불가피하게 발생할 경우, 양성교육기관의 보육실습 담당교수와 보육실습기관 원장이 논의하여 보육실습 기간 중 부족한 시간이나 날짜만큼 보충하여 법적 이수시간(240시간)을 충족시키도록 한다.

연속형 또는 분리형 보육실습운영에 따라 출근부 양식은 다를 수 있다.

표 2-15 보육실습생 출근부

보육실습생 출근부

소속:		학번: 이름:
보육실습기관	어린이집 세 반	지도교사:
보육실습 기간	년 월 일( ) ~ 월 일( ) 총 O주 OOO시간 이상 (9:00 ~ 18:00)	

구분	월	화	수	목	금
보육실습생	㊞	㊞	㊞	㊞	㊞
지도교사	㊞	㊞	㊞	㊞	㊞
날짜	O월 O일 9:00~18:00	O월 O일 9:00~18:00	O월 O일 9:00~18:00	O월 O일 9:00~18:00	O월 O일 9:00~18:00
보육실습생	㊞	㊞	㊞	㊞	㊞
지도교사	㊞	㊞	㊞	㊞	㊞
날짜	O월 O일 9:00~18:00	O월 O일 9:00~18:00	O월 O일 9:00~18:00	O월 O일 9:00~18:00	O월 O일 9:00~18:00
보육실습생	㊞	㊞	㊞	㊞	㊞
지도교사	㊞	㊞	㊞	㊞	㊞
날짜	O월 O일 9:00~18:00	O월 O일 9:00~18:00	O월 O일 9:00~18:00	O월 O일 9:00~18:00	O월 O일 9:00~18:00
보육실습생	㊞	㊞	㊞	㊞	㊞
지도교사	㊞	㊞	㊞	㊞	㊞
날짜	O월 O일 9:00~18:00	O월 O일 9:00~18:00	O월 O일 9:00~18:00	O월 O일 9:00~18:00	O월 O일 9:00~18:00
보육실습생	㊞	㊞	㊞	㊞	㊞
지도교사	㊞	㊞	㊞	㊞	㊞
날짜	O월 O일 9:00~18:00	O월 O일 9:00~18:00	O월 O일 9:00~18:00	O월 O일 9:00~18:00	O월 O일 9:00~18:00
보육실습생	㊞	㊞	㊞	㊞	㊞
지도교사	㊞	㊞	㊞	㊞	㊞
날짜	O월 O일 9:00~18:00	O월 O일 9:00~18:00	O월 O일 9:00~18:00	O월 O일 9:00~18:00	O월 O일 9:00~18:00

9) 지도교수의 방문지도

보육실습이 시작된 후 3, 4주가 되면 양성교육기관에서 실습담당 지도교수가 실습기관을 방문하여 실습생 중간관리를 한다.

지도교수는 사전에 기관장과 약속한 방문일자에 기관을 방문한다. 기관장과 인사를 나눈 후, 원장(또는 실습지도교사)으로부터 실습생의 근무태도 및 자질, 보육활동의 계획 및 실행 등에 대한 내용을 전달받는다. 원장(또는 실습지도교사)이 느끼는 지도상의 어려움을 경청하고 실습생(근무태도, 실습수업, 교재교구 제작 등)으로 인해 발생하는 문제가 있을 경우 지도교수는 원장과 협의를 한다. 방문지도 시 논의된 사항을 차후 양성교육기관 보육실습 준비 시 반영하도록 한다.

지도교수는 원장실, 교사실, 빈 보육실 등의 공간에서 실습생과 대화를 나눈다. 때로는 원장 또는 실습지도교사가 동석을 할 경우도 있다. 담당학생이 실습생으로서 겪은 실습 시의 어려운 점을 경청하며, 실습을 끝까지 마무리할 수 있도록 심리적·정서적 지원을 해준다. 실습기관에서 실습기간 동안에 향상된 점, 애로점, 앞으로 진행될 실습수업에 대한 조언 등을 이야기 나눈다.

원장/실습생 동석하에 지도한 경우

실습지도교사/실습생 동석하에 지도한 경우

실습생만 지도한 경우

그림 2-4 지도교수 방문지도

지도교수는 실습기관 방문지도 후, 실습생과 기관에 대한 종합평가 내용을 결과보고서로 작성하여 양성교육기관에 제출한다.

10) 실습기관의 실습 관련 서류 송부 및 보관/실습생 보육실습일지 제출

실습기관에서는 실습이 종료된 후 실습생이 소속된 양성교육기관에 실습 관련 서류를 발송한다.

보육실습기관이 실습 종료 후 14일 이내에 양성교육기관에 송부할 서류목록

- 보육실습확인서
- 보육실습평가서
- 보육실습비 영수증
- 보육실습생 출근부
- 보육실습일지(보육실습생이 양성교육기관에 직접 제출)
- 보육실습 지도교사 자격증 사본
- 보육실습기관 인가증 사본 또는 어린이집 위탁계약증서 사본(보육실습 당시 계약일시가 명시된 위탁계약증서)

또한 실습기관은 표 2-16, 표 2-17 의 실습결과보고서와 보육실습확인서를 작성한다. 보육실습확인서는 실습기관에서 '어린이집지원시스템'을 통해 입력하고 출력하여 어린이집 직인 날인 후 양성교육기관에 송부한다.

표 2-16 실습기관의 보육실습결과보고서 예

보 육 실 습 결 과 보 고 서

성　　　명:
주민등록번호:
보육실습기관명:
보육실습기간:　년　월　일( ) ~　월　일(　) 총 O주간 OOO시간 이상

평가영역(배점)	평가항목		배점	점수
근무태도와 자질 (20점)	근무사항	출석, 결석, 지각, 조퇴 등	5	
	태도	성실성, 근면성, 친절, 적극성, 복장 및 용모, 예절	5	
	자질	영유아 존중, 책임감, 인성, 열의	5	
	관계 형성	실습지도교사와의 관계 동료실습생과의 관계	5	
보육활동 계획과 실행 (30점)	보육활동계획	영역별, 반일(일일) 보육활동계획의 적합성과 충실한 준비	15	
	보육활동실행	영역별, 반일(일일) 보육활동의 효과적이고 적절한 실행 정도	15	
예비보육 교사로서 역할수행(30점)	영유아 행동 및 놀이 관찰, 보육환경 관찰		5	
	보육일과 진행 보조와 일상생활지도		10	
	영유아 상호작용과 놀이 참여		15	
보육실습일지 작성(10점)	구체적이고 충실한 보육실습일지 작성과 일일 자기평가 및 지도교사 평가 반영		10	
총평(10점)	실습기간 동안 예비보육교사로서 향상 정도		10	
총　점			100	

년　　월　　일

보육실습 지도교사:　　　　(인)
어린이집 원　　장:　　　　(인)

표 2-17 실습기관의 보육실습확인서

보 육 실 습 확 인 서

1. 실습 이수자 기본사항

이 름	주민등록번호	양성교육기관명

2. 실습기관

실습기관명		실습기관 보육정원	
기관종류		최초인가일	
주소			
연락처			

3. 실습 지도교사

이 름	자격 종류	자격번호

4. 실습 기간

실습기간	년 월 일 ~ 년 월 일(주간)
실습시간	총 시간(매주 요일 ~ 요일까지, 오전 시 ~ 오후 시)

위 사람은 영유아보육법 시행규칙 제12조 제1항에 의한 보육실습을 충실히 이수하였음을 확인합니다.

년 월 일

어린이집 원장 (서명 또는 인)

학과장 (서명 또는 인)

※ 첨부서류

1. 실습기관 시설인가증 사본 1부 2. 보육실습 지도교사 자격증 사본 1부

실습기관에서는 실습생 관련 서류를 보관한다. 보육실습과 관련한 보육실습확인서 사본, 보육실습평가서 사본, 보육실습비 영수증 사본, 보육실습 지도교사 자격증 사본을 이후 5년 동안 보관한다. 실습생과 관련된 세부사항을 '보육실습기관 보관용 보육실습생 기록대장'에 정확히 기록하여 영구 보존한다. 실습일지는 실습생 본인이 양성교육기관에 직접 제출한다.

11) 양성교육기관의 보육실습평가회 및 보육실습 종료

6주간의 보육실습을 마치고 양성교육기관에서는 전체 실습생과 학과교수가 모여 보육실습평가회를 개최한다. 실습생이 실습기관별로 실습기관 현황, 보육프로그램 소개, 실습했던 어린이집의 특색 있는 점 등의 내용을 중심으로 작성한 PPT 자료를 준비해 와서 발표한다.

또한 서면평가로, 표 2-18 의 보육실습 만족도 조사지를 배부하여 작성하도록 한다. 보육실습 만족도 조사와 실습평가회를 통해 도출된 결과는 차년도 실습기관 선정과 보육실습교과목 운영 및 실습지도에 반영하도록 한다.

표 2-18 보육실습 만족도 조사지 예

보육실습 만족도 조사(실습생용)

이 설문조사는 보육실습 프로그램에 참여하면서 느꼈던 점이나 의견을 묻는 것으로 향후 보다 효과적인 보육실습으로 개선하기 위한 목적으로 실시하고 있습니다. 귀하의 소중한 의견이 보육실습 개선에 도움이 될 수 있도록 솔직하고 성의 있게 답변해주시기 바랍니다.

학과	○○과	학년		학번		성명		보육실습 수행기관	

① 전혀 그렇지 않다 ② 그렇지 않다 ③ 보통이다 ④ 그렇다 ⑤ 매우 그렇다

항목	항목 번호	질문	평가				
	1	현장실습에 대해 전반적으로 만족한다.	①	②	③	④	⑤
	2	현장실습은 본인의 전공지식과 실무능력에 대해 좀 더 이해할 수 있는 계기가 되었다.	①	②	③	④	⑤

구분	번호	문항					
보육 현장 실습 내용의 실효성	3	현장실습은 취업 전에 직장생활을 경험해 볼 수 있는 기회가 되었다.	①	②	③	④	⑤
	4	현장실습은 향후 본인의 진로와 취업계획 수립, 졸업 후 직장생활에 도움이 될 것이다.	①	②	③	④	⑤
	5	앞으로 현장실습과정을 다른 동료나 후배에게 추천하겠다.	①	②	③	④	⑤
보육 현장 실습 운영의 적절성	6	대학의 실습운영(정보공지, 학생선발 등)은 적절하게 구성되었고, 그 계획에 따라 진행되었다.	①	②	③	④	⑤
	7	대학 및 지도교수는 실습과 관련된 학생들의 요구 및 의견을 충분히 반영한 편이다.	①	②	③	④	⑤
	8	현장실습의 학점부여와 관련하여 이수학점, 실습기간 등이 적절하다고 생각한다.	①	②	③	④	⑤
	9	실습 전 사전교육은 현장실습에 대한 전반적인 이해에 도움이 되었다.	①	②	③	④	⑤
보육 현장 실습 기관에 대한 만족도	10	실습환경(시설, 기자재, 안전 등)은 현장실습 교육장으로 적합하였다.	①	②	③	④	⑤
	11	실습기관에서는 현장실습 관리담당자를 배정하여 실습교육 및 업무부여 등 원활한 실습을 운영하였다.	①	②	③	④	⑤
	12	실습기관의 실습 내용은 전공과 관련된 내용으로 구성되어 실무지식을 습득하는 데 도움이 되었다.	①	②	③	④	⑤
	13	실습기관은 실습계획 및 일정에 따라 운영하였다.	①	②	③	④	⑤
	14	향후 실습기관으로부터 입사 제의가 들어온다면 취업할 의사가 있다.	①	②	③	④	⑤
향후 보육 현장 실습을 위한 제안	15	현장실습에 참여하면서 느꼈던 점이나 대학 내 교육과정과 다른 장점이 있었다면 무엇입니까?					
	16	위 사항 외에 현장실습에 참여하면서 개선이 필요한 추가적인 사항이 있으면 서술하여 주십시오.					

Chapter 03 보육실습생의 자세와 역할

보육실습이 갖는 의의와 중요성을 고려할 때, 보육실습생은 실습의 책무를 숙지하고 보육실습생으로서 갖추어야 할 자질을 함양하도록 노력해야 할 것이다. 본 장에서는 보육실습생이 자신의 역할을 이해하고, 보육실습생으로서 지켜야 할 근무 태도와 윤리 규정을 이해하며 준수하도록 하는 데 중점을 둔다.

1. 보육실습생의 역할

보육실습생은 보육교사로 임명되지 않은 예비보육교사이므로, 실습기간 동안 실습반에서 지도교사를 돕고 지도교사의 지도하에 보육활동을 계획·수행하는 역할을 한다는 것을 염두에 두어야 한다. 실습기간 동안 보육실습생의 역할을 크게 보조교사로서의 역할, 관찰자로서의 역할, 놀이파트너로서의 역할, 안전감독자로서의 역할로 나누어 보고자 한다.

1) 보조교사 역할

영아반은 하루일과에서 일상적 양육이 중요한 부분을 차지한다. 0세반의 경우, 수유 및 이유, 기저귀 갈이, 잠재우기, 안아주기 등의 일상적 양육과 사회·정서적인 친밀한 상호작용, 안전이 중요하며 개별적인 보살핌이 중심이 된다. 1, 2세반도 이러한 일상적 양육이 중요하므로 지도교사를 돕는 보조교사로서의 역할을 수행한다. 또한 유아반(3, 4, 5세)에서도 보육일과운영 중 정리정돈/점심 및 간식/낮잠/이 닦기 등의 상황에서 돕는 역할을 수행한다.

유아반의 경우 놀이를 지원하거나 함께 모여 활동을 할 때 유아들이 활동에 집중할 수 있도록 실습생은 보조교사로서 적극적인 지원을 한다.

2) 관찰자 역할

영유아의 놀이상황을 관찰하는 일은 모든 실습생에게 필수적인 역할이라 할 수 있다. 특히 2019 개정누리과정과 제 4차 어린이집 표준보육과정에서 영유아의 놀이가 강조되었으므로 영유아의 놀이 지원을 위해서 실습생은 하루에 영유아를 몇 명씩 정하여 놀이장면을 관찰하며 일화기록을 한다.

3) 놀이파트너 역할

실습생과 영유아, 영유아와 영유아, 영유아와 교구 간 자유놀이를 통하여 활발한 상호작용을 하게 된다. 영유아가 흥미과 관심에 따라 놀이에 자유롭게 참여하고 즐기도록 지도교사와 함께 놀이지원을 한다. 놀이에 참여하거나 놀이자료를 함께 찾아주거나 영유아 간의 갈등을 중재하는 등 도와주는 역할을 한다.

4) 안전감독자로서의 역할

하루일과에서 실습생은 실내/실외 전체를 둘러보며 안전 감독을 지속적으로 해야 한다. 하루에 2시간 이상 실내・바깥놀이를 한다. 특히 바깥놀이 시 실습생은 영유아의 안전을 고려하여 놀이지원을 해야 한다. 영유아가 놀이할 장소에 위험한 물건이 있는지, 시설물을 돌아보며 파손되거나 날카로운 곳은 있는지를 사전에 점검하고, 놀이 도중에 전체를 둘러보아 영유아들이 부딪치거나 모래를 서로 뿌리는 등의 위험 상황이 발생하는지 감독을 해야 한다.

2. 보육실습생의 근무태도

보육실습생이 실습하기 전 기관을 방문하였을 때 기관에서는 사전교육을 실시한다. 실습기관의 유형에 따라 사전교육 내용은 약간 다를 수 있으나, 실습생은 보육실습 시 주의사항, 기타 보육실습에 필요한 정보, 보육실습 일정 및 전반에 관한 사항 등 기관에서 요구하는 근무태도 관련 규정 및 지침을 준수하도록 노력해야 한다.

보육실습생의 근무태도

1. 실습 시 복장 및 용모
   (1) 복장은 항상 활동하기 편한 옷을 입으며, 혐오감을 주지 않는 정도로 입습니다.
   (2) 긴 머리인 경우는 활동할 수 있도록 단정히 뒤로 묶도록 하며 머리를 앞으로 숙일 때 머리카락이 자신의 얼굴을 덮지 않도록 합니다.
   (3) 가슴이나 등이 너무 파인 옷을 입지 않고 노출이 심하며 화려한 복장은 피합니다.
   (4) 화장은 너무 화려하지 않아야 합니다.
   (5) 안전한 보육활동은 매우 중요합니다. 긴 손톱은 영유아와 활동하는 데 있어 위해요소가 될 수 있습니다.

2. 근무태도
   (1) 출근 및 퇴근시간은 반드시 지키되 퇴근 시에는 허락을 받고 퇴근하며 출근 후 각반에 필요한 준비들을 돕습니다.
   (2) 자기가 맡은 반의 영유아의 이름을 가능한 빨리 외우도록 합니다.
   (3) 참관 수업이나 기타 활동에 있어 영유아들과 발생하는 문제점들은 항상 지도교사와 의논합니다.
   (4) 지도교사 및 다 실습생보다 나이가 많은 교육 실습생도 지도교사에게 배타적인 태도를 보이지 않으며 무엇인가를 얻어내려는 성실한 태도를 보여야 합니다.
   (5) 어린이집에 근무하는 모든 분들께는 '선생님' 이라는 호칭을 쓰며, 실습생 간에도 반드시 "선생님" 이란 호칭을 써야 합니다.
   (6) 부모상담은 반드시 지도교사가 하도록 합니다.
   (7) 수업이 끝난 후 교실청소와 교구를 정리합니다.

3. 참관수업, 실습수업 및 실습일지 작성 요령
   (1) 실습시간은 보육교사로서 많은 것을 배울 수 있는 기회이므로 호주머니에 작은 수첩과 펜을 준비하며 그때그때 일어나는 문제나 보육활동의 진행사항을 메모하여 보육실습일지에 적습니다.
   (2) 시간에 따라 진행되는 보육활동에 대해 시간별로 활동명을 적고 그에 대한 구체적인 내용을 적으며 필요한 준비물 및 참고사항들을 적어두고 필요한 경우 그림이나 사진으로 설명을 덧붙입니다. 또한 교사와 영유아의 상호작용도 관심을 가지고 지켜보아 실습일지에 기록합니다.
   (3) 참관 수업에 보육실습생으로서의 참여 범위는 지도교사와 의논합니다.
   (4) 실습일지는 실습 내용을 충실하게, 글씨는 정자로 깨끗하게 기록합니다. 활동 자료에

대한 설명도 기록합니다. 가능한 상세하게 적도록 하며 추후에 자신이 보육교사로서 일하게 되었을 때 참고자료로 활용합니다.

(5) 매일 보육실습일지를 작성하여 교사와 평가의 시간을 갖습니다.

4. 실습생 실습수업 계획- 부분수업, 연계수업, 온종일 수업, 교구 제작

부분수업 4회 연계수업 1회, 온종일 수업 1회

♣ 본 규정은 상황에 따라 조정될 수 있습니다.

(1) 부분수업

부분수업은 실습기간 1, 2주째에 이루어지며 총 _____회입니다.

수업계획서는 적어도 수업 이틀 전에는 꼭 제출합니다.

(2) 연계수업

연계수업은 실습기간 3, 4, 5주째에 이루어지며 총 _____회입니다.

수업계획서는 적어도 수업 이틀 전에는 꼭 제출합니다.

(3) 온종일 수업

온종일 수업은 6주 째에 이루어지며 총 _____회입니다.

(4) 교구제작은 주중에 중간 점검을 받은 후 2.4째 주 금요일에 제출합니다.

교구는 견고성, 안정성, 미적 감각, 추후 활동과의 연관성을 고려해서 제작합니다.

교구 제출 시 사진 및 설명서도 부착합니다.

출처: M 국공립어린이집(2017).

3. 보육실습생의 윤리

보육실습생의 언행, 태도, 영유아와의 상호작용, 보육교사에게 예의 바른 언어 사용, 영유아에 대한 인격적 대우, 영유아 개인정보 누출 금지, 어린이집 시설설비, 비품 사용지침 등 기관에서 정한 실습생으로서 준수해야 할 윤리 규정을 이해하고 이를 실천해야 한다.

보육실습생의 윤리 규정

- 보육실습생으로서 윤리적·도덕적으로 올바른 모습
- 보육에 대한 신념과 인성 겸비
- 보육실습생의 언행, 태도, 영유아와의 상호작용
- 지도교사에게 예의 바른 언어 사용(존칭어 사용) 및 영유아에 대한 인격적 대우
- 기관에서 제공하는 보육실습 학급 영유아 명단 외부 누출 금지
- 어린이집 관련 개인적, 가족 관련 내용에 대한 비밀유지
- 어린이집 시설설비, 비품 사용 지침 준수
- 보육실습지침(출퇴근 시간, 복장, 태도 등) 준수

출처: M 국공립어린이집(2017).

또한 보육실습생은 지도교사의 지도를 성실히 받아들이고, 출·퇴근시간을 준수하며, 모든 일은 지도교사와 상의하고, 근무시간에 이탈을 삼가며, 어린이집의 보육철학과 보육방침에 따라 실습활동의 일정을 정확히 지키고, 적극적이며 긍정적인 자세로 참여하는 등 실습의 책무를 숙지하고 실습생으로서 적합한 역할을 수행해야 한다.

보육실습생의 책무

- 실습기간 중 어린이집의 규정과 지시에 따른다.
- 출근시간을 엄수하고 당일의 준비를 한다.
- 근무 중 무단결석, 무단외출을 삼가며, 부득이 지각, 조퇴를 할 때는 사전에 어린이집에 사유서를 제출하여 허락받도록 한다.
- 언행과 품위를 지키고 단정한 복장에 반드시 명찰을 패용한다.
- 영유아들의 몸을 할퀼 수 있는 액세서리는 착용하지 않는다.
- 머리는 단정히 묶거나 핀을 꽂는다. 청결히 머리를 감고 다닌다.
- 짧은 치마나 반바지 착용은 삼간다(단, 현장학습, 견학, 소풍, 체육일 경우, 전날 알맞은 복장을 담임에게 질문한다).
- 실습생 상호 간에는 반드시 경어를 사용하고 지도교사에 대한 예절을 지킨다.
- 원아에게 체벌은 물론 상벌을 가하지 않도록 한다.
- 지도교사의 허락 없이 학부모와의 개인적인 관계유지를 피한다.
- 유아들에게 실습생 전화번호나 주소를 알려주지 않는다.
- 어린이집 시설 비품을 사용하고자 할 때는 지도교사와 사전 협의 후 담당자의 허가를 받아

사용하며, 사용 후 정확하게 반납한다.
- 어린이집 물건에 흠이 가지 않게 특히 칼질을 할 때 하드보드지 위에서 작업한다.
- 작업 후 어질러놓은 곳을 깨끗이 정리하며 쓰고 난 어린이집 재료는 제자리에 정돈한다.
- 유아가 다쳤을 때 함부로 연고를 발라주거나 투약하지 말고 담임교사에게 데려간다.
- 각종 제출물은 기일을 엄수하여 제출한다.
- 실습활동에 적극적이고 긍정적인 자세로 참여한다.
- 아이들을 아껴주는 것은 좋으나, 한 유아만을 지나치게 편애하지 않도록 유의한다.
- 실습시간 동안 핸드폰 전원을 꺼 놓고, 몸에 휴대하지 않는다.
- 어린이집의 보육목표와 보육방침을 이해하고 적극적으로 협력, 참가한다.
- 실습일지는 지도교사의 지시를 받아 그날그날 기록하며 실습생의 도장을 먼저 날인하고 퇴근 시 지도교사에게 제출한다. 매일 아침 출근하여 되돌려 받아 기록한다.

출처: M 국공립어린이집(2017).

PART_02

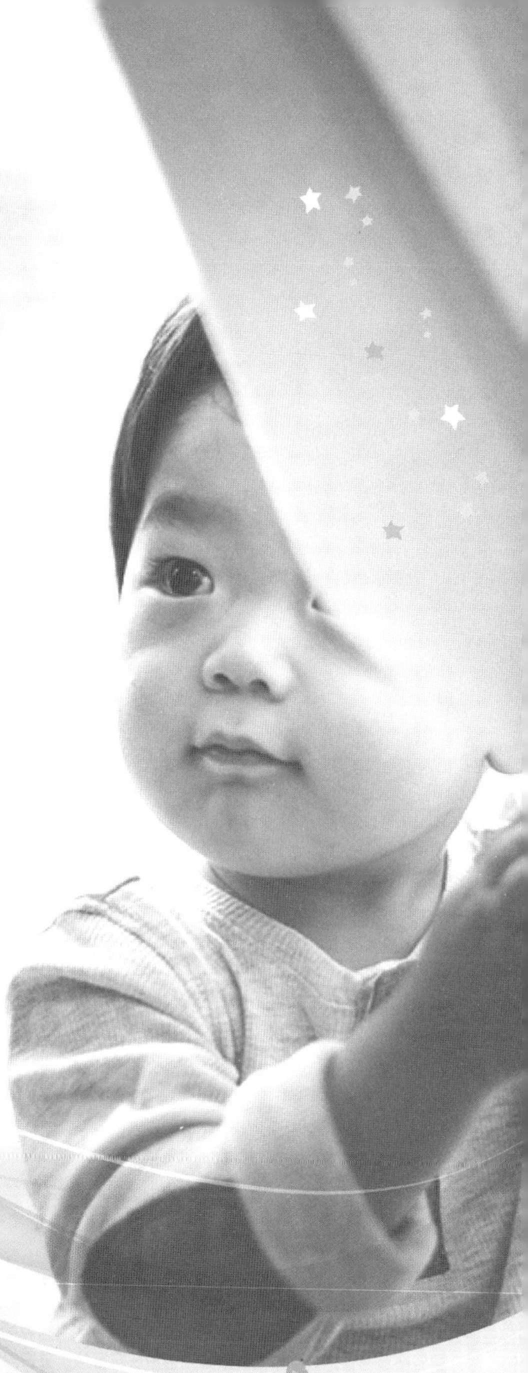

보육실습 6주: 현장 이해

좋은 보육교사가 되고 싶은 마음이 크지만, 보육실습현장에 나가려니 두려움이 앞선다.
호기심어린 눈망울로 "선생님"이라고 불러주는 아이들을 생각할 때 크게 심호흡하고 용기 내어본다.
6주간의 보육실습이 성공적인 경험이 되도록 관련 지식을 종합적으로 정리하고, 보육현장에 대한 그림을 그려봐야겠다.

학습목표

지식	1. 어린이집의 설립 유형을 설명할 수 있다. 2. 어린이집의 다양한 보육서비스를 이해할 수 있다. 3. 국가수준의 보육과정을 적용한 어린이집 보육과정을 이해할 수 있다. 4. 연령별, 영역별로 나타나는 영유아의 놀이양상을 설명할 수 있다. 5. 하루일과 중 일상생활지도의 방법과 교사의 역할을 설명할 수 있다. 6. 연령에 따른 건강, 영양, 안전관리의 지도방법을 설명할 수 있다.
기술	1. 영유아의 연령적 특성을 이해하고 일과운영을 할 수 있다. 2. 표준보육과정의 목표와 내용을 분석하고 각 어린이집의 보육과정에 적용할 수 있다. 3. 영유아의 놀이를 지원하는 상호작용을 할 수 있다. 4. 영유아의 놀이를 지원하기 위한 환경 구성을 할 수 있다. 5. 영유아의 발달적 특성을 고려하여 보육활동을 계획하고 적용할 수 있다. 6. 영유아의 건강, 영양, 안전지도를 위한 교사의 역할을 이해하고 수행할 수 있다.
태도	1. 국가수준의 보육과정을 반영하기 위해 노력하는 태도를 형성할 수 있다. 2. 놀이 상황에서 영유아의 개별적 욕구와 흥미를 존중할 수 있다. 3. 영유아의 자유로운 놀이를 지원할 수 있다. 4. 실내외의 다양한 활동에 함께 참여할 수 있다. 5. 영유아의 기본생활습관 형성을 위해 적극적으로 노력할 수 있다.

Chapter 04

실습기관의 유형과 보육서비스 이해

실습생이 어느 실습기관에서 보육실습을 경험했는가는 졸업 후 정식 보육교사로서 보육의 질을 담보하는 요인이 될 수 있다는 점에서 매우 중요한 의미가 있다.

본 장에서는 실습기관의 설립 유형과 다양한 보육서비스(장애영유아 통합보육, 방과후 보육, 그밖의 연장형 보육, 시간제보육 등)의 성격을 알아보도록 한다.

1. 실습기관의 유형

보육실습기관은 법적으로 인가받은 정원 15명 이상으로 평가인증을 유지하는 어린이집 또는 교육과정과 방과후과정을 운영하는 유치원이어야 한다. 이 중 어린이집을 중심으로 실습생이 주로 실습하게 되는 유형의 어린이집을 알아보면 표 4-1 과 같다.

표 4-1 설립 유형에 따른 실습기관

구분	국공립어린이집	민간어린이집	가정어린이집	직장어린이집
근거법	「영유아보육법」 「주택법」	「영유아보육법」	「영유아보육법」	「영유아보육법」, 「고용보험법」, 「남녀고용평등과 일·가정 양립 지원에 관한 법률」
설치주체	국가, 지방자치단체	비영리법인/ 단체 또는 개인	개인	사업주(단독 또는 공동), 국가 또는 지방자치단체
설치기준	• 저소득층 밀집지역, 농어촌지역 등에 우선 설치 • 신규 500세대 이상 공동주택지역에 의무 설치	• 관할 시장·군수·구청장의 인가 • 지역별 균형 배치		• 상시 여성근로자 300명 이상 또는 근로자 500명 이상 고용 사업장은 의무 설치

<table>
<tr><th>구분</th><th>국공립어린이집</th><th>민간어린이집</th><th>가정어린이집</th><th>직장어린이집</th></tr>
<tr><td rowspan="2">대상
(입소자격)</td><td colspan="3"><1순위></td><td rowspan="2">해당 사업장의 근로자 자녀</td></tr>
<tr><td colspan="3">• 한부모가족지원법 제5조의 규정에 의한 보호대상자의 자녀
• 국민기초생활보장법 제24조의 규정에 의한 차상위계층(중위소득의 50% 이하)의 자녀
• 장애인복지법 제2조의 규정에 의한 장애인 중 보건복지부령이 정하는 장애등급 이상에 해당하는 자(장애부모*)의 자녀
* 장애인복지법 시행규칙 별표 1의 장애등급 중 1급 또는 2급에 해당하거나 3급에 해당하는 지적장애인 또는 자폐성장애인으로서 다른 장애가 중복된 사람

• 아동복지시설에서 생활 중인 영유아
• 부모가 모두 취업 중이거나 취업을 준비 중인 부모
• 「다문화가족지원법」 제2조 제1호에 따른 다문화가족의 영유아
* 「재한외국인 처우 기본법」 제2조 제3호의 결혼이민자와 「국적법」 제2조부터 제4조까지의 규정에 따라 대한민국 국적을 취득한 자로 이루어진 가족
* 「국적법」 제3조 및 제4조에 따라 대한민국 국적을 취득한 자와 같은 법 제2조부터 제4조까지의 규정에 따라 대한민국 국적을 취득한 자로 이루어진 가족
• 자녀가 3명 이상인 가구 또는 영유아가 2자녀 가구의 영유아
• 산업단지 입주기업체 및 지원기관 근로자의 자녀로서 산업단지에 설치된 어린이집을 이용하는 영유아
• 법인·단체 등이 어린이집을 국가 또는 지방자치단체에 기부 채납하여 국공립어린이집으로 전환된 경우 해당 법인·단체 등의 근로자 자녀로서 그 어린이집을 이용하는 영유아
• 법 제24조 제2항 제3호에 따라 「주택법」 제2조 제2호에 따른 공동주택에 설치된 민간어린이집이 국공립어린이집으로 전환된 경우 해당 공동주택의 거주자 자녀로서 그 어린이집을 이용하는 영유아</td></tr>
<tr><td>설치수 (개소)
(2019. 12. 31 기준)</td><td>4,324</td><td>12,568</td><td>17,117</td><td>1,153</td></tr>
<tr><td>영유아수 (명)
(2019. 12. 31 기준)</td><td>232,123</td><td>664,106</td><td>273,399</td><td>66,023</td></tr>
</table>

출처: 보건복지부(2019). 2019 보육통계.
보건복지부(2020). 2020년 보육사업안내.

2. 어린이집의 다양한 보육서비스

1) 장애영유아 통합보육

국공립·법인 등 정부 지원 어린이집의 경우 우선적으로 장애아통합반을 구성하여 운영하여야 한다. 「장애인 등에 대한 특수교육법」 제15조에 따라 특수교육대상자로 선정된 3~5세 유아를 대상으로 한다. 교사 대 장애영·유아비율 준수(1 : 3)를 전제로 하며 통합교사를 배치한다.

2) 방과 후 보육

12세 이하 초등학생을 대상으로 방과 후 보육서비스를 제공한다. 방과 후 보육서비스 제공은 4시간 이상(~19시 30분까지)이다. 영유아보육의 연계선상에서 초등학교 저학년 학생을 우선 대상으로 하는 것으로 맞벌이부부 등 아동을 맡길 곳이 없는 가정을 우선으로 하여 시설 정원 범위 내에서 20%까지 보육할 수 있다.

3) 그 밖의 연장형 보육

그 밖의 연장형 보육이란 기본보육시간을 연장하여 보육하는 것을 말한다. 현재, 영유아보육법 제28조 제4항에 의거하여 여러 가지 그 밖의 연장형 보육이 운영되고 있다. 그 밖의 연장형 보육은 야간연장 보육, 야간12시간 보육, 24시간 보육, 휴일 보육으로 구분할 수 있다.

① 야간연장 보육 : 19:30~24:00 보육하는 유형. 07 : 30 이전에 이용한 경우도 야간연장보육으로 간주함.

② 야간12시간 보육 : 새벽까지(19 : 30~익일 7 : 30) 보육하는 유형

③ 24시간 보육: 07:30~ 익일 07:30 보육하는 유형

④ 휴일 보육 : 일요일 또는 공휴일(09:00~ 16:00)에 보육하는 유형

4) 시간제 보육

부모들이 필요로 하는 시간에 맞춰 시간 단위로 보육서비스를 이용하고 이용한 시간만큼 보육료를 지불하는 보육서비스다.

<table>
<tr><td>이용대상</td><td>어린이집, 유치원 등을 이용하지 않고 양육수당을 수급 중인 자(6~36개월 미만의 양육수당을 지원받는 영아)</td></tr>
<tr><td>지원대상</td><td>양육수당 수급 가구</td></tr>
<tr><td>지원시간</td><td>월 80시간</td></tr>
<tr><td>사업기관</td><td>(제공기관) 시 · 군 · 구로부터 시간제보육 제공기관으로 지정받은 어린이집, 육아종합지원센터 등
(관리기관) 시 · 도 육아종합지원센터</td></tr>
<tr><td>시간제보육 정원</td><td>3명 (1개반 기준)</td></tr>
<tr><td>운영시간</td><td>(원칙) 월요일~금요일 (09 : 00~18 : 00), 주말 및 공휴일 제외</td></tr>
<tr><td>시간제보육 예약 및 이용</td><td>
<table>
<tr><th>구 분</th><th>사전예약</th><th>당일예약</th></tr>
<tr><td>신청방법</td><td>온라인신청 [임신육아종합포털(PC/모바일)]
전화신청(1661-9361)</td><td>전화신청(1661-9361)</td></tr>
<tr><td>신청기간</td><td>서비스 이용 1일 전까지</td><td>서비스 이용 당일 15시까지</td></tr>
<tr><td>제출서류</td><td colspan="2">• 시간제보육 이용신청서 및 운영규정서약서(임신육아종합포털 다운로드)
• 가족관계증명서 및 신분증(가족관계 및 본인확인 후 반환)</td></tr>
<tr><td>준비물</td><td colspan="2">• 개별 준비물(기저귀, 개별 침구, 간식 등)
• 아이행복카드(사전 발급 필수)
* 종전 아이사랑카드는 계속 사용 가능</td></tr>
</table>
* 시간제보육에서는 원칙적으로 급 · 간식이 제공되지 않음. 다만, 이용 부모 요청 시 제공기관과 협의 하에 부모의 비용부담으로 제공 가능함
* 아이행복(사랑)카드 이외의 결제수단(현금)으로 결제 시에는 전액 본인 부담(시간 당 4,000원)
* 식중독 및 감염병으로 의심되는 증상을 보이는 영아는 이용 불가(의사의 완치 소견서 제출 시 이용 가능)
</td></tr>
</table>

실습기관의 설립 유형별로 다양한 보육서비스 현황을 정리하여 제시하면 표 4-2와 같다.

표 4-2 실습기관 설립 유형별 다양한 보육서비스 현황

구분			총계	국·공립 어린이집	사회복지 법인 어린이집	법인·단체 등 어린이집	민간 어린이집	가정 어린이집	부모 협동 어린이집	직장 어린이집
장애아통합	어린이집	어린이집 수	1,100	876	37	32	134	11	2	8
	아동	아동정원	97,770	76,230	3,607	2,877	13,264	215	57	1,520
		장애아동현원	4,568	3,470	182	212	656	22	4	22
	보육교직원	장애아반보육교사 특수교사, 치료사	1,628	1,272	64	67	209	4	3	9
방과후	어린이집	어린이집 수	229	52	46	47	74	7	1	2
	아동	아동정원	19,673	4,151	4,916	3,147	6,950	138	77	294
		방과후아동현원	2,079	630	203	821	355	22	13	35
	보육교직원	방과 후 반 보육교사	121	45	6	41	25	0	1	3
시간연장	어린이집	어린이집 수	8,015	2,438	334	.150	2,118	2,814	8	153
	아동	아동정원	414,401	165,629	30,540	10,997	138,369	51,323	420	17,123
		시간연장아동현원	29,908	5,809	1,262	671	10,037	10,489	45	1,595
	보육교직원	시간연장보육교사	6,970	1,525	306	175	2,428	2,155	9	372
휴일	어린이집	어린이집 수	312	162	43	15	53	31	0	8
	아동	아동정원	21,779	12,504	4,016	1,306	2,640	575	0	738
		휴일아동현원	143	35	45	12	29	16	0	6
	보육교직원	휴일반보육교사	113	24	23	21	29	7	0	9
24시간	어린이집	어린이집 수	153	44	11	2	47	46	0	3
	아동	아동정원	7,633	3,150	628	76	2,646	864	0	269
		24시간아동현원	549	56	53	10	274	156	0	0
	보육교직원	24시간보육교사	194	23	12	3	93	59	0	4

* 보육교사 : 담임교사, 대체교사, 방과후교사, 시간연장보육교사, 24시간보육교사, 시간제교사, 누리과정보조교사, 보조교사
* 장애 아동현원 : 아동자격이 '(영유아, 누리, 방과후) 장애아' 인 아동현원
* 장애아반 보육교사, 특수교사, 치료사 수 : 장애아반을 맡고 있는 일반 보육교사 혹은 특수교사, 치료사의 수
* 방과후 : 방과후전담 + 방과후통합 어린이집
* 방과후 보육교사 수 : 아동이 1명이상 배치된 방과후반을 맡고 있는 보육교사 수
* 시간연장 보육교사 수 : 아동이 1명이상 배치된 시간연장 반을 맡고 있는 보육교사 수
* 휴일반 보육교사 수 : 아동이 1명이상 배치된 휴일 반을 맡고 있는 보육교사 수
* 24시간 보육교사 수 : 보육교사 구분이 24시간 보육교사인 보육교직원 수

출처: 보건복지부(2019). 2019 보육통계.

Chapter 05 일과운영의 이해

영유아기는 연령에 따른 발달적 차이가 크고 개인차가 많이 나타난다. 따라서 어린이집의 하루일과는 영유아의 연령적 특성뿐만 아니라 영유아 개개인의 발달 차, 반의 특성을 고려하여 운영해야 한다. 본 장에서는 0~1세, 2세, 3~5세반의 어린이집 하루일과운영 및 교사의 역할을 이해하도록 한다.

1. 0~1세반의 일과운영

0~1세 영아가 어린이집에서 지내는 하루일과는 영아가 가정에서 보내는 하루일과와 유사하게 이루어진다. 즉, 식사, 낮잠, 대소변 보기, 씻기 등의 일상적 양육활동이 하루일과의 중요한 보육경험이 된다.

영아의 경우 일상적 양육과 놀이를 위한 시간을 중심으로 어린이집의 하루일과를 계획하고 영아 개개인의 생리적 요구를 충족시킬 수 있는 시간과 공간을 충분히 마련하도록 한다. 예를 들어, 교사가 계획한 놀이시간에 잠이 든 영아를 일부러 깨우기보다는 수면을 취한 후에 놀이할 수 있도록 영아의 개인적 요구에 맞추어 일과를 진행한다.

또한 영아들은 하루의 일과 속에서 안정감 있게 어린이집에 적응하고 보육교사와 애착을 형성하는 것이 중요하다. 따라서 교사는 언어적·신체적으로 따뜻하고 부드럽게 영아와 상호작용하며 영아의 요구에 신속하게 반응하여야 한다. 특히, 0~1세의 영아들은 식사(수유 및 이유), 기저귀 갈이 등의 일상생활에서 자발적으로 자신의 의사를 표현하기 어려우므로 교사가 영아를 지속적으로 관찰하면서 영아의 요구를 민감하게 파악해야 한다.

0~1세반의 하루일과는 등원 및 맞이하기, 점심 및 간식(수유 및 이유), 기저귀 갈이 및 배변훈련, 실내놀이, 바깥놀이, 귀가 및 가정과의 연계로 구분하여 이루어진다.

0~1세반의 일과운영의 예를 살펴보면 표 5-1 과 같다.

표 5-1 0~1세반 일과운영의 예

시간	활동 구분	활동 내용
7:30~9:00	등원 및 맞이하기	• 선생님, 친구들과 눈을 맞추며 인사한다. • 선생님의 도움을 받아 신발, 가방, 옷을 정리해본다.
9:00~10:10	오전 실내놀이	<감각 · 탐색> 촉감놀이를 해요 - 털실, 에어캡, 스펀지 촉감 판을 만져보고 다양한 촉감을 느껴본다. <쌓기 · 역할> 아기를 유모차에 태워요 - 아기 인형을 유모차에 태우며 놀이한다. <신체> 스펀지 공으로 놀이해요 - 스펀지 공을 던지고 굴려보며 놀이한다.
10:10~10:30	오전 간식	• 선생님의 도움을 받아 손을 씻는다. • '잘먹겠습니다'라고 말한 후에 간식을 먹는다.
10:30~11:00	기저귀 갈기 · 배변훈련	• 개별적으로 기저귀를 살펴보고 배변의사를 확인한다.
11:00~11:50	바깥놀이 및 손 씻기	<우리 동네를 산책해요> - 자신의 신발을 찾아 신는다. - 산책을 하며 우리 동네를 살펴본다.
11:50~13:00	점심식사 및 이 닦기	• 선생님의 도움을 받아 손을 깨끗하게 씻는다. • 오늘의 점심메뉴를 살펴보고 즐겁게 먹는다. • 점심식사 후에 이를 닦는다. • 화장실에 다녀온 후 기저귀를 간다.
13:00~15:00	낮잠 준비 및 낮잠	<내 이불을 덮고 자요> - 내 이불을 찾아 덮는다. - 편안하게 낮잠을 잔다.
15:00~15:30	기저귀 갈이, 씻기	• 기저귀를 갈고 손을 깨끗하게 씻는다. • 옷과 머리를 단정하게 한다.

시간	활동 구분	활동 내용
15 : 30~16 : 00	오후 간식	• 손을 씻고 즐겁게 간식을 먹는다.
16 : 00~18 : 00	오후 실내놀이	• 오전의 놀이와 연계하여 영아의 흥미에 따라 자유롭게 놀이한다.
18 : 00~19 : 30	귀가 및 가정과의 연계	• 선생님과 안으며 인사한다. • 부모님과 내일의 일정 및 영아에 대한 전달사항에 대해 이야기하고 귀가한다.

2. 2세반의 일과운영

2세경의 영아는 자율성과 소근육이 발달하면서 옷을 입고 이를 닦는 등의 일상생활을 스스로 하려는 욕구가 강해진다. 따라서 어린이집의 하루일과 중에 영아가 스스로 탐색하고 시도해 볼 수 있는 기회를 충분히 제공하는 것이 필요하다. 또한 영아마다 개인차가 많이 나타나므로 영아의 개별적인 욕구와 발달수준을 고려하며 하루일과를 운영하는 것이 중요하다.

2세의 하루일과는 점심 및 간식, 배변활동, 낮잠 등의 일상생활활동을 충분히 경험하면서도 0~1세에 비해 놀이활동의 시간 비중이 점차 늘어나도록 운영한다. 또한 실내와 실외, 정적 활동과 동적 활동, 개별활동과 휴식 등의 균형을 고려해야 하며 영아의 상태나 날씨, 보육실 상황 등에 따라 융통성 있게 일과를 운영하도록 한다.

2세반의 하루일과는 등원 및 맞이하기, 점심 및 간식, 배변훈련, 실내놀이, 바깥놀이, 귀가 및 가정과의 연계활동으로 구분하여 이루어진다.

2세반 일과운영의 예를 살펴보면 표 5-2 와 같다.

표 5-2 2세반 일과운영의 예

시간	구분	내용
7 : 30~9 : 00	등원 및 맞이하기	• 선생님, 친구들과 반갑게 인사한다. • 신발, 가방, 옷을 자기 자리에 정리한다.
9 : 00~11 : 30	오전 실내놀이	<미술> 당근 도장을 찍어요 - 당근을 이용하여 물감 도장을 찍는다. <쌓기·역할> 아기를 재워요 - 아기 인형에게 이불을 덮어주며 놀이한다. <신체> 스펀지 공으로 놀이해요 - 스펀지 공을 던지고 굴려보며 놀이한다.
10 : 00~10 : 30	오전 간식	• 자유놀이 시간 중 간식을 먹고 싶은 영아는 자유롭게 간식을 먹는다. • 선생님의 도움을 받아 손을 씻는다. • '잘먹겠습니다'라고 말한 후에 간식을 먹는다.
11 : 30~11 : 50	바깥놀이 및 손 씻기	<우리 동네를 산책해요> - 자신의 신발을 찾아 신는다. - 산책을 하며 우리 동네를 살펴본다.
11 : 50~13 : 00	점심식사 및 이 닦기	• 선생님의 도움을 받아 손을 깨끗하게 씻는다. • 오늘의 점심메뉴를 살펴보고 즐겁게 먹는다. • 점심식사 후에 이를 닦는다.
13 : 00~15 : 00	낮잠 준비 및 낮잠	<낮잠 준비를 해요> - 내 이불을 스스로 찾아본다. - 이불을 덮고 편안하게 낮잠을 잔다.
15 : 00~15:20	낮잠 정리하기, 화장실 가기	• 화장실에 다녀온 후 손을 깨끗하게 씻는다. • 옷과 머리를 단정하게 한다.
15 : 20~15 : 50	오후 간식	• 손을 씻고 즐겁게 자리에 앉아서 간식을 먹는다. • 간식을 다 먹은 후 간식 접시를 정리한다.
15 : 50~18 : 00	오후 실내놀이	• 오전의 놀이와 연계하여 영아의 흥미에 따라 자유롭게 놀이한다. • 자기가 놀이했던 놀잇감을 선생님과 함께 정리해 본다.
18 : 00~19 : 30	귀가 및 가정과의 연계	• 신생님, 친구들과 인사한다. • 부모님과 내일의 일정 및 영아에 대한 전달사항에 대해 이야기하고 귀가한다.

3. 3~5세반의 일과운영

유아기는 신체조절력과 언어능력이 발달하고 주변과 다양한 관계를 맺게 되면서 다양한 측면의 발달이 지속적으로 이루어지는 시기이다. 따라서 3~5세반의 하루일과는 영아반의 하루일과와는 다른 모습을 보인다. 유아기의 균형적인 발달을 돕기 위해서는 하루일과를 통해 교육적 경험과 따뜻한 보호의 경험이 동시에 이루어질 수 있도록 해야 한다. 즉, 유아들의 신체적·심리적 욕구를 충족시킬 수 있는 놀이나 놀이를 지원하는 활동을 다양하게 제공하는 것뿐만 아니라 휴식, 식사, 배변활동 등의 경험도 함께 제공해야 한다.

하루일과의 단위는 놀이, 활동, 일상생활로 구성한다. 놀이란 영유아가 자발적·주도적으로 선택하고 놀이하는 과정에서 배움이 이루어지는 경험을 의미하는 것이고, 활동이란 놀이를 지원하기 위해 놀이 맥락 안에서 발달적으로 적합한 활동 계획을 교사가 안내하는 경험을 의미한다. 일상생활은 등원, 하원, 간식, 점심, 화장실 다녀오기, 안전지도 등 매일 반복되는 생활경험을 의미한다.

주위 환경과 능동적으로 상호작용하며 발달하는 유아기에는 하루일과 속에서 다양한 형태의 교류가 이루어질 수 있는 기회를 마련해 주어야 한다. 말하자면, 교사와 유아 간에 생각을 나눌 수 있는 기회, 친구들과 함께 놀이하고 협력하여 문제해결 할 수 있는 기회, 주변 환경을 탐색해 보고 실험해 볼 수 있는 기회 등 유아가 다양한 방식으로 상호작용을 할 수 있도록 하루일과를 운영하는 것이 중요하다. 유아 스스로, 혹은 친구들과 협력하여 문제해결을 해볼 수 있도록 놀이나 유아의 자발적인 선택에 의한 활동이 중심이 되도록 일과를 구성한다.

유아반의 하루일과는 등원, 놀이(실내·외), 정리정돈, 활동, 점심, 낮잠 및 휴식, 귀가 및 가정과의 연계로 구분하여 계획할 수 있다.

4세반 일과운영의 예를 살펴보면 표 5-3과 같다.

표 5-3 4세반 일과운영의 예

시 간	구분	내용
7:30~9:00	등원 및 맞이하기	• 선생님, 친구들과 반갑게 인사한다. • 신발, 가방, 옷을 스스로 정리한다.

시 간	구분	내용
9 : 00~10 : 30	오전 자유놀이	<언어> '노랑나비' 이야기 꾸미기 - '노랑나비' 그림자료를 자유롭게 배열한 후 이야기를 만든다. <역할> 나비가 되어보세요 - 나비 날개 옷을 입고 나비가 되어 놀이한다. <미술> 나비를 꾸며보아요 - 여러 가지 재료를 이용하여 나비를 꾸민다.
9 : 30~10 : 00	오전 간식	• 자유놀이 중 간식을 먹고 싶은 유아는 손을 깨끗하게 씻는다. • 간식을 받아 맛있게 먹는다. • 다 먹은 간식 접시를 정리한다.
10 : 30~10 : 50	정리정돈 및 화장실 다녀오기	• 가지고 놀던 놀잇감을 제자리에 정리한다. • 화장실에 다녀온 후 손을 씻는다.
10 : 50~11 : 10	활동	<동화> 배고픈 애벌레 - 놀이시간에 놀이했던 나비와 관련된 놀이경험을 회상하며 동화를 즐겁게 감상한다. - 동화를 듣고 난 후 자신의 느낌을 자유롭게 이야기한다.
11 : 10~12 : 10	바깥놀이	<모래로 모양 떡 만들기> - 여러 가지 모양의 모양틀을 이용하여 떡을 만들어본다. • 자신이 놀이한 놀잇감은 스스로 정리한다.
12 : 10~13 : 20	점심식사 및 이 닦기	• 점심식사 전에 손을 깨끗하게 씻는다. • 오늘의 점심메뉴를 살펴보고 골고루 먹는다. • 점심식사 후에 이를 닦는다.
13 : 20~14 : 00	정리정돈 및 낮잠준비	• 점심식사가 끝난 유아들은 조용한 놀이를 하며 친구들을 기다린다. • 정리정돈 후 화장실에 다녀온다. • 베개 및 이불을 준비한다.
14 : 00~15 : 30	낮잠 및 휴식	• 자기 자리에 누워 편안하게 낮잠을 잔다. • 잠이 들지 않은 유아는 편안히 누워서 휴식한다.
15 : 30~16 : 00	낮잠 깨기 및 정리정돈	• 먼저 일어난 유아들은 화장실에 다녀온다. • 친구들이 일어날 때까지 조용한 놀이를 하며 기다린다. • 친구들과 함께 베개와 이불을 정리한다.
16 : 00~16 : 30	오후 간식	• 손을 씻고 간식을 먹는다. • 간식을 먹은 후 간식 접시를 스스로 정리한다.
16 : 30~18 : 00	오후 자유놀이	• 오전 자유놀이와 연계하여 계속 하고 싶은 놀이를 선택하여 놀이한다. • 자신이 놀이한 놀잇감을 정리한다.

시 간	구분	내용
18 : 00~19 : 30	귀가 및 가정과의 연계 (통합보육)	• 오늘 하루일과를 회상해 본다. • 자신의 소지품을 정리한 후 선생님과 친구들에게 인사한다. • 통합보육실로 이동하여 놀이하다 부모님이 오시면 개별적으로 귀가한다.

활동하기

영유아의 발달적 특성을 고려하여 연령별로 하루일과를 계획해보자.

- 하루일과 계획을 위한 대상 연령의 특성을 생각해 본다.
- 연령과 시기, 영유아의 흥미에 따라 등원에서 귀가까지 하루일과의 시간계획을 해본다.

2세반의 하루일과

시간	하루일과(구분)
7 : 30 ~ 9 : 00	등원 및 맞이하기
18 : 00~19 : 30	귀가 및 가정과의 연계 (통합보육)

4세반의 하루일과

시간	하루일과(구분)
7 : 30 ~ 9 : 00	등원 및 맞이하기
18 : 00~19 : 30	귀가 및 가정과의 연계 (통합보육)

4. 하루일과에 따른 교사의 역할

어린이집에서 하루일과를 계획하고 운영할 때에는 영유아의 기본적인 욕구를 충족하고 영유아의 발달적 적합성을 고려하여야 한다. 영유아의 연령이 어릴수록 개별적인 상호작용을 통해 어린이집에서의 적응과 심리적인 안정감을 갖도록 하는 것이 중요하다. 반면에 영유아의 연령이 높아질수록 스스로 문제해결을 할 수 있도록 기다려주고 주변과 긍정적으로 관계를 맺을 수 있는 기회를 제공해야 한다. 따라서 보육교사는 하루일과 속에서 어린이집의 보육목적을 달성하고 영유아의 전인적인 발달을 도모하기 위해 다양한 역할을 수행해야 한다.

보육실습생 또한 실습기관의 보육목적과 운영방법을 이해하고 적극적이고 능동적으로 보육실습에 참여해야 한다. 일반적으로 보육실습생은 어린이집의 일과운영이나 영유아의 행동, 환경 구성 등을 관찰하기도 하고 영유아의 놀이를 지원하는 놀이와 활동을 직접 안내하면서 보육실습을 수행하게 된다. 따라서 보육실습생은 하루일과를 중심으로 한 보육교사의 역할을 명확하게 파악해야 하며, 하루일과 중에 보육실습생으로서의 역할을 다하여 보육실습의 목적을 이루도록 해야 한다.

어린이집의 하루일과에 따른 교사 및 보육실습생의 역할을 구체적으로 기술하면 다음과 같다.

1) 등원

영아의 경우 어린이집에 등원할 때 부모와 떨어지는 데 어려움이 있다. 특히, 낯가림과 분리불안이 고조되는 1세경이나, 학기 초, 주말을 지내고 온 월요일 등이면 영아들은 부모와 헤어지지 않으려고 울거나 심각하게 불안해하는 모습을 보이기도 한다. 따라서 보육교사는 영아가 안정감을 갖고 어린이집에 등원할 수 있도록 따뜻하게 인사하고 개별적으로 상호작용하며 보육실로 들어오도록 한다. 등원 시 부모와 영아의 기분이나 건강상태, 투약 여부, 식사 및 배변상태 등에 대한 정보를 교환할 수 있다.

유아의 경우 보육교사와 눈을 맞추며 반갑게 인사하고 유아의 기분을 읽어주거나 가정에서 일어났던 일 등을 이야기하며 개별적으로 맞이해 준다. 유아가 스스로 자기 소지품을 정리하고 친구들과도 반갑게 인사 나눌 수 있도록 격려한다. 등원 시 보육교사와 보육실습생의 역할을 살펴보면 표 5-4 와 같다.

표 5-4 등원 시 보육교사 및 보육실습생의 역할

<table>
<tr><th>구분 \ 연령</th><th>0~1세</th><th>2세</th><th>3~5세</th></tr>
<tr><td>보육교사 역할</td><td>• 영아와 인사하며 기분이나 건강상태 등을 관찰하기
• 영아의 부모와 건강상태나 투약 여부, 식사, 배변상태 등에 대한 정보 교환하기
• 개별적으로 영아를 보육실로 데려오기</td><td>• 영아와 인사하며 기분이나 건강상태 등을 관찰하기
• 영아의 부모와 건강상태나 투약 여부, 식사, 배변상태 등에 대한 정보 교환하기
• 영아가 스스로 교실에 들어올 수 있도록 격려하기</td><td>• 유아와 반갑게 인사하며 바르게 인사하는 방법을 모델링하기
• 유아의 기분을 읽어주거나 가정에서 일어났던 일 등을 이야기하며 개별적으로 맞이하기
• 유아가 신발, 옷, 가방 등의 개인 소지품을 정리할 수 있도록 격려하기
• 다른 친구들이나 어린이집의 어른들을 만났을 때 인사하도록 격려하기</td></tr>
<tr><td>보육 실습생 역할</td><td colspan="2">• 실습지도교사가 영아를 맞이하는 태도와 방법을 잘 관찰하기
• 실습지도교사를 도와 영아를 친절하게 맞이하고 인사하기
• 영아의 소지품 정리를 도와주거나 가방에 약이나 메모가 있는 경우 실습지도교사에게 전달하기
• 정리를 마친 영아가 놀이할 수 있도록 도와주고 영아들을 지속적으로 관찰하며 함께 놀이에 참여하기</td><td>• 실습지도교사가 유아를 맞이하는 태도와 방법을 잘 관찰하기
• 보육실로 들어온 유아를 따뜻하게 맞이하고 인사하기
• 유아가 스스로 자신의 소지품을 정리할 수 있도록 격려하고 가방에 약이나 메모가 있는 경우 실습지도교사에게 전달하기
• 정리를 마친 유아가 놀이를 시작할 수 있도록 도와주고 유아들을 지속적으로 관찰하며 함께 놀이하기</td></tr>
</table>

2) 자유놀이

0~2세 영아들은 자유놀이시간을 통해 자신의 몸을 조절하고 주변의 대상을 탐색하며 놀이한다. 보육교사는 영아가 흥미를 보이는 놀잇감과 놀이 형태에 따라 개별적으로 적절한 상호작용을 하며 영아가 능동적으로 주변을 탐색하고 조작해 보도록 도와야 한다.

특히, 0~1세 영아들은 입을 통해 사물을 탐색하므로 안전하고 위생적인 환경을 갖추도록 노력해야 한다. 2세 영아의 경우 이동능력 및 신체조절력이 점차 발달하면서 주변의 관심 있는 대상에 자유롭게 다가가 탐색하고 조작하는 형태의 놀이를 즐겨하게 된다. 따라서 영아가 편안한 분위기에서 자율적으로 놀이할 수 있는 기회를 제공하도록 한다.

3~5세 유아들은 자유놀이시간을 통해 자신의 흥미와 관심사에 따라 놀이를 선택한다. 이때 유아가 자유롭게 놀이를 계획하고 실행해보며 다양한 방법으로 문제를 해결할 수 있도록 충분하게 시간계획을 하는 것이 좋다. 보육교사는 유아의 놀이가 지속적으로 유지되고 확장될 수 있도록 적절한 순간에 개입하고 반응해 주도록 하며 친구들과 함께 놀이할 수 있도록 격려한다. 자유놀이 시 보육교사와 보육실습생의 역할을 살펴보면 표 5-5 와 같다.

표 5-5 자유놀이 시 보육교사 및 보육실습생의 역할

연령 구분	0~1세	2세	3~5세
보육교사 역할	• 영아가 흥미를 보이는 놀잇감이나 놀이 형태에 따라 개별적으로 상호작용하기 • 영아의 건강상태나 생리적 요구 등을 민감하게 관찰하기 • 안전하고 위생적인 환경 제공하기	• 영아의 흥미에 따른 자발적인 놀이 선택을 격려하고 개별적으로 상호작용하기 • 영아의 건강상태나 생리적 요구 등을 민감하게 관찰하기 • 안전하고 위생적인 환경 제공하기 • 다른 영아들과의 갈등 상황에 개입하고 중재하기	• 유아의 관심과 선호에 따라 놀이를 선택할 수 있도록 다양한 놀잇감 및 놀이자료 구성하기 • 놀이가 유지되고 확장될 수 있도록 적절한 순간에 개입하고 유아의 요구에 반응하기 • 친구들과 협력하여 놀이할 수 있는 기회 제공하기
보육 실습생 역할	• 실습지도교사가 영아와 상호작용하는 태도와 방법을 잘 관찰하기 • 0~1세 영아에게 적합한 놀이환경 관찰하기	• 실습지도교사가 영아와 상호작용하는 태도와 방법을 잘 관찰하기 • 2세 영아에게 적합한 놀이환경 관찰하기	• 3~5세 유아들에게 적합한 놀이환경과 놀이의 지원 및 확장을 위해 실습지도교사가 유아와 상호작용하는 태도와 방법을 잘 관찰하기

구분 \ 연령	0~1세	2세	3~5세
보육 실습생 역할	• 영아와 개별적으로 상호작용하며 영아의 놀이를 격려하기 • 영아의 안전에 유의하며 영아의 행동과 놀이 관찰하기	• 영아의 자발적인 놀이 선택을 격려하며 함께 놀이에 참여하기 • 영아가 안전하게 이동하고 놀잇감을 조작할 수 있도록 지속적으로 관찰하기	• 보육실에서 유아들과 함께 정한 규칙을 빨리 익히고 이에 따라 일관성 있게 지도하기 • 유아 간의 갈등 상황이 발생했을 경우 섣부르게 개입하기보다는 실습지도교사에게 알리고 문제 상황 지도방법을 잘 관찰하기 • 놀이를 마치면 유아가 자신의 놀잇감을 스스로 정리할 수 있도록 돕기

3) 점심식사

0세의 경우 영아들은 우유를 먹지만 생후 5~6개월 무렵부터는 이유식을 시작하여 1세경이 되면 죽이나 진밥과 같은 고형식을 먹을 수 있다. 보육교사는 개별적인 영아가 먹는 우유의 양과 시간을 알고 적절하게 제공해야 한다. 영아기의 식습관은 이후 맛에 대한 선호에도 영향을 미치므로 이유식을 먹는 영아들이 다양한 맛을 경험하도록 해야 한다.

2세경이 되면 주로 밥을 먹게 되는데, 영아가 식사의 즐거움을 느낄 수 있도록 편안한 환경을 제공한다. 또한 영아의 영양과 건강을 고려하여 다양한 종류의 식사를 제공하도록 한다. 영아기에는 자율성이 발달하면서 스스로 밥을 먹으려는 행동이 나타나는데, 교사는 영아가 스스로 시도해 볼 수 있도록 격려한다.

3~5세 유아들은 맛에 대한 선호가 뚜렷해지면서 편식행동이 나타나기도 하고 친구들과의 경쟁심 때문에 제대로 씹지도 않고 빨리 먹으려는 행동이 나타나기도 한다. 보육교사는 유아에게 일정 양을 정해진 시간 내에 무조건 다 먹게 하기보다는 식사의 중요성을 이해하고 꼭꼭 씹어서 식사할 수 있도록 안내해야 한다. 또한 식사와 관련된 손 씻기, 식사할 때의 예절, 자리 정리하기, 이 닦기 등의 기본생활 습관이 형성되도록 지속적으로 지도해야 한다. 점시식사 시 보육교사와 보육실습생의 역할을 살펴보면 표 5-6 과 같다.

표 5-6 점심식사 시 보육교사 및 보육실습생의 역할

구분 \ 연령	0~1세	2세	3~5세
보육교사 역할	• 영아들이 먹는 우유의 양과 시간을 알고 적절하게 제공하기 • 영아와 개별적으로 눈 맞춤하며 편안한 분위기에서 식사할 수 있도록 상호작용하기 • 수유 후에 영아 트림 시키기	• 영아의 영양과 건강을 고려한 다양한 종류의 식사 제공하기 • 영아가 숟가락을 이용하여 스스로 식사해 보도록 격려하기 • 영아가 다양한 종류의 음식을 먹어볼 수 있도록 격려하기	• 유아가 스스로 식사 준비와 정리를 할 수 있도록 격려하기 • 음식에 대한 태도나 골고루 먹는 모습에 대한 모델링 제공하기 • 적절한 속도로 식사할 수 있도록 격려하기 • 식사 시 예절에 대해 지속적으로 안내하기
보육 실습생 역할	• 실습지도교사를 도와 수유 및 이유식 준비하기 • 자리 안내 및 턱받이 준비 돕기 • 식사 후에 자리 정리 돕기 • 영아의 이 닦기를 개별적으로 돕기 • 식사를 먼저 마친 영아와 놀이하기 • 실습지도교사를 도와 자리 정리 돕기	• 실습지도교사를 도와 식사 준비하기 • 자리 안내 및 턱받이 준비 돕기 • 영아가 스스로 먹기나 다양한 먹기를 시도하는 경우 적극적으로 격려해주기 • 식사를 마친 영아의 입 주변, 손, 옷 등을 닦아주기 • 영아의 이 닦기를 돕거나 식사를 먼저 마친 영아와 놀이하기 • 실습지도교사를 도와 자리 정리 돕기	• 실습지도교사를 도와 식사 준비하기 • 식사의 내용을 이야기하며 바른 식습관 지도를 돕기 • 유아가 적절한 속도와 양으로 식사할 수 있도록 격려하기 • 식사 후 유아가 주변을 정리할 수 있도록 격려하기 • 화장실에서 유아들의 이 닦기 돕기 • 정리를 마친 유아들과 함께 놀이하기 • 실습지도교사를 도와 자리 정리 돕기

4) 바깥놀이

어린이집의 하루일과 중 영유아의 발달과 흥미를 고려한 의미 있는 보육경험은 실외에서도 제공해야 한다.

어린이집의 바깥놀이터나 인근의 공원에서 자유롭게 놀이하거나 산책하는 등의 경험은 영유아의 신체적 욕구를 충족시키며 균형 있는 발달을 도모할 수 있다. 바깥놀이 시 놀이기구를 이용하여 신체놀이를 하거나 자연물을 탐색하고 이것을 상상놀이에 활용할 수도 있다. 반면, 실외에서는 영유아의 움직임이 커지고 행동반경이 넓어지므로 보육교사는 특히 안전관리에 주의하며 영유아들을 지도해야 한다.

0세반은 주 3회 30분 이상, 1, 2세는 매일 매일 30분 이상, 유아반의 경우 매일 1시간 이상 바깥놀이 시간을 충분히 배정한다. 그러나 영유아의 컨디션이나 날씨, 예상치 못한 상황이 발생했을 경우에는 보육실이나 강당, 신체활동실 등의 실내에서 영유아의 신체적 욕구를 해소할 수 있도록 융통성 있게 일과를 운영하도록 한다. 바깥놀이 시 보육교사와 보육실습생의 역할을 살펴보면 표 5-7 과 같다.

표 5-7 바깥놀이 시 보육교사 및 보육실습생의 역할

구분 \ 연령	0~1세	2세	3~5세
보육교사 역할	• 영아의 컨디션, 건강상태 등을 점검하며 실외활동 가능 여부를 개별적으로 관찰하기 • 개별 영아에게 옷을 입히고 신발을 신어 실외활동 준비를 돕기 • 실외에서 영아의 상태나 반응을 지속적으로 점검하며 상호작용하기	• 영아 스스로 자신의 옷과 신발을 찾을 수 있도록 격려하기 • 안전하게 놀이시설을 이용할 수 있도록 안내하고 안전한 놀잇감과 환경을 제공하기 • 영아 간 갈등 상황을 중재하고 영아의 놀이행동 특성을 관찰하기	• 유아가 스스로 자신의 옷과 신발을 준비할 수 있도록 격려하기 • 유아가 위험한 곳과 위험한 행동을 인식하고 안전하게 놀이할 수 있도록 안내하기 • 다양한 형태의 놀이가 지속되고 확장될 수 있도록 상호작용하기 • 바깥놀이 후 놀잇감을 정리하고 손을 씻도록 안내하기
보육 실습생 역할	• 실습지도교사를 도와 영아의 바깥놀이 준비를 돕기 • 바깥놀이 시 필요한 유모차, 물티슈, 여벌옷 등의 준비를 돕기 • 실외에서 영아의 상태를 지속적으로 확인하며 영아가 자유롭게 주변을 탐색할 수 있도록 돕기	• 실습지도교사를 도와 영아의 바깥놀이 준비를 돕기 • 실외에서 영아의 상태를 지속적으로 확인하며 영아가 자유롭게 놀이할 수 있도록 격려하기 • 화장실에 가고 싶은 영아 돕기 • 바깥놀이 후 깨끗하게 손을 씻도록 돕기	• 유아가 질서를 지켜 바깥놀이터로 이동할 수 있도록 격려하기 • 안전에 유의하며 유아의 놀이 행동 관찰하기 • 유아들의 놀이가 심화, 확장될 수 있도록 상호작용하기 • 바깥놀이 후 놀잇감을 유아 스스로 정리하도록 격려하기 • 깨끗하게 손을 씻도록 안내하기

5) 낮잠 및 휴식

영유아의 균형적인 발달을 돕기 위해서는 놀이뿐만 아니라 영유아의 개별적 특성에 맞게 편안한 휴식시간을 제공하는 것이 필요하다. 보육교사는 영유아가 적절한 시간에 낮잠을 자고 휴식을 취할 수 있도록 계획하여 다음 활동으로 전이하는 데 무리가 없고 신체적·심리적으로 안정되도록 도와야 한다. 영아가 어릴수록 하루일과 중 낮잠을 자는 시간이 많지만 연령이 증가할수록 점차 낮잠 자는 횟수와 시간이 줄게 된다. 0~1세의 경우 낮잠 시간과 횟수는 영아마다 개인차가 있으므로 정해진 낮잠 시간 이외에도 영아의 생활리듬에 따라 충분히 잠 자고 휴식을 취할 수 있도록 한다. 2세경이면 하루일과 중 1번 정도의 낮잠을 잔다. 그러나 하루일과 중의 활동이나 영아 개인의 건강상태, 수면상태 등을 고려하여 충분한 휴식을 취할 수 있도록 한다. 3~5세가 되면 낮잠 자기를 거부하는 유아가 있기도 하다. 이때 강제적으로 낮잠을 자도록 강요하기보다는 유아에게 휴식의 필요성을 이해시키고 친구들의 낮잠을 방해하지 않으면서 편안한 상태로 휴식을 취해보도록 권유한다. 보육교사는 영유아들이 낮잠을 자는 동안 쾌적한 환경을 마련하기 위해 채광 및 온도를 조절하거나 창문을 열어 환기시킨다. 낮잠을 잔 후 자신의 침구를 스스로 정리해 보도록 하여 성취감을 느낄 수 있도록 한다. 낮잠 및 휴식 시 보육교사와 보육실습생의 역할을 살펴보면 표 5-8 과 같다.

표 5-8 낮잠 / 휴식 시 보육교사 및 보육실습생의 역할

연령 구분	0~1세	2세	3~5세
보육교사 역할	• 영아의 개별적 욕구를 배려하여 낮잠을 충분히 잘 수 있도록 시간 운영하기 • 낮잠 전후로 기저귀를 확인하고 갈아주기 • 편안하고 즐거운 상태로 낮잠을 깰 수 있도록 부드럽게 상호작용하고 기다려주기 • 영아들의 수면상태를 지속적으로 관찰하면서	• 영아 스스로 자신의 이불과 베개를 찾을 수 있도록 격려하기 • 낮잠 자기 전 화장실에 다녀오도록 안내하고 적절하게 기저귀 갈아주기 • 편안하고 즐거운 상태로 낮잠을 깰 수 있도록 부드럽게 상호작용하며 기다려주기 • 영아들의 머리, 얼굴, 옷 등을 단정히 다듬어 주기	• 유아가 스스로 낮잠 준비를 할 수 있도록 격려하기 • 낮잠 자기 전 화장실에 다녀오도록 안내하기 • 편안하게 낮잠을 잘 수 있도록 안내하기 • 잠이 들지 않는 유아들은 편안하게 휴식을 취할 수 있도록 돕기 • 자신의 침구를 스스로 정리하도록 격려하기

구분 \ 연령	0~1세	2세	3~5세
	관찰일지 및 다음 수업 준비하기	• 영아들의 수면상태를 지속적으로 관찰하면서 관찰일지 및 다음 수업 준비하기	• 화장실에 다녀온 후 자신의 용모를 단정히 하도록 돕기
보육 실습생 역할	• 실습지도교사를 도와 영아의 낮잠 준비 돕기 • 다음 수업 준비를 도우며 지속적으로 영아 관찰하기 • 영아가 낮잠에서 깨면 정리를 돕기	• 실습지도교사를 도와 영아의 낮잠 준비를 돕기 • 낮잠 자기를 힘들어 하는 영아를 다독여주고 잠들기를 기다려주기 • 화장실에 가고 싶은 영아 돕기 • 다음 수업 준비를 도우며 지속적으로 영아 관찰하기 • 영아가 낮잠에서 깨면 정리를 돕기	• 유아가 스스로 낮잠 준비를 할 수 있도록 격려하고 돕기 • 낮잠 자기를 힘들어하는 유아가 편안한 자세로 쉴 수 있도록 격려하기 • 화장실에 가고 싶은 유아 돕기 • 유아의 낮잠상태 지속적으로 관찰하기 • 유아가 침구를 정리하고 머리와 옷을 단정히 할 수 있도록 돕기

6) 활동

3~5세반의 경우 놀이 중의 문제를 해결하거나 교육적으로 함께 공유할 가치가 있는 내용, 기본생활습관지도 등을 활동으로 계획하여 수행할 수 있다. 이야기 나누기, 게임, 동화, 동시, 동극, 과학, 요리, 미술 등의 활동을 통해 유아는 주변 환경, 사물, 사람에 대해 호기심을 가지고 주도적으로 탐구하여 문제를 해결하고 이 과정을 공유할 수 있다.

활동을 계획할 때는 유아의 놀이 흐름, 개별적 유아의 특성, 연령별 발달 특성, 활동유형, 소요시간 등을 고려하여야 한다. 예를 들어, 3세의 경우는 집단활동은 필요한 경우에 최소한으로 실시하도록 한다. 놀이를 지원하기 위한 활동을 계획해야 하는 경우, 개별활동이나 소집단 활동의 형태로 제공하여 유아가 기다리는 시간을 최소화하고 주도적으로 활동에 참여할 수 있도록 한다. 유아의 연령이 증가하면서 자기 조절력과 효율적인 의사소통능력이 발달함에 따라 친구와 의견을 공유하고 함께 협력하여 활동하는 기회가 많아진다. 그러나 너무 오랜 시간 동안 연속적으로 집단활동을 계획하는 것은 바람직하지 않으며 놀이 맥락 안에서 진정한 배움이 일어날 수 있는 경험을 제공하는 것이 좋다. 활동 시 보육교사와 보육실습생의 역할을 살펴보면 표 5-9 와 같다.

표 5-9 활동 시 보육교사 및 보육실습생의 역할

구분 \ 연령	3~5세
보육교사 역할	• 놀이 흐름, 개별적 유아의 특성, 연령별 발달 특성, 활동 유형, 소요시간 등을 고려하여 활동 구성하기 • 놀이 지원을 위한 활동을 계획하는 경우 필요한 경우에 최소한으로 실시하기 • 친구와 생각을 나누고 협력해 볼 수 있는 기회 제공하기 • 다양한 유아들과 협력할 수 있도록 다양한 형태의 집단 구성하기
보육 실습생 역할	• 실습지도교사의 대·소집단 활동 운영기술과 상호작용방법 관찰하기 • 수업자료가 보이지 않는 유아의 자리를 옮겨 앉도록 돕기 • 집중하지 못하는 유아에게 활동에 참여할 수 있도록 돕기 • 보육실습생 또한 활동에 반응하며 흥미 있는 표정을 지어 모델링하기 • 활동 중 화장실에 가고 싶은 유아 돕기

7) 귀가 및 가정과의 연계

귀가 준비를 하며 오늘 하루 어린이집에서 경험한 즐거웠던 일들을 회상해 보면서 하루일과를 마무리한다. 또한 개인 소지품이나 가방 등을 챙겨주고 영유아가 즐거운 마음으로 귀가할 수 있도록 돕는다. 유아의 경우 스스로 소지품을 정리하고 옷이나 머리를 단정하게 해 볼 수 있도록 격려한다.

보육교사는 하루일과 동안 관찰한 영유아의 심리상태나 건강상태, 수유 및 식사상태, 배변상태, 활동참여도 등을 귀가 시 부모에게 간단하게 전달한다. 영유아와 헤어질 때는 밝은 모습으로 내일에 대한 기대를 가지고 귀가할 수 있도록 개별 영유아와 인사한다. 귀가 시 보육교사와 보육실습생의 역할을 살펴보면 표 5-10 과 같다.

표 5-10 귀가 시 보육교사 및 보육실습생의 역할

구분 \ 연령	0~1세	2세	3~5세
보육교사 역할	• 영아의 심리상태나 건강상태, 수유, 배변상태 등을 관찰하고 기록하기 • 개별 영아의 옷을 입혀주고 소지품을 챙기기 • 하루 일과 중 영아에 대한 중요한 사항 부모님께 전달하기	• 영아 스스로 자신의 옷과 신발, 가방을 찾을 수 있도록 격려하기 • 옷 입기, 머리 단정히 하기 등의 귀가 준비 돕기 • 영아와 하루 일과 중에 재미있었던 일이나 칭찬할 행동에 대해 이야기 나누기 • 개별 영아와 인사하며 모델링 보이기 • 하루 일과 중 영아에 대한 중요한 사항을 부모님께 전달하기	• 유아가 스스로 자신의 옷과 신발, 가방, 소지품을 준비할 수 있도록 격려하기 • 어린이집에서의 하루일과를 회상해 보고 평가하며 서로의 느낌과 정서를 나누기 • 유아가 오늘 어린이집에서의 하루일과에 만족감과 즐거움을 느끼고 귀가할 수 있도록 돕기 • 하루 일과 중 유아에 대한 중요한 사항을 부모님께 전달하기
보육 실습생 역할	• 실습지도교사를 도와 영아의 개별적인 귀가 준비를 돕기 • 영아와 밝은 표정으로 인사를 나누고 학부모님께도 공손하게 인사하기 • 모든 영아가 귀가한 후 보육실의 정리정돈 돕기	• 실습지도교사를 도와 영아의 옷차림, 머리, 소지품 준비를 돕기 • 영아와 밝은 표정으로 인사를 나누고 학부모님께도 공손히 인사하기 • 실습지도교사의 허락 없이 임의적으로 영아를 귀가시키지 않기 • 어린이집의 통학 차량을 이용하는 경우 실습지도교사를 도와 안전하게 차량에 탑승할 수 있도록 돕기	• 실습지도교사를 도와 유아가 미처 챙기지 못한 소지품, 옷차림을 정리할 수 있도록 돕기 • 통합보육실로 이동하는 경우 소지품을 모두 가지고 갈 수 있도록 돕기 • 유아와 밝은 표정으로 인사하고 개별적으로 부모님이 오신 경우 공손하게 인사하기 • 실습지도교사의 허락 없이 임의적으로 유아를 귀가시키지 않기

Chapter 06 보육과정의 적용

보육과정은 어린이집에서 보육활동을 계획하고 운영하는 데 큰 그림을 그릴 수 있도록 돕는 설계도와 같은 역할을 한다. 기본적으로 어린이집의 보육과정은 국가수준의 보육과정을 기반으로 하여 영유아의 발달수준, 지역사회의 특성, 어린이집의 보육철학과 목적 등을 고려하여 구성한다. 본 장에서는 국가수준의 보육과정인 표준보육과정의 목적과 내용을 이해하고, 이를 적용하기 위한 어린이집에서의 전반적인 과정을 알아보도록 한다.

1. 표준보육과정을 적용한 어린이집 보육과정

국가수준의 표준보육과정은 어린이집 0~5세 영유아들에게 보편적이고 공통적인 보육의 목표와 내용·방법·평가를 제시하고 있으며, 0~1세 보육과정, 2세 보육과정, 3~5세 보육과정(누리과정)으로 구성되어 있다.

각 어린이집에서는 표준보육과정의 목적과 목표, 내용, 운영방법, 교수·학습방법, 평가 등의 전반적인 운영과정을 이해하고 각 어린이집의 프로그램을 계획해야 한다. 이때 영유아의 연령, 발달수준, 발달과업, 흥미와 요구뿐만 아니라 보육활동이 진행되는 시기와 공간, 지역사회의 특성 등을 고려하여 보육계획을 수립하도록 한다. 계획한 보육활동이 놀이를 중심으로 통합적으로 운영되도록 하며 실행한 보육활동이 표준보육과정에서 제시한 각 연령별, 수준별 내용에 근거하여 계획하고 실행하였는지를 정기적으로 평가하여 다음 보육계획 수립에 반영하도록 해야 한다. 즉, 국가 수준의 표준보육과정이 어린이집의 보육과정을 계획하고 운영하는데 적용되어야 한다.

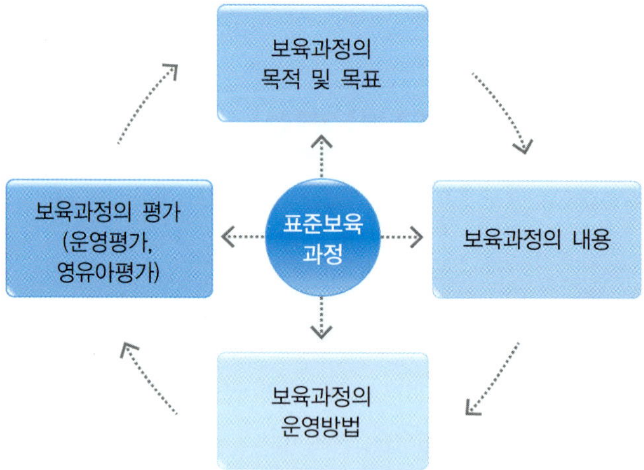

그림 6-1 표준보육과정을 적용한 어린이집 보육과정

2. 보육과정의 목적 및 목표

각 어린이집은 우선 국가수준의 보육과정인 표준보육과정에 기반하여 보육과정 목적 및 목표를 설정하여야 한다.

제4차 표준보육과정의 추구하는 인간상과 목적 및 목표를 구체적으로 살펴보면 표 6-1 과 같다.

표 6-1 제4차 표준보육과정의 추구하는 인간상과 목적 및 목표

구분	0~2세 보육과정	3~5세 보육과정
추구하는 인간상	• 건강한 사람 • 창의적인 사람 • 더불어 사는 사람 • 자주적인 사람 • 감성이 풍부한 사람	
목적	영유아가 놀이를 통해 심신의 건강과 조화로운 발달을 이루고, 바른 인성과 민주 시민의 기초를 형성한다.	
	• 자신의 소중함을 알고, 건강하고 안전한 환경에서 즐겁게 생활한다.	• 자신의 소중함을 알고, 건강하고 안전한 생활 습관을 기른다.

목표	• 자신의 일을 스스로 하고자 한다. • 호기심을 가지고 탐색하며 상상력을 기른다. • 일상에서 아름다움에 관심을 가지고 감성을 기른다. • 사람과 자연을 존중하고 소통하는 데 관심을 가진다.	• 자신의 일을 스스로 해결하는 기초능력을 기른다. • 호기심과 탐구심을 가지고 상상력과 창의력을 기른다. • 일상에서 아름다움을 느끼고 문화적 감수성을 기른다. • 사람과 자연을 존중하고 배려하며 소통하는 태도를 기른다.

어린이집은 각 어린이집의 보육철학에 맞는 목표를 설정해야 한다. 이때 표준보육과정의 추구하는 인간상, 목적과 목표를 기반으로 지역적 특성, 시기, 영유아의 발달적 요구 등을 고려하여야 한다.

○ ○ 어린이집의 보육목적과 목표 설정의 예

- **보육목적**: 꿈이 있는 행복한 어린이
- **보육목표**: 1. 안전하고 건강한 생활습관의 기초를 마련한다.
  2. 자신의 신체를 긍정적으로 인식하고 기초체력을 기른다.
  3. 상황에 따라 적절하게 표현하며 소통한다.
  4. 아름다움에 관심을 가지고 창의적으로 표현하며 즐긴다.
  5. 일상생활에서 호기심을 가지고 주변세계를 탐구하는 능력과 태도를 기른다.

3. 보육과정의 내용

0~1세 및 2세의 표준보육과정은 기본생활, 신체운동, 의사소통, 사회관계, 예술경험, 자연탐구의 6개 영역을 중심으로 구성되어 있다. 0~1세, 2세 표준보육과정의 영역과 내용은 표 6-2 와 같다.

표 6-2 0~1세 및 2세 표준보육과정 영역과 내용

영역	기본생활	신체운동	의사소통	사회관계	예술경험	자연탐구
내용	• 건강하게 생활하기 • 안전하게 생활하기	• 감각과 신체 인식하기 • 신체활동 즐기기	• 듣기와 말하기 • 읽기와 쓰기에 관심가지기 • 책과 이야기 즐기기	• 나를 알고 존중하기 • 더불어 생활하기	• 아름다움 찾아보기 • 창의적으로 표현하기	• 탐구 과정 즐기기 • 생활 속에서 탐구하기 • 자연과 더불어 살기

3~5세 표준보육과정(누리과정)은 신체운동·건강, 의사소통, 사회관계, 예술경험, 자연탐구의 5개 영역을 중심으로 구성되어 있다. 3~5세 표준보육과정의 영역과 내용은 표 6-3 과 같다.

표 6-3 3~5세 표준보육과정(누리과정) 영역과 내용

영역	신체운동·건강	의사소통	사회관계	예술경험	자연탐구
내용	• 신체활동 즐기기 • 건강하게 생활하기 • 안전하게 생활하기	• 듣기와 말하기 • 읽기와 쓰기에 관심가지기 • 책과 이야기 즐기기	• 나를 알고 존중하기 • 더불어 생활하기 • 사회에 관심 가지기	• 아름다움 찾아보기 • 창의적으로 표현하기 • 예술 감상하기	• 탐구과정 즐기기 • 생활 속에서 탐구하기 • 자연과 더불어 살기

제 4차 표준보육과정은 영유아중심·놀이중심 보육과정이며, 특히 어린이집에서의 놀이 경험을 강조하고 있다. 각 어린이집에서는 표준보육과정에서 제시하고 있는 연령별 보육목표와 내용을 근거로 어린이집의 보육철학, 영유아의 요구나 발달특성, 사회문화적 상황, 생활특성 등을 반영하여 자율적으로 보육계획을 수립한다. 연간, 월간, 주간, 일일 보육계획안 등의 형식이나 분량 등은 어린이집의 실정과 보육철학, 학급상황 등에 따라 자율적으로 결정한다.

4. 보육과정 운영

보육교사는 보육목표와 보육 내용에 적합한 보육활동을 다양하게 선정하여 통합적으로 운영하고 영역별 경험이나 활동을 균형 있게 제공하여야 한다.

표 6-4 표준보육과정 운영

- 어린이집의 운영 시간에 맞추어 편성한다.
- 표준보육과정을 바탕으로 각 기관의 실정에 적합한 계획을 수립하여 운영한다.
- 하루 일과에서 바깥 놀이를 포함하여 영유아의 놀이가 충분히 이루어지도록 편성하여 운영한다.
- 성, 신체적 특성, 장애, 종교, 가족 및 문화적 배경 등에 따른 차별이 없도록 편성하여 운영한다.
- 영유아의 발달과 장애 정도에 따라 조정하여 운영한다.
- 가정과 지역사회와의 협력과 참여에 기반하여 운영한다.
- 교사 연수를 통해 표준보육과정의 운영을 개선할 수 있도록 한다.

보육과정을 운영하는 데 있어 보육교사의 전문적 역할이 요구된다. 즉, 어린이집에서의 모든 경험이 보육목표를 구현하고 영유아가 주도하는 충분한 놀이 속에서 진정한 배움이 일어나고 있는지, 놀이를 지원하기 위한 활동이 영유아에게 적합한 방법으로 실행되고 있는지를 신중하게 고려하여야 한다.

영유아의 발달에 적합한 교수학습방법은 놀이를 통해 통합적으로 경험되도록 하는 것임을 이해하여 하루일과를 계획하고 영유아를 지원한다.

표 6-5 교수학습방법

- 영유아의 의사 표현을 존중하고 민감하게 반응한다.
- 영유아가 흥미와 관심에 따라, 놀이에 자유롭게 참여하고 즐기도록 한다.
- 영유아가 놀이를 통해 배우도록 한다.
- 영유아가 다양한 놀이와 활동을 경험할 수 있도록 실내외 환경을 구성한다.
- 영유아와 영유아, 영유아와 교사, 영유아와 환경 사이에 능동적인 상호작용이 이루어지도록 한다.
- 각 영역의 내용이 통합적으로 영유아의 경험과 연계되도록 한다.
- 개별 영유아의 요구에 따라, 휴식과 일상생활이 원활히 이루어지도록 한다.
- 영유아의 연령, 발달, 장애, 배경 등을 고려하여 개별 특성에 적합한 방식으로 배우도록 한다.

5. 보육과정 평가

보육과정 평가는 보육과정 운영평가와 영유아평가로 구분할 수 있다. 보육과정 운영평가는 보육과정 운영 내용이 표준보육과정의 목표와 내용에 근거하여 편성, 운영되었는지 평가하며 영유아평가는 실제 보육과정을 통해 영유아들의 어떤 부분에 발달적 변화를 가져왔는지 평가한다.

평가 결과는 다음 보육과정 수립과 편성운영 시 반영되어 더 나은 보육을 위해 활용되도록 한다.

표 6-6 보육과정 평가

- 표준보육과정 운영의 질을 진단하고 개선하기 위해, 평가를 계획하고 실시한다.
- 영유아의 특성 및 변화 정도와 표준보육과정의 운영을 평가한다.
- 평가의 목적에 따라 적합한 방법을 사용하여 평가한다.
- 평가의 결과는 영유아에 대한 이해와 표준보육과정 운영 개선을 위한 자료로 활용할 수 있다.

Chapter 07 놀이지원의 이해

영유아의 발달과 학습은 놀이를 통해 이루어진다. 따라서 보육교사는 영유아의 전인발달을 위해서 영유아가 다양한 놀이를 경험하고 놀이를 확장할 수 있도록 지원해 줄 수 있어야 한다. 놀이지원은 놀이 공간, 놀이자료, 상호작용 등 다양한 측면으로 지원할 수 있다. 본 장에서는 연령별, 영역별로 나타나는 영유아의 놀이 양상에 따른 상호작용지원에 대해 구체적으로 알아보기로 한다.

1. 연령별 놀이지원

영유아는 연령에 따라 놀이의 양상이 다르게 나타난다. 따라서 보육교사는 영유아의 놀이를 잘 관찰하면서 영유아의 연령이나 발달적 특성을 고려하여 놀이를 지원해야 한다.

1) 0~1세반 놀이 양상 및 상호작용의 실제

0세는 자신의 몸과 주변 놀잇감을 보고, 듣고, 만져보고, 빨면서 탐색하고 놀이한다. 영아는 무엇인가가 움직이거나 소리 나는 것에 관심을 보이는데, 특히 자신의 동작에 의해 움직임을 유발하고 예측할 수 있다면 더욱 재미를 느낀다. 따라서 0세의 놀이는 무엇인가를 흔들고, 잡았다가 떨어뜨리고, 던져보고, 입으로 물고, 손에 쥐어보는 양상이 반복적으로 나타난다.

보육교사 또한 영아들이 좋아하는 놀이의 대상이 될 수 있다. 영아들은 보육교사의 목소리, 노랫소리, 표정, 움직임, 손길 등을 감각적으로 경험하면서 즐거움을 느낀다. 이때 보육교사는 영아가 관심을 보이는 것에 함께 관심을 보이고 영아의 흥미에 따라 반응하며 상호작용해야 한다. 보육교사와 친밀감을 형성한 영아들은 보육실 내에서 안정감을 가지고 놀이를 시도할 수 있으므로 영아가 놀이하는 동안 영아와 얼굴을 마주보며 다양한 표정과 억양으로 상호작용한다.

0세의 놀이에서 교사와의 상호작용 예를 살펴보면 표 7-1 과 같다.

표 7-1 0세 놀이에서 교사와의 상호작용 예

놀이	상호작용의 예
선생님의 노래 듣기	• 선생님은 ○○이를 정말 정말 사랑해요. • 선생님의 노랫소리를 들어볼까요? 선생님은 ○○이를 사랑해 ♬ 사랑해 사랑해 사랑해 사랑해 선생님은 ○○이를 사랑해 • 선생님 노랫소리를 들으니까 기분이 좋아졌어요? • 선생님이 어떻게 노래하는지 다시 들어볼까요? • ○○이가 선생님 보면서 웃고 있네요!
딸랑이 흔들기	• (딸랑이를 잡고 흔드는 영아를 보며) 딸랑이 흔들고 있네? 선생님도 같이 해 볼까요? • 딸랑딸랑 소리가 나네, 딸랑이를 흔드니까 딸랑딸랑! • ○○이도 흔들어보고 싶구나. 잡아볼까요? • ○○이가 흔드니까 딸랑딸랑 소리가 나네. 또 해볼까요? • 이야, 세게 흔들었네. 또 소리가 나네요!
바스락 소리가 나요 (소리 나는 인형이나 비닐 공)	• (소리 나는 인형을 만지며 관심을 보이는 영아와) 어? 바스락 바스락 소리가 나네! • 어디에서 나는 소리일까? • (또 다시 인형으로 소리 내는 영아의 반응을 살피며) 이쪽에서도 소리가 나네? • 아~! 애벌레 인형이구나. ○○이가 소리를 낸 것이었구나! • ○○이가 잡았네. 어? 소리가 나네! 바스락바스락! • 이렇게도 소리 낼 수 있겠구나. 또 눌러볼까요?
까꿍 놀이해요	• (손수건으로 얼굴을 가리는 영아를 보며) 까꿍 놀이 하고 싶어요? • (손수건으로 얼굴을 가리며) 응? 선생님 얼굴이 안보이네! • (손수건을 내리며) 까꿍! 선생님 얼굴이 이제 보여요. • ○○이도 까꿍 해볼까요? • (선생님이 손수건으로 얼굴을 가려주며) 어? ○○이 얼굴이 안보인다!

놀이	상호작용의 예
	• (선생님이 손수건을 내리며) 아~! 여기 있네. 까꿍! • ○○이가 또 까꿍 해볼까요? 어디 있지? • 까꿍! ○○이 얼굴 보이네.
선생님과 춤춰요	• (들려오는 음악을 듣고 있는 영아에게) 음악 들으니까 신나는구나! ○○이랑 선생님이랑 춤을 추어 볼까요? • (영아를 무릎에 앉히고) 랄랄라 ♬ 랄랄라 ♬ • 선생님이랑 같이 신나게 랄랄라 ♬ 랄랄라 ♬ • 흔들흔들, 팔도 쭉 쭉!, 엉덩이도 풀썩 풀썩! • 춤추니까 신이 나요! 좋아, 엉덩이 풀썩 풀썩! • (영아를 안고 서서) 또 신나게 춤출까요? 랄랄라 • 어느 쪽으로 갈까? 이쪽으로 빨리빨리 가보자! • 또 춤추다가, 어느 쪽으로 갈까? 이쪽으로 가서 춤추자!

1세가 되면 영아들은 점차로 선 자세를 유지하고 걸을 수 있게 되며 몸을 다양하게 움직일 수 있게 된다. 따라서 1세는 자신의 신체를 중심으로 공간을 이동하고 무엇을 옮기고 감각적으로 움직이는 놀이의 양상이 나타난다.

영아들은 친숙한 단어들을 이해하기 시작하며 엄마, 아빠 등의 단어를 구사하기도 한다. 또한 좋아하는 놀이를 집중해서 반복적으로 시도하기도 하고 다양한 놀잇감과 사물을 직접 조작해 보려는 욕구가 강하다.

따라서 보육교사는 1세 영아의 다양한 감각을 자극하고 신체를 움직일 수 있는 놀이 기회를 제공하는 것이 중요하며 영아가 다양한 감각을 이용하여 주변을 탐색할 수 있도록 상호작용해야 한다.

표 7-2 는 1세의 놀이에서 교사와의 상호작용 예이다.

표 7-2 1세 놀이에서 교사와의 상호작용 예

놀이	상호작용의 예
점토로 놀이하기	• (그릇 속을 열어보고 싶어하는 영아와) 그릇 안에 무엇이 있는지 궁금해요? 열어볼까요? 밀가루 점토가 있네요. • ○○이가 한 번 만져볼까요? • 주물주물 꾹꾹 눌러볼까요? • ○○이는 주먹으로 쿵쿵 쳤어요. 또 주물러 볼까요? • ○○이가 꾹꾹 눌렀더니 점토가 재미있는 모양이 되었네.

놀이	상호작용의 예
선생님과 소꿉놀이하기	•(소꿉놀이하며 음식을 교사에게 건네주는 영아와) ○○이 음식 만들었어요? 선생님한테 주는거예요? •○○이가 만든 음식 먹어볼께요! 아~! 음! 맛있는 음식이네. •○○이도 먹어볼래? 정말 맛있지! •또 다른 음식도 먹어볼까? 아~! 냠냠냠냠! 아이고 배부르다! •○○이도 또 먹어볼래요? 어떤 것으로 먹어볼까? •○○이도 배불러요? 많이 먹었네~! 잘먹었습니다!
매트 위에서 뛰어보자!	•(매트 위에서 뛰는 영아와) 이 위에서 뛰고 있어요? •이야, ○○이가 아주 높이 뛰어올랐네. •콩콩 뛰어보고 싶어요? 선생님이 손잡아줄까요? •선생님 손잡고 ○○이가 폴짝! •이야, 또 뛰어볼까요? 계속 뛰어볼까? 준비! 폴짝! •○○이는 쿵쿵 소리가 나게 뛰는구나.
촉감길을 걸어요	•(촉감길에 관심을 보이는 영아와) ○○아, 이게 뭘까? 만져볼까요? •올록볼록한 길이구나. ○○이가 이 길로 걸어보고 싶어요? •발바닥으로 콩콩, 어때? ○○이가 환하게 웃고 있네. •선생님이 손 잡아줄까요? ○○이 혼자 걸어볼거예요? •여기서 멈추었네. 선생님이 기다려줄게요. •또 걸어보고 싶어요? 넘어지지 않게 조심조심. •이야, 다 왔다! 올록볼록 길을 걸었네. 또 걸어보고 싶어요?
동물 모자를 쓰고 놀아요	•(동물 모자를 만지고 있는 영아와) 이게 뭐지? 강아지 모자네. 또 어떤 모자가 있나? 토끼도 있네. •모자 써 보고 싶어요? 어떤 동물 모자를 써 볼까? •(영아가 선택한 모자를 씌워주고) 이야, ○○이가 강아지가 되었네! •벗어서 살펴보고 싶어요? 자, 여기! 강아지 모자였네. •토끼 모자로 바꾸어 보고 싶어요? 이번에는 토끼가 되었네. •어? ○○이가 토끼처럼 깡충깡충 뛰었네! •우와! 토끼처럼 높이 뛰었네요!

2) 2세반 놀이 양상 및 상호작용의 실제

2세가 되면 신체를 다양하게 움직이고 놀잇감을 자율적으로 조작하면서 감각적으로 느끼고 표현하는 놀이 양상이 나타난다. 특히, 어떤 대상을 기억하여 모방하고 상상해 보는 능력이 발달하면서 이러한 특징이 놀이에 반영되기도 한다. 친구의 존재를 인식하고 친구를 좋아하지만 자기 주장이 강하고 아직 사회적 기술이 부족하기 때문에 놀잇감, 놀이 영역, 소유권 등에서 갈등이 많이 일어나기도 한다.

보육교사는 2세 영아의 자율적인 탐색과 시도를 격려하며 놀이를 통해 자신의 감정과 생각을 표현하고 또래와의 관계를 형성할 수 있도록 도와야 한다. 따라서 영아가 자신의 개별적인 탐색과정과 놀이방식에 맞추어 놀이해 볼 수 있도록 시간을 두고 기다려주는 것이 필요하다. 또한 영아가 주도적으로 교사, 또래, 놀잇감, 주변 환경과 상호작용하며 자율적으로 활동하고 이해할 수 있도록 허용적인 분위기를 조성하여야 한다.

표 7-3 은 2세 놀이에서 교사와의 상호작용 예이다.

표 7-3 2세 놀이에서 교사와의 상호작용 예

놀이	상호작용의 예
역할놀이 하기	<놀이상황> ○○이는 물끄러미 한 곳을 주시하고 있다. 놀이 영역 교구장에 몸을 기댄 채 역할영역에서 친구들이 놀이하는 움직임에 따라 시선이 움직인다.
	• 이곳에서 놀아보고 싶구나. • 그릇도 있고, 음식도 있고, 인형도 있네요. • 어떤 것을 가지고 놀이해 볼까요? ○○이는 큰 집에 들어가 보고 싶어요? • 놀이 집 안에 친구들이 있네요. • 친구야 같이 놀아도 돼? ○○이도 같이 놀고 싶대. • ○○이가 선생님에게 음식을 차려주었네! 우와 맛있겠다. • 잘먹겠습니다! ○○이는 무슨 음식 좋아해요? • 이 음식을 또 누구랑 먹을까? ○○이가 친구한테 나누어줄거예요?
친구들과 춤추기	<놀이상황> 놀이하던 영아가 스피커에서 나오는 음악 소리에 반응하며 몸을 움직인다. 교사가 다가가자 눈을 마주치며 활짝 웃는다
	• 음악 듣고 있었어요? 재미있게 춤추고 있는거구나. • ○○이가 엉덩이를 흔들고 있네! 랄랄라♬ • ○○이가 다리를 쭉 올렸네! • 선생님도 ○○이처럼 다리를 쭉 올려볼까? • △△이가 팔을 흔들고 있네요. 정말 신난다. 우리도 △△이처럼 팔 흔들어 보고 싶어요? • 춤추는 친구 얼굴이 정말 신나보인다. △△이도 ○○이도 즐겁게 춤추고 있네요.
자유롭게 꾸미기	<놀이상황> ○○이는 미술영역에서 바구니에 담긴 재료들을 살펴보고 있다. 꺼내 보지는 않고 한 걸음 뒤에서 머뭇거리다가 교사를 쳐다본다.

놀이	상호작용의 예
	• (미술영역에서 놀이를 시작하지 못하는 영아와) 이곳에는 무엇이 있을까요? • 종이도 있고, 크레용도 있고, 색종이도 있네요. • ○○이는 무엇으로 꾸며보고 싶어요? 색종이를 붙여볼거예요? • ○○이가 색종이로 붙여서 꾸며주었네! 이 위에 테이프도 붙일거예요? ○○이가 필요한 색테이프를 찾았구나 • 테이프를 자르는 것은 선생님이 도와줄까요? • △△이는 크레파스로 꾸며보았네
스카프로 놀아요	<놀이상황> (바구니 속의 스카프를 꺼내며) "이거! 이거!" 스카프를 잡고 펄럭펄럭 흔들다가 떨어뜨리고 다시 잡아 흔든다.
	• ○○아, 뭐하고 있어? 스카프 가지고 있네! • 스카프로 놀이해 보고 싶었어요? 어떻게 가지고 놀이할까요? • 쪼물쪼물 말아놓았네요. 스카프가 작아졌어요. • ○○이가 스카프를 흔들고 있네요. 흔들다가 다 펼쳐보았어요? • 선생님이랑 같이 하고 싶어요? 마주보고 스카프를 잡아볼까요? • 펄럭펄럭 바람을 내었네요. 아이! 시원해! • ○○이가 스카프를 빙글빙글 돌리고 있네. 선생님도 ○○이처럼 빙글빙글 돌려볼까? • ○○이가 선생님 얼굴 위로 스카프를 둘러주었네. 아이 부드러워.
아기 인형으로 놀아요	<놀이상황> "아가 맘마! 맘마 맘마" ○○이는 아기 인형에게 우유를 먹이고 난 후 인형을 눕혀 놓고 다른 곳으로 간다. 교사가 역할영역으로 다가가자 ○○이가 다시 아기 인형 옆으로 다가온다.
	• ○○이가 아기 돌봐주고 있었어요? 아기가 배가 고팠구나. • 아기 이름은 뭐예요? 이야, ○○이가 아기 이름을 지어주었구나. • 아기가 심심한가봐요. 어떻게 놀아주고 있어요? ○○이가 아기를 업어주는구나. △△이는 아기한테 우유를 주고 있네요. • 아기가 기분이 좋아 보이네요. 이제 또 어떻게 아기를 돌보면 좋을까요? ○○이는 아기 인형을 목욕시켜주는구나. △△이는 왜 이불을 가지고 왔나요? 아기가 잘 시간이군요.

3) 3~5세반 놀이 양상 및 상호작용의 실제

3~5세가 되면 초보적인 운동능력을 사용하며 뛰고, 잡고, 도구를 사용하며 놀이하는 형태가 빈번하게 나타난다. 연령이 증가하면서 놀이에 집중하는 시간도 늘어나고 정교하게 소근육을 활용할 수 있게 되면서 어떤 결과물을 만들어 내거나 작

은 놀잇감을 조작하는 형태의 놀이 양상도 많이 나타난다.

3세경에는 아직 사회적 기술이 발달되지 않아 혼자 놀거나 1~2명의 친구와 병행놀이를 한다. 4세경이 되면 놀이가 확장되고 다양해지면서 친구와 함께 노는 연합놀이가 나타나고 상상놀이나 극놀이에서도 복잡하고 다양한 형태가 나타난다. 5세경이 되면 보다 계획적이고 조직적으로 놀이가 나타나게 되는데, 친구들과 함께 협력하여 정교하고 복잡한 형태의 놀이를 할 수 있게 된다.

보육교사는 유아들에게 다양한 감각적 경험을 제공하고 유아가 주도적으로 놀이를 계획하고 실행해 볼 수 있는 충분한 시간적 여유를 제공해야 한다. 3~5세라고 하더라도 아직은 자기중심적인 성향이 강하기 때문에 무조건적으로 친구와 협력하고 나누도록 하는 것은 유아들에게 어려울 수 있다. 따라서 유아의 흥미와 놀이의 흐름을 관찰하면서 적절한 순간에 유아에게 개별적으로, 2~3명과 함께, 4~6명과 함께 놀이해 볼 수 있도록 다양한 형태의 놀이 기회와 상호작용 지원을 한다.

표 7-4 는 3~5세 놀이에서 교사와의 상호작용 예이다.

표 7-4 3~5세 놀이에서 교사와의 상호작용 예

놀이	상호작용의 예
블록으로 탑 쌓기	<놀이상황> ○○이는 종이 블록을 쌓고 있다. 4개째 쌓으려고 할 때 이내 무너진다. "으아~~~ 하하하" 다시 한 번 시도 하지만 또 무너진다. 이번엔 3개 쌓고 ○○이가 스스로 무너뜨린다.
	• 블록을 어떻게 해야 높이 쌓을 수 있을까? • 매우 높이 블록을 쌓는다면 어떤 일이 일어날까? • 안전하게 블록을 쌓으려면 어느정도 쌓아야 할까? • 내 키만큼 블록을 쌓는다면 블록이 몇 개 필요할까? • 친구 키만큼 블록을 쌓는다면 블록이 몇 개 필요할까? • 블록이 무너지지 않게 쌓는 방법은 무엇이 있을까?
생일축하 놀이하기	<놀이상황> 역할영역에 있는 케익 모형을 가지고 유아들이 놀이하고 있다 "생일 축하 하는거야" "선생님! 우리 생일 축하해요" "불 끄는거 있어야 해요!"
	• 생일 축하 놀이에 신생님도 초대한거야? • 생일에 친구를 초대하거나 내가 친구의 생일에 초대되어 본 적이 있었니? • 생일 맞은 친구들을 축하해 주는 방법은 무엇이 있을까?

놀이	상호작용의 예
	• 친구들과 함께 생일축하 놀이를 하려면 무엇을 준비해야 할까? • 생일 축하 놀이를 하려면 어떤 역할이 필요할까?
규칙 있는 놀이하기	<놀이상황> 퍼즐 맞추기를 마친 유아가 수·조작 영역에 있는 게임판을 발견하였다. 주사위와 게임판을 살펴보다가 "선생님 이거 어떻게 놀아요?" 하고 교사에게 물어본다.
	• 이것으로 놀이해 보고 싶니? 무엇이 있는지 같이 살펴볼까? • 이 자료를 가지고 어떻게 놀이해 볼 수 있을까? • 주사위에 '3'이 나오면 어떻게 해야 할까? • 어디에 모아야 할까? 아! 이것을 다 채우면 되는구나! • 순서는 어떻게 정하면 좋을까?
다양한 재료로 꾸미기	<놀이상황> 동물을 그리던 유아가 만족스럽게 자신의 작품을 살펴본다. "이거 사자야, 이건 악어!" "사자 꾸며줘야지! 여기에 털 같은거 붙이고" 교사에게 다가와 "선생님! 이거 꾸며주고 싶어요"
	• (다양한 재료들을 살펴보며) 어떤 재료들이 있을까? • 여러 가지 동물을 꾸밀 때 이 재료들을 어떻게 사용하면 좋을까? • 이 재료들을 단단하게 붙이려면 어떻게 해야 할까? • ○○이는 어떤 동물을 꾸며볼거니? 무엇을 이용할거니? • ○○이가 꾸민 동물을 친구들에게 소개해볼까? • ○○이는 그 동물을 어떻게 꾸몄니? • 친구가 꾸민 작품을 보니 어떤 느낌이 드니? • 우리가 꾸민 동물들은 어디에 전시하면 좋을까?
모래로 공사장 놀이하기	<놀이상황> 바깥놀이터에서 모래 주변에 유아들이 모여 있다. "여기 파야 해" "아주 깊게 파자!" "공사하는거야!" 손으로 모래를 파다가 모래가 옆 친구에게 튄다.
	• 모래영역에서 공사장 놀이를 하려면 어떻게 해야 할까? • 친구들과 함께 모래놀이를 할 때 지켜야 할 약속은 무엇일까? • 공사장에는 무엇이 있을까? • 무엇을 만들면 좋을까? • 공사장 놀이를 하려면 어떤 역할이 필요할까?(물길 만드는 사람, 모래 옮기는 사람, 건물 세우는 사람 등) • 친구들과 함께 놀이해보니 어떤 느낌이 들었니?

알아보기

영유아의 사회적 놀이발달

사회적 놀이의 단계도 영유아의 연령과 발달수준에 따라 달라진다. 즉, 영유아가 다른 유아들과 어떻게 상호작용하느냐에 따라 혼자놀이, 병행놀이, 연합놀이, 협동놀이 단계로 나타난다.

단계	내용
혼자 놀이	혼자놀이-자신의 놀이에만 몰두한 채 혼자서 놀이하는 형태
병행 놀이	친구와 상호작용하지 않고 곁에서 따로 놀이하는 형태
연합 놀이	친구와 어울려 놀면서 간단하게 대화하고 놀잇감을 함께 가지고 놀이하는 형태
협동 놀이	공동의 관심사와 목표에 따라 역할을 나누어 협력하여 함께 놀이하는 형태

2. 영역별 놀이지원

어린이집은 영유아의 흥미와 관심에 따라 자유롭게 선택할 수 있도록 실내외에 놀이영역이 구성되어 있다. 그러나 영유아의 발달적 특성이나 연령에 따라 교실의 놀이공간을 구성하는 것은 다소 차이가 날 수 있다. 놀이영역은 고정된 영역이 아니며, 영유아의 흥미나 관심에 따라 기존 영역들을 통합하거나 새롭게 구성할 수 있음을 인식해야 한다. 영역별 놀이지원 방법을 연령에 따라 구분하여 살펴보고자 한다.

1) 0세반의 영역별 놀이지원

어린이집의 0세반은 놀이 영역(신체 영역, 언어 영역, 감각・탐색 영역)과 일상생활 영역(수유 영역, 기저귀 갈이 영역)을 함께 구성한다. 영역별 놀이지원 방법을 구체적으로 살펴보면 다음과 같다.

① 신체 영역

영아가 머리를 들고, 기고, 앉고, 걷기를 연습할 수 있도록 개방적이고 안전한 공간을 제공해야 한다. 보육교사는 영아의 신체적 움직임과 대근육발달을 지원하기 위한 상호작용을 할 수 있다.

그림 7-1 0세반의 신체 영역

표 7-5 0세반의 신체 영역 놀이지원 예시

활동명	계단을 올라가요	연령	0세
활동자료	스펀지 계단, 매트		
활동방법	1. 스펀지 계단을 손으로 만져본다. - ○○아, 여기 스펀지 계단이 있네? 만져볼까? - 손으로 만져보니까 푹신푹신하네. ○○이가 손으로 콩콩 치고 있네? 2. 선생님의 도움을 받아 스펀지 계단을 올라간다. - ○○이 계단에 올라가고 싶어요? - (영아를 계단에 기대게 한 후에) 선생님이랑 같이 올라가볼까요? 저 위에 뭐가 있나? - 한쪽 다리 올리고, 영차! 한 계단 올라갔네. - (영아가 계단 위에 자리 잡도록 도와주며) 이야, ○○이가 올라왔어요! 이제 미끄럼 타고 내려갈까요? 3. 영아가 스펀지 계단을 능숙하게 올라가면 잡기놀이로 확장한다. - 우리 ○○이 어디 있나? 선생님이 쫒아가야지! 이야! 잡았다!		
경험의 의미	• 계단 매트를 기어서 오른다. • 잡고 기어오르며 스펀지 계단의 탄력과 촉감을 느껴본다.	표준보육과정 관련 내용	• 신체운동 > 신체활동 즐기기 > 기본 운동을 시도한다. • 자연탐구 > 탐구과정 즐기기 > 사물과 자연 탐색하기를 즐긴다.

② 언어 영역

영아가 자발적으로 언어활동을 수행할 수는 없으나 언어적 자극이 풍부한 환경을 제공하여야 한다. 영아의 월령에 맞게 입어 넣어도 안전하고 다양한 감촉을 느낄 수 있는 재질의 책이나 손인형 등을 지원해 줄 수 있다.

그림 7-2 0세 언어영역

표 7-6 0세반의 언어 영역 놀이지원 예시

활동명	선생님과 이야기해요	연령	0세
활동방법	1. 옹알이 하는 영아에게 반응하며 이야기 나눈다. - (누워 있는 영아가 선생님을 볼 때 자연스럽게 옆으로 가서) ○○이가 기분이 좋네. - 어? ○○이가 소리 냈어요? - 꾸루룩 꾸루룩 소리 낼 수 있네? 우리 ○○이, 선생님한테 말하고 싶어요? 2. 선생님과 눈을 맞추면서 옹알이로 이야기 나눈다. - (영아와 얼굴을 마주보면서) 오늘 ○○이가 어린이집에 왔지요? 선생님이 ○○이 만나니까 정말 기뻐요. 선생님이랑 ○○이랑 우유도 먹고, 놀이도 하고, 코~ 잠도 자고 또 우유 먹고… 재미있게 지내자! - 이야, ○○이도 좋아요? 선생님한테 말했네? - 맘맘맘마~ 그래, 이따가 우유도 먹자, 맘마 먹자!		
경험의 의미	• 선생님의 말소리를 듣고 옹알이로 반응한다. • 선생님과 눈을 맞추며 옹알이로 표현해본다.	표준보육과정 관련 내용	• 의사소통 > 듣기와 말하기 > 상대방의 이야기를 들으면서 말소리를 낸다. • 사회관계 > 더불어 생활하기 > 안정적인 애착을 형성한다.

③ 감각 · 탐색 영역

0세 영아의 놀잇감 탐색은 대부분 빨기를 통해 이루어지므로 특히 안전에 유의해야 한다. 영아에게 무해한 재질로 만들어졌으며 삼키지 않도록 큰 크기의 놀잇감을 제시해 주어 다양한 감각기관을 활용하여 탐색할 수 있는 기회를 제공하는 것이 좋다.

그림 7-3 0세 감각 · 탐색영역

표 7-7 0세반의 감각 · 탐색 영역 놀이지원 예시

<table>
<tr><th>활동명</th><td>놀잇감을 만져보아요</td><th>연령</th><td>0세</td></tr>
<tr><th>활동자료</th><td colspan="3">교실의 놀잇감(스펀지 공, 딸랑이, 소리나는 인형 등)</td></tr>
<tr><th>활동방법</th><td colspan="3">1. 놀잇감을 손으로 만져보며 탐색한다.
- (스펀지 공을 만져보며) 폭신 폭신, 공을 만져볼까요? 아이 부드러워, 아이 폭신폭신해.
- 어? ○○이가 공 던졌어요? 이야 저기까지 공이 굴러갔네?

2. 여러 가지 놀잇감을 만져보며 탐색한다.
- (딸랑이를 흔들어보며) 딸랑이 흔들어볼까요? 딸랑딸랑 소리가 나네?
- ○○이가 잡아볼거예요? 딸랑딸랑~! 흔드니까 예쁜 소리가 나네!
- (소리 나는 인형을 보며) 응? 인형에서 소리가 나네?
- 어디서 나는 거지? 인형 잡아볼까요?
- 인형 배를 누르니까 소리가 나요. ○○이가 배 눌러볼까요?
- ○○이가 인형 배를 꾹 눌렀네, 또 눌러볼까? 어? 소리가 나네?

3. 원하는 놀잇감으로 놀이한다.
- ○○이 이제 어떤 놀잇감으로 놀이해 보고 싶어? 인형으로 계속 놀이하고 싶어요?
- ○○이가 가지고 놀아볼까? 또 배 눌러보았네?</td></tr>
<tr><th>경험의 의미</th><td>• 여러 가지 놀잇감을 손으로 잡아 보고 탐색해 본다.
• 놀잇감과 관련된 말을 듣고 반응한다.</td><th>표준보육과정 관련 내용</th><td>• 자연탐구 > 생활 속에서 탐구하기 > 친숙한 물체를 감각으로 탐색한다.
• 의사소통 > 듣기와 말하기 > 표정, 몸짓, 말과 주변의 소리에 관심을 갖고 듣는다.</td></tr>
</table>

④ 수유 및 식사 영역

영아에게 개별적으로 수유를 하거나 이유식을 제공하기 위한 영역으로 개별 수납장이나 우유병, 소독기, 간이 싱크대, 냉장고를 비치하고 영아의 월령에 따라 수유대나 영아용 탁자 등을 준비한다.

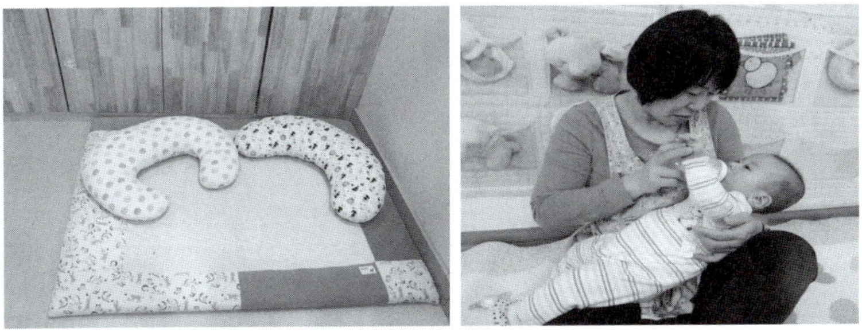

그림 7-4 0세 수유 영역

표 7-8 0세반의 수유 및 식사 영역 놀이지원 예시

<table>
<tr><td>활동명</td><td>우유병을 잡고 먹어요</td><td>연령</td><td>0세</td></tr>
<tr><td>활동자료</td><td colspan="3">우유병</td></tr>
<tr><td>활동방법</td><td colspan="3">1. 우유병을 자유롭게 탐색한다.
- (우유병을 손으로 만져보며) 우유병이네, ○○이가 우유병을 꼭 잡고 있구나.
2. 스스로 우유병을 잡고 먹어본다.
- (우유병을 손에 쥐어 주고) ○○이가 우유 먹어볼까요?
- 옳지, 우유병 잡고 먹을까요? 잘했어요.
- ○○이 누워서 먹는 게 더 좋아요?
- 이야, ○○이가 우유병 잡고 잘 먹네. ○○이가 혼자서 다 먹었네!
3. 우유를 먹은 후 트림한다.
- (등을 부드럽게 문질러주며) 우유 맛있게 먹었어요? 선생님이 소화 잘 되라고 토닥토닥 해줄게요.</td></tr>
<tr><td>경험의 의미</td><td>• 우유병을 손으로 잡는 힘을 기른다.
• 스스로 우유병을 잡고 먹는다.</td><td>표준보육과정 관련 내용</td><td>• 신체운동 > 신체활동 즐기기 > 대소근육을 조절한다.
• 기본생활 > 건강하게 생활하기 > 음식을 즐겁게 먹는다.</td></tr>
</table>

⑤ 기저귀 갈이 영역

기저귀를 가는 동안 보육교사는 영아와 언어적·비언어적으로 상호작용할 수 있다. 기저귀 갈이 영역에는 기저귀 갈이 매트, 기저귀 관련 용품을 수납할 수 있는 수납장, 뚜껑 있는 휴지통을 준비하며 기저귀를 가는 동안 교사가 교실 전체를 볼 수 있는 곳에 비치하는 것이 좋다.

그림 7-5 0세 기저귀 갈이 영역

표 7-9 0세반의 기저귀 갈이 영역 놀이지원 예시

활동명	기저귀를 갈아요	연령	0세
활동자료	기저귀, 물티슈, 위생장갑		
활동방법	1. 영아가 배변했을 때 즉각적으로 반응을 보이며 이야기 나눈다. - (영아를 보며 미소 지으며) 우리 ○○이 기저귀 갈자. 많이 축축하지? - 선생님이 보송보송한 기저귀로 갈아줄게. 2. 선생님과 눈을 맞추며 기저귀를 간다. - (물휴지로 엉덩이를 닦으며) 아이 시원해. 선생님이 깨끗하게 닦아줄게요! - (새 기저귀로 교환하고) 기분이 어때? 이제 보송보송해졌어요. 우리 ○○이 기분도 좋아졌어요? 3. 영아의 팔다리를 부드럽게 마사지 해준다. - ○○이 다리를 선생님이 주물러주고 있어요. 쭉쭉! ○○이 키 쭉쭉 커라. - ○○이 팔도 꾹꾹꾹! 건강하게 자라라!		
경험의 의미	• 기저귀를 갈며 기분 좋음을 느낀다. • 교사와 눈맞춤하며 기저귀를 갈아 본다.	표준보육과정 관련 내용	• 기본생활 > 건강하게 생활하기 > 도움을 받아 몸을 깨끗이 한다. • 사회관계 > 더불어 생활하기 > 안정적인 애착을 형성한다.

2) 1세반의 영역별 놀이지원

어린이집의 1세반은 놀이 영역(신체 영역, 언어 영역, 감각·탐색 영역, 역할·쌓기 영역)과 일상생활 영역(점심 및 간식 영역, 기저귀 갈이 영역)으로 구성한다. 놀이 영역을 중심으로 놀이지원 방법을 구체적으로 살펴보면 다음과 같다.

① 신체 영역

1세는 신체 움직임에 대한 욕구가 더 강해지고 오르내리고, 타고, 밀고, 기고, 뛰는 등의 다양한 활동이 가능해진다. 따라서 1세반의 신체 영역에는 다양한 대근육 활동을 안전하게 할 수 있는 충분히 넓은 공간과 놀이시설을 마련하도록 한다.

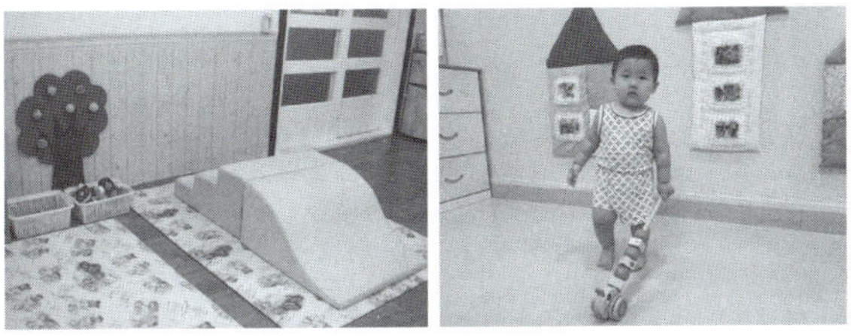

그림 7-6 1세반의 신체 영역

표 7-10 1세반의 신체 영역 놀이지원 예시

활동명	미끄럼을 타요	연령	1세
활동자료	미끄럼틀		
활동방법	1. 미끄럼틀을 탐색한다. - 여기 무엇이 있을까? 미끄럼틀이 있네! 손바닥으로 두드려볼까? 2. 미끄럼틀을 타본다. - (미끄럼에 관심을 보이는 영아를 보며) 우리 ○○이 미끄럼틀 타고 싶어요? 올라가 볼까요? - ○○이가 계단으로 올라가요. 천천히 올라가요. 다왔네. - (미끄럼틀 앞쪽에서 영아를 마주보며) 미끄럼을 탈 때는 앉아서 타요. 주르륵! ○○이 내려왔네! - ○○이 또 타고 싶어요? 또 올라가볼까? - 주르륵! ○○이 만났네!(영아를 안아준다) 3. 영아 스스로 반복해서 미끄럼틀을 탄다.		
경험의 의미	• 미끄럼 타기 활동에 능동적으로 참여한다. • 미끄럼 타기에 즐거움을 느낀다.	표준보육과정 관련 내용	• 신체운동 > 신체활동 즐기기 > 실내외 신체활동을 즐긴다. • 신체운동 > 신체활동 즐기기 > 내소근육을 조절한다.

② 언어 영역

1세는 0세에 비해 언어 이해력과 표현력이 발달한다. 교사는 영아의 언어적 표현(한두 단어 중심의 표현)의 의미를 잘 파악하고 영아에게 책을 읽어주거나 대화하는 기회를 제공하도록 한다.

그림 7-7 1세 언어 영역

표 7-11 1세반의 언어 영역 놀이지원 예시

활동명	따르릉 전화놀이 해요	연령	1세
활동자료	전화모형		
활동방법	1. 전화기에 관심을 보이는 영아와 이야기 나눈다. - 여기 무엇이 있을까? 장난감이 있네? 2. 장난감 전화기를 이용하여 전화놀이를 한다. - (장난감 전화기를 이용하여) ○○이한테 전화해야겠다. 따르릉! 따르릉! ○○이가 전화를 안받네? - (영아에게 전화기를 건네며) ○○아, 전화 받아볼까? - (영아와 교사가 전화로 대화하며) 안녕하세요? ○○이 있어요? - 네, ○○이 지금 뭐하고 있어요? 오늘 간식도 먹었어요? - 선생님은 ○○이랑 전화해서 정말 즐거웠어요. 다음에 또 전화해요! 안녕히 계세요! (전화를 끊는다) - 따르릉 따르릉! 어? 또 전화가 왔네? 누구지? 여보세요? 네, ○○이 바꿔드릴게요! ○○아, 할머니가 전화하셨네? 받아볼까? - (영아에게 전화기를 건네며) 안녕하세요? 라고 말해볼까? - ○○이가 전화도 잘 하네. '안녕히 계세요' 하고 끊을까? 3. 친구들과 함께 전화놀이를 해본다. - 이번엔 누구와 전화해볼까? △△이에게 전화해 볼까? - △△아, 전화 왔어요. ○○이가 전화 걸었나봐. 전화 받아볼까? 여보세요? 안녕? - 이제 또 누구랑 전화해볼까?		
경험의 의미	• 전화기를 이용하여 여러 말소리를 즐겁게 내본다. • 전화기를 이용하여 전화하는 모습을 모방해본다.	표준보육과정 관련 내용	• 의사소통 > 듣기와 말하기 > 상대방의 이야기를 들으면서 말소리를 낸다. • 예술경험 > 창의적으로 표현하기 > 모방행동을 즐긴다.

③ 감각 · 탐색 영역

1세는 0세에 비해 소근육을 조절하는 능력이 발달하므로 이를 위한 다양한 환경을 제공하는 것이 좋다. 1세 영아들도 놀잇감을 입으로 빨면서 탐색하는 일이 빈번하므로 위생적이고 안전한 놀잇감을 제공해야 한다. 커다란 구슬 꿰기나 모양 퍼즐 끼우기, 누르면 튀어나오는 장난감 등의 다양한 놀잇감을 지원한다.

그림 7-8 1세 감각 · 탐색 영역

표 7-12 1세반의 감각 · 탐색 영역 놀이지원 예시

활동명	솜 공을 담고 쏟아요	연령	1세
활동자료	여러 크기의 솜 공, 큰 통, 작은 그릇		
활동방법	1. 솜 공을 탐색해본다. - (솜 공을 보면서) 솜 공이 아주 많이 있네. ○○이도 솜 공을 만져볼까요? - 솜 공을 만져보니까 느낌이 어때? 부드럽네. - ○○이가 솜 공을 잡았네? 이야, 손으로 많이 잡았다. 2. 솜 공을 그릇에 담고 쏟아본다. - 솜 공을 그릇에 넣었어요? - ○○이가 솜 공을 그릇에 가득 담았네. 잘 했어. - 그릇에 담은 솜 공을 다시 큰 통에 쏟아볼까? - 좌르르. 다 쏟아졌네. 그릇에 아무것도 없네! - 그릇에 또 담고 싶어요? 또 해보자. 이야, 한 손으로 솜 공을 꽉꽉 잡았네. - ○○이가 그릇에 솜 공을 금방 채웠다. 또 다른 그릇에다가도 담고 싶어요? - 솜공을 다른데다가도 옮길거예요? ○○이가 해 보자.		
경험의 의미	• 손으로 솜 공의 감촉을 느껴본다. • 솜 공을 담고 쏟기를 반복한다.	표준보육과정 관련 내용	• 신체운동 > 감각과 신체 인식하기 > 감각으로 주변을 탐색한다. • 자연탐구 > 생활 속에서 탐구하기 > 친숙한 물체를 감각으로 탐색한다.

④ 역할 · 쌓기 영역

1세 영아들은 친숙한 어른들의 행동이나 동물의 행동을 모방하고 좋고 싫음의 표현이 명확하게 나타나기도 한다. 역할 · 쌓기 영역은 분리하여 구성할 수 있으며 인접하게 배치하여 놀이가 확장되도록 도울 수 있다. 영아의 가작화 놀이가 쉽게 이루어지도록 일상생활에서 쉽게 경험할 수 있는 실물과 유사한 놀잇감을 제공한다. 또한 블록이나 끼우기 자료, 분류 상자 등의 다양한 재료를 탐색하고 조작하면서 친구의 놀잇감을 침범하거나 망가뜨리지 않도록 공간을 충분히 확보한다.

그림 7-9 1세 쌓기 영역

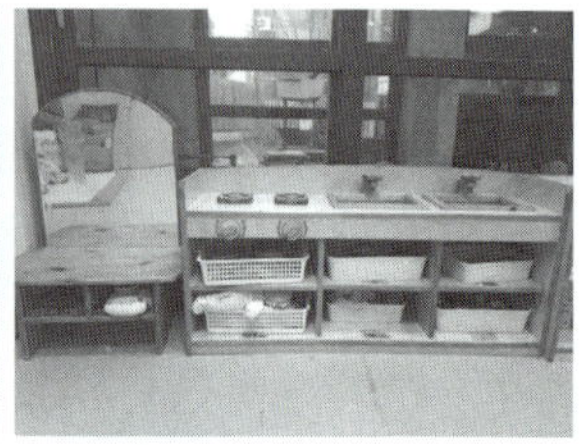

그림 7-10 1세 역할 영역

표 7-13 1세반의 역할 · 쌓기 영역 놀이지원 예시

활동명	아기 인형을 돌봐요	연령	1세
활동자료	아기인형, 포대기, 장난감 우유병		
활동방법	1. 아기 인형을 탐색해 본다. - (아기인형에게 관심을 보이는 영아에게) ○○이 인형 돌봐주고 있었어요? - 포대기로 인형 덮어주고 있구나. (영아가 충분히 탐색하도록 기다려준다) 2. 아기 인형을 돌봐주며 놀이한다. - ○○이가 인형 업어보고 싶어요? 선생님이 도와줄까요? - (포대기로 인형을 업도록 도와주며) 선생님이 포대기 묶어줄게요. - 이야, ○○이가 인형 업었네? - 어? 이제 아가 인형이 잠들었나봐요. 재워줄까요? - 아가 인형 눕혀주자. ○○이가 이불도 덮어주고 있네. 3. 아기 인형을 돌봐주기 위해 필요한 것을 더 찾아 놀이한다. - 아가 인형 돌봐주려면 또 뭐가 필요할까? - ○○이는 아가 인형한테 우유 주고 싶어요? 우유병이 어디 있지? - 아가 인형에게 우유도 주고 돌봐주고 있구나.		
경험의 의미	• 주변 놀잇감에 관심을 가지고 놀이한다. • 인형을 이용하여 아기 돌보는 모습을 모방한다.	표준보육과정 관련 내용	• 자연탐구 > 탐구 과정 즐기기 > 주변 세계와 자연에 대해 호기심을 가진다. • 예술경험 > 창의적으로 표현하기 > 모방 행동을 즐긴다.

3) 2세반의 영역별 놀이지원

어린이집의 2세반은 놀이 영역(신체 영역, 언어 영역, 감각·탐색 영역, 역할·쌓기 영역, 미술 영역, 음률 영역)과 일상생활 영역(화장실, 간식 및 식사 영역)으로 구성한다. 놀이 영역을 중심으로 놀이지원방법을 구체적으로 살펴보면 다음과 같다.

① 신체 영역

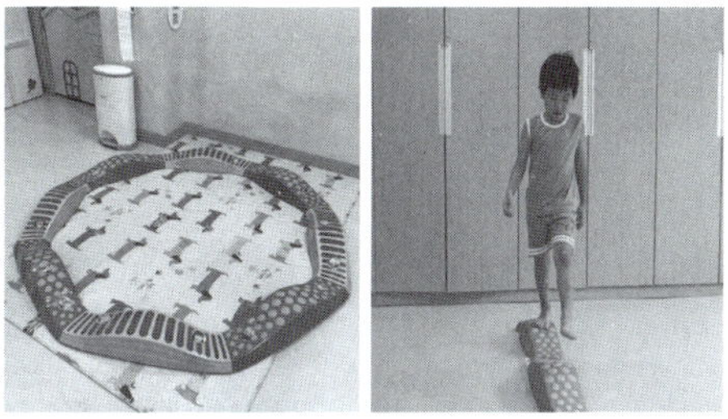

그림 7-11 2세 신체 영역

2세는 신체 움직임이 더욱 활발해지고 능숙해진다. 신체 영역에서 활발하고 다양한 신체활동을 즐길 수 있도록 넓고 개방된 공간을 제공해야 한다. 그러나 2세 영아는 무엇이든 자신의 뜻대로 하려고 하고 도전의식이 강해서 무리한 신체활동을 지속적으로 시도하려는 경우가 있다. 그러므로 보육교사는 영아가 자신의 신체적 능력의 한계를 알고 안전하게 시도할 수 있도록 지속적으로 설명해 주면서 다양한 활동에 참여하도록 격려한다.

표 7-14 2세반의 신체 영역 놀이지원 예시

활동명	보자기를 흔들어요	연령	2세
활동자료	보자기, 바구니		
	<놀이상황> 바구니에 있는 보자기를 꺼내 보고 있다. “이거 엄청 크다!” “여기 또 있다!” 영아들이 보자기를 하나씩 가지고 그냥 들고 있다.		
활동방법	1. 보자기를 탐색한다. - (바구니에 있는 보자기를 펼치며) 바구니 안에 무엇이 있었어? 어? 보자기가 있었네. 선생님이랑 보자기로 놀이해볼까요? - ○○이가 보자기 펼쳐볼까요? 2. 보자기를 이용하여 다양하게 놀이해본다. - ○○이가 이쪽 끝을 잡아볼까요? 선생님은 다른 쪽 끝을 잡아볼게요. - 보자기를 살랑살랑 흔들어볼까요? 살랑 살랑~! - 어? 바람이 부네. 조금 더 세게 흔들어볼까요? 펄럭 펄럭! - (보자기를 공처럼 말아서) 이번엔 보자기로 공놀이해볼까요? 선생님한테 보자기 공 던져볼까? 3. 친구들과 함께 보자기로 놀이해본다. - 이번엔 친구와 보자기놀이 해볼까요? ○○이랑 △△이랑 보자기 흔들어볼까요? - 둘이 한 번 보자기를 잡아볼까? 위로, 아래로…		

경험의 의미	• 보자기를 이용하여 다양하게 움직이며 놀이한다. • 친구와 함께 보자기 놀이에 참여한다.	표준보육과정 관련 내용	• 신체운동 > 신체활동 즐기기 > 실내외 신체활동을 즐긴다. • 사회관계 > 더불어 생활하기 > 또래와 함께 놀이한다.

② 언어 영역

2세는 어휘력과 언어적 표현력이 증가하는 시기이다. 따라서 듣기, 말하기, 읽기, 쓰기 활동을 모두 균형 있게 경험할 수 있도록 교구나 놀잇감을 다양하게 지원한다.

보육교사는 하루일과 중에 영아와 함께 책 읽는 시간을 꾸준히 마련하고 영아가 책을 읽는 것처럼 이야기를 지어 말하면 적극적으로 경청하면서 공감해 준다.

그림 7-12 2세 언어 영역

표 7-15 2세반의 언어 영역 놀이지원 예시

활동명	선생님과 책을 읽어요	연령	2세
활동자료	동화책		
활동방법	<놀이 상황> 언어영역에서 있는 친구 옆으로 ㅇㅇ이가 다가간다. 책을 보는 친구의 모습을 살펴보더니 자신도 책꽂이 쪽으로 가서 서성인다. 교사가 다가가자 교사 손을 잡는다. 1. 선생님과 읽고 싶은 책을 선택한다. - ㅇㅇ이 책 읽어 보고 싶어요? 어떤 책을 골라볼까? - ㅇㅇ이가 이 책 읽고 싶구나! 선생님이랑 같이 읽어보자. 2. 선생님과 함께 책을 읽어본다. - (책 제목을 손가락으로 짚으며) 선생님이랑 같이 읽어볼 책의 제목은 ‘△△아 안녕’이네. - (영아가 충분히 책을 감상하고 이야기할 시간을 주면서) ㅇㅇ이가 그림을 더 보고 싶구나? - 어? 정말 이쪽에 친구가 무엇을 들고 오네! - ㅇㅇ이가 말한 것처럼 그림책에 나오는 친구도 이야기하는 것 같은데? 3. 선생님과 함께 읽은 책을 정리한다.		
경험의 의미	• 스스로 선택한 책을 읽어본다. • 선생님과 책을 읽으며 친밀함을 느낀다.	표준보육과정 관련 내용	• 의사소통 > 책과 이야기 즐기기 > 책에 관심을 가지고 상상한다. • 사회관계 > 더불어 생활하기 > 다른 사람의 감정과 행동에 반응한다.

③ 감각 · 탐색 영역

2세는 1세에 비해 소근육 조절능력과 협응 능력이 발달하고 주위의 사물에 대한 다양한 탐색활동이 증가한다. 따라서 영아의 소근육을 사용하는 놀잇감, 탐색활동을 돕는 놀잇감, 분류해 보는 놀잇감 등을 마련하도록 한다. 보육교사는 영아가 다양한 탐색활동과 놀이를 할 수 있도록 놀잇감이나 실물, 자연물 등을 안전하고 위생적으로 제공해야 한다.

그림 7-13 2세 감각 · 탐색 영역

표 7-16 2세반의 감각 · 탐색 영역 놀이지원 예시

활동명	뚜껑을 찾아요	연령	2세
활동자료	여러 가지 종류의 음료수 통과 뚜껑		
활동방법	<놀이상황> 뚜껑을 찾은 영아가 뚜껑을 손에 들고 교실을 돌아다닌다. 친구와 마주치자 "뚜껑! 뚜껑!" 하면서 뚜껑을 얼굴에 대어 자랑한다. "뚜껑 어디있어?" 뚜껑을 찾는 곳으로 친구를 데려간다. "뚜껑 많다! (다양한 통을 보며)이것도 있어!" 1. 음료수 뚜껑과 통을 살펴본다. - (여러 가지 음료수 뚜껑과 음료수통을 보며) 여기에 뚜껑이랑 통이 있네! 뚜껑이랑 음료수통에 모양 스티커가 붙어 있네? - (맞지 않는 뚜껑을 닫으며) 어? 뚜껑이 안 맞네. 어떻게 하지? 2. 맞는 음료수 뚜껑과 통을 찾아본다. - ○○이가 어떤 뚜껑이 맞는지 찾아볼까요? - (영아가 건넨 뚜껑을 닫으며) 어? ○○이가 준 뚜껑이 꼭 맞네! 어떻게 찾은 거예요? - 아. 똑같은 모양 스티커가 있구나. 그럼 다른 뚜껑들도 찾아볼까요? - 이번엔 ○○이가 뚜껑을 닫아볼래요? - 똑같은 모양을 찾았더니 뚜껑이 꼭 맞았네. ○○이가 뚜껑을 모두 닫았네!		
경험의 의미	• 짝이 되는 음료수통과 뚜껑을 찾아 본다 • 음료수 뚜껑을 스스로 닫아본다.	표준보육과정 관련 내용	• 자연탐구 > 생활 속에서 탐구하기 > 주변 사물을 같고 다름에 따라 구분한다. • 신체운동 > 신체활동 즐기기 > 내 소근육을 조절한다.

④ 역할 · 쌓기 영역

2세아는 일상생활에서 경험한 단순한 내용을 기억하여 극놀이로 표현하기를 즐긴다. 따라서 영아가 다양한 역할놀이를 할 수 있도록 소꿉놀잇감, 음식모형, 옷 등을 다양하게 지원한다. 또한 블록을 이용하여 공간을 구성하고 분류해 볼 수 있도록 다양한 재질과 크기, 다양한 모양의 블록을 제공하며 바닥에 깔개나 카펫을 깔아준다.

그림 7-14 2세 역할 영역

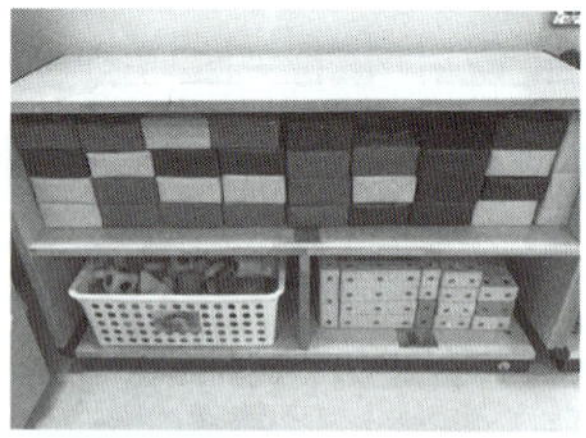

그림 7-15 2세 쌓기 영역

표 7-17 2세반의 역할 · 쌓기 영역 놀이지원 예시

<table>
<tr><td>활동명</td><td>아이스크림 가게 놀이</td><td>연령</td><td>2세</td></tr>
<tr><td>활동자료</td><td colspan="3">아이스크림 모형</td></tr>
<tr><td>활동방법</td><td colspan="3"><놀이상황>
아이스크림 모형 놀이감으로 아이스크림 먹는 흉내를 내며 영아들이 모여 있다.
교사가 다가가자 자신이 놀이하던 아이스크림 모형을 건넨다.
“아이스크림이예요”
“선생님 주는거예요? 고맙습니다.”
“선생님, 여기 아이스크림 가게예요”

1. 여러 가지 아이스크림 모형을 살펴본다.
- 어? 여기 아이스크림 가게예요? 정말 아이스크림이 많이 있네요
- 어떤 아이스크림이 있어요?
2. 아이스크림가게 놀이를 한다.
- 어서오세요! 아이스크림 사세요!
- (관심 보이는 영아를 보며) 손님, 어서오세요. 무슨 맛 아이스크림 드릴까요?
- 네, 딸기맛 아이스크림 여기 있습니다. 맛있게 드세요!
- 이번엔 ○○가 주인을 해볼까?
- 초코맛 아이스크림 주세요. 감사합니다.
- 손님이 또 왔네요. △△이도 아이스크림 사러 왔어요? 무슨 맛 아이스크림으로 살까?
- ○○이한테 말해보자. 안녕하세요~
- △△이는 무슨 맛 아이스크림이에요? 아이스크림 맛이 어때요?</td></tr>
<tr><td>경험의 의미</td><td>• 친구들과 함께 아이스크림 가게 놀이에 참여한다.
• 아이스크림 가게에 갔던 경험을 놀이로 표현한다.</td><td>표준보육과정 관련 내용</td><td>• 사회관계 > 더불어 생활하기 > 또래와 함께 놀이한다.
• 예술경험 > 창의적으로 표현하기 > 일상생활 경험을 상상놀이로 표현한다.</td></tr>
</table>

⑤ 미술 영역

2세는 가위질하기, 모양 붙이기, 도장 찍기, 긁적이기 등 창의적 표현활동을 많이 하게 된다. 따라서 보육교사는 미술활동을 통해 자신을 표현하고 반복하여 표상할 수 있도록 충분한 재료와 기회를 제공하여야 한다.

그림 7-16 2세 미술 영역

표 7-18 2세반의 미술 영역 놀이지원 예시

활동명	점토로 놀이해요	연령	2세
활동자료	점토, 모양틀, 밀대, 점토판		
활동방법	<놀이상황> 교실을 둘러보던 영아가 점토 통에 다가간다. 자리에 앉아서 점토를 꺼내 놓는다. 점토를 손에 올려 놓고 머뭇거린다. 교사가 다가가서 "점토놀이 하고 싶어요?" 하고 물었더니 고개를 끄덕인다. 1. 점토를 반죽한다. - 점토를 반죽해볼까? 주물 주물 꾹 꾹! - 주물주물 반죽해보니 어떤 느낌이 드니? - 물렁물렁, 보들보들 하네. 2. 반죽한 점토로 자유롭게 놀이한다. - 선생님은 점토로 빵을 만들어요! 동글 동글! 어때? 맛있어 보이지? - 점토로 피자를 만들어볼까? 어떻게 해야 피자를 만들 수 있지? - ○○이처럼 선생님도 밀대로 밀어야겠네. 3. 점토 반죽에 모양을 찍어본다. - 피자에 모양을 찍어볼까? 하트 모양이 찍혔네? - ○○이는 어떤 모양으로 찍었나? 이야, 네모 모양이랑 세모 모양이랑 꽉 차 있네!		
경험의 의미	• 점토를 이용하여 자유롭게 놀이해본다. • 모양 틀을 이용하여 점토에 모양을 찍어본다.	표준보육과정 관련 내용	• 예술경험 > 창의적으로 표현하기 > 미술 재료와 도구로 표현해 본다. • 자연탐구 > 생활 속에서 탐구하기 > 주변 공간과 모양을 탐색한다.

⑥ 음률 영역

2세 영아들은 노래나 리듬에 맞춰 몸으로 표현하고 악기나 도구를 이용하여 표현하기도 한다. 따라서 음률 영역에서는 영아가 다양한 소리를 탐색하고 자연스럽게 몸을 움직여 보는 등의 활동이 원활하게 이루어지도록 간단한 악기나 동작활동 자료를 함께 지원해 준다.

그림 7-17 2세 음률 영역

표 7-19 2세반의 음률 영역 놀이지원 예시

<table>
<tr><th>활동명</th><td>도토리 마라카스를 연주해요</td><th>연령</th><td>2세</td></tr>
<tr><th>활동자료</th><td colspan="3">도토리 마라카스, 동요 CD</td></tr>
<tr><th rowspan="2">활동방법</th><td colspan="3"><놀이상황>
영아가 마라카스를 손에 들고 흔들며 교실을 돌아다닌다.
세게 흔들다가 마라카스를 떨어뜨린다. 다시 주워 마라카스를 한참 보더니 흔들다가 교사에게 다가온다.</td></tr>
<tr><td colspan="3">1. 도토리 마라카스를 탐색해 본다.
- (마라카스를 흔들어보며) 어? 통통통! 마라카스에서 소리가 나네. 마라카스 안에 무엇이 있을까?
- (마라카스 통을 안을 보며) 이 안에 도토리가 들어 있었구나.
- ○○이가 소리 내 볼까?
- 이 마라카스에선 어떤 소리가 날까? ○○이가 마라카스를 흔들어볼까?
- 어떤 소리가 나니?
2. 노래를 들으며 마라카스를 연주해본다.
- 노래를 들어보면서 마라카스 연주해 볼까?
- (동요를 틀어놓고) ○○이는 어떻게 연주해 볼거니?
- 선생님도 ○○이처럼 머리 위로 높이 마라카스를 흔들어봐야겠다.</td></tr>
<tr><th>경험의 의미</th><td>• 가을에 볼 수 있는 도토리에 관심을 갖는다.
• 도토리 마라카스를 자유롭게 연주해본다.</td><th>표준보육과정 관련 내용</th><td>• 자연탐구 > 탐구 과정 즐기기 > 주변 세계와 자연에 대해 호기심을 가진다.
• 예술경험 > 창의적으로 표현하기 > 익숙한 노래와 리듬을 표현한다.</td></tr>
</table>

4) 3~5세반의 영역별 놀이지원

3~5세 유아들은 점차 선호하는 놀잇감이나 놀이 영역이 생기고 놀이 주제를 정하여 오랫동안 놀이를 지속할 수 있게 된다. 따라서 유아의 흥미와 요구에 따라 자유롭게 놀이하고 몰입할 수 있는 환경이 조성되어야 하며 유아 스스로가 계획하고 놀이하는 가운데 자율성, 책임감, 사고력, 문제해결력, 개념발달이 이루어지도록 지원해야 한다.

3~5세반의 놀이 영역은 언어 영역, 수과학·조작 영역, 미술 영역, 음률 영역, 쌓기놀이 영역, 역할놀이 영역 등으로 구성할 수 있으며 유아들과 협의하여 새로운 영역으로 놀이 공간을 구성해 볼 수 있다. 각 놀이 영역별 지원방법을 구체적으로 살펴보면 다음과 같다.

① 언어 영역

언어 영역은 조용하고 밝은 곳에 배치하고 유아들이 책 읽기, 말과 글로 자신의 생각을 표현하기 등의 활동이 자유롭고 편안하게 이루어지도록 한다.

보육교사는 유아에게 듣기, 말하기, 읽기, 쓰기가 균형 있게 경험될 수 있도록 유아의 연령과 발달에 적합한 놀잇감과 언어적으로 풍부한 환경을 지원해주어야 한다. 또한 우리반 친구 이름카드, 다양한 종류의 쓰기 도구, 편지지 등을 구비하여 유아들 간 의사소통하며 긍정적인 관계를 형성하도록 돕는다.

그림 7-18 유아반 언어 영역

표 7-20 4~5세반의 언어 영역 놀이지원 예시

활동명	친구에게 편지를 써요	연령	4~5세
활동자료	우리 반 친구 이름카드, 편지지, 사인펜, 연필, 지우개 등		
활동방법	<놀이상황> 유아들끼리 벽면에 게시된 놀이 사진을 살펴보고 있다. "이거 바깥놀이터에서 놀았던 사진이지? 여기 나 있다!" "그런데 ○○이는 없네! 오늘 한 번도 못 놀았어" 1. 우리반 친구들의 이름 카드를 살펴보며 이야기 나눈다. - 오늘 함께 놀이한 친구가 있었니? 어떤 놀이를 같이 해 보았니? - 함께 놀이해 보고 싶은 친구가 있니? 그 친구의 이름은 무엇이니? 2. 편지를 쓰고 싶은 친구를 선정한다. - 누구에게 편지를 써 보고 싶니? 3. 친구에게 해 주고 싶은 말을 그림이나 글로 표현해 본다. - 친구에게 어떤 말을 해 주고 싶니? 친구가 어떤 말을 들으면 기뻐할까? - 함께 놀이해 보지 않은 친구라면 어떻게 이야기해야 할까? - 글자 쓰는 것이 어려우면 그림편지로 써보자. 4. 친구에게 쓴 편지를 우리반 우체통에 넣어 친구에게 전달한다.		
경험의 의미	• 우리반 친구에게 관심을 갖는다. • 친숙한 글자를 이용해 편지를 써 본다.	표준보육 과정 관련 내용	• 사회관계 > 더불어 생활하기 > 친구와 서로 도우며 사이 좋게 지낸다. • 의사소통 > 읽기와 쓰기에 관심 가지기 > 자신의 생각을 글자와 비슷한 형태로 표현한다.

② 수조작 · 과학 영역

수조작 · 과학 영역은 유아들이 논리적 사고, 문제해결력, 수 · 과학적 개념, 소근육발달이 이루어지도록 연관활동을 하는 영역이다. 수조작 · 과학 영역에서는 유아들이 개별적으로 실험하고 감각적으로 탐색하거나 친구들과 함께 전략적 사고를 하며 게임을 하고, 소집단으로 몰입하여 활동할 수 있다. 수조작 · 과학 영역은 유아의 발달수준이나 시기, 주제, 활동 내용 등을 고려하여 통합하거나 분리하여 운영할 수 있다.

그림 7-19 유아반 수조작 영역

그림 7-20 유아반 과학 영역

표 7-21 3세반의 수조작 · 과학 영역 놀이지원 예시

활동명	도토리 한 줌	연령	3세
활동자료	바깥놀이터에서 모아 온 도토리(20~30개), 바구니		
활동방법	<놀이상황> 바깥놀이터에서 몇몇 유아가 바닥에 떨어진 자연물을 모으고 있다. "이거 봐! 내가 주웠어" "나도! 이거 도토리야!!" "도토리 몇 개야? 우리 세어보자!" 1. 내 손과 도토리의 크기를 비교해 본다. - 바깥놀이터에서 우리가 모아 온 자연물을 바구니에 모아 놓았구나. 이것을 가지고 놀이해 보면 어떨까? - 도토리의 모양은 어떻니? 도토리는 무슨 색일까? - 내 손과 도토리 한 개를 비교해 볼까? - 내 손 안에는 도토리가 몇 개나 들어갈까? 2. 도토리 한 줌을 쥐어 개수를 세어본다. - (바구니 속의 도토리를 쥐어보며) 손에 쥘 수 있는 만큼 도토리를 쥐어볼까? - ○○이는 도토리 몇 개를 쥐어볼 수 있었니? - 한 번 세어볼까? 하나, 둘, 셋, 3개! - △△이는 도토리 몇 개를 쥐어보았니? 한 번 세어볼까? 3. 내 한 줌과 친구 한 줌을 비교해 본다. - 다시 한 번 도토리를 쥐어볼까? - 이번에는 몇 개의 도토리를 쥐어보았니? - 친구는 몇 개의 도토리를 쥐었니? - 내 것과 친구의 것을 비교해 보자.		
경험의 의미	• 가을의 열매인 도토리의 모양과 특성을 안다. • 나의 한 줌에 들어간 도토리의 개수를 세어본다.	표준보육과정 관련 내용	• 자연탐구 > 탐구과정 즐기기 > 주변 세계와 자연에 대해 지속적으로 호기심을 가진다. • 자연탐구 > 자연과 더불어 살기 > 주변의 동식물에 관심을 가진다.

③ 미술 영역

3~5세 유아들은 점차 그리기, 만들기 등의 표상이 복잡해지고 구체화된다. 따라서 미술 영역에는 다양한 꾸미기 및 그리기 재료, 종이류, 점토, 재활용품, 그리기 도구 등을 유아들이 손쉽게 꺼낼 수 있도록 준비해 주어 유아가 언제든지 표현활동에 참여할 수 있도록 한다. 보육교사는 미술 영역에서 유아 개별의 느낌과 생각을 다양하게 표상해 보도록 격려할 뿐만 아니라 친구들의 생각이나 작품들을 공유해 보고 협력하여 공동의 과제를 수행해 보는 기회를 제공하도록 한다.

그림 7-21 유아반 미술 영역

표 7-22 5세반의 미술 영역 놀이지원예시

활동명	가을 숲을 꾸며요	연령	5세
활동자료	가을 숲 산책 사진, 도화지, 크레파스, 사인펜, 가위, 풀 등		
활동방법	<놀이상황> 어린이집 근처 숲을 산책하는 중에 유아들끼리 대화하고 있다. "우와! 나무들이 모두 색이 달라졌다!" "추워져서 물든거야!" "완전히 다 노란색! 여기는 다 갈색!" "날씨가 추워지면 나뭇잎이 색이 다 변했다가 떨어져!" 1. 가을 숲의 모습을 회상하며 이야기 나눈다. - 친구들과 함께 숲에 다녀왔지? - 우리가 산책하는 동안 무엇에 대해 이야기했었니? - (산책했던 가을 숲 사진을 보며) 이 나무를 보면서 우리가 어떤 것을 발견했지? 2. 가을이 되어 변화된 나무의 모습에 대해 이야기 나눈다. - 가을이 되니 나무들이 어떻게 변하였니? - 나뭇잎의 색은 어떻게 달라졌니? 열매가 열린 나무도 기억나니? - 또 가을이 되어 달라진 나무의 모습은 무엇일까? 3. 가을 나무를 그려본다. - 우리가 가을 나무를 그려볼까? 산책하면서 관찰했던 나무를 기억하면서 그려보면 어떨까?. - 나무의 모습이 잘 기억이 안 나면 우리가 함께 찍은 사진을 보면서 그려볼까? 4. 가을 나무를 모아 가을 숲을 꾸며본다. - 우리가 그린 가을 나무를 모아서 가을 숲을 꾸며보면 어떨까? - 나무를 가위로 오리고 싶니? 나무를 어느 곳에 붙여보고 싶니? 5. 친구들과 함께 꾸민 가을 숲을 감상하고 느낌을 이야기한다.		

	- 우리가 그린 가을 나무로 가을 숲을 꾸며보았구나. - 조금 더 꾸며보고 싶은 부분이 있니? - 우리가 함께 완성한 가을 숲을 보니 어떤 느낌이 드니?		
활동목표	• 가을 나무의 변화에 관심을 갖는다. • 친구들과 함께 가을 숲을 꾸며 본다.	표준보육과정 관련내용	• 자연탐구 > 자연과 더불어 살기 > 주변의 동식물에 관심을 가진다. • 사회관계 > 더불어 생활하기 > 친구와 서로 도우며 사이좋게 지낸다.

④ 음률 영역

음률 영역에서는 유아들이 음악을 감상하고, 노래를 부르며, 여러 가지 악기를 탐색하고 몸을 움직여 볼 수 있다. 다른 영역에 비해 활동적이고 소음이 많이 발생하므로 조용한 영역과는 떨어진 곳에 배치하는 것이 좋다. 보육교사는 음률 영역의 벽면이나 교구장을 이용하여 주제와 관련된 노래의 악보나 다양한 악기를 지원해 주어 유아가 능동적이고 창의적으로 활동에 참여할 수 있도록 돕는다.

그림 7-22 유아반 음률 영역

표 7-23 4~5세반의 음률 영역 놀이지원 예시

활동명	패턴대로 연주해요	연령	4~5세
활동자료	'사랑'노래 판, 리듬악기(리듬막대, 막대실로폰, 트라이앵글 등)		
활동방법	<놀이상황> 음률 영역에서 유아가 실로폰을 두드리고 있다. "나는 노래에 맞춰서 실로폰 칠 수 있어" (트라이앵글을 집어 들며)"나도 할래. 내가 이거 치면 시작하자." "이번엔 똑같이 시작하자"		
	1. '사랑' 노래판을 보며 친구들과 함께 노래를 불러본다. - 악기 연주 하고 있구나. 우리가 배웠던 '사랑' 노래를 부르고 있었네! - 너희들이 연주하는 음악에 맞추어서 노래 불러볼게. 2. 노래판에 표시된 악기 패턴을 살펴본다. - (노래반의 악기 그림을 보며) 이것은 어떻게 악기를 연주하는 것일까? - 이 다음에는 어떤 악기로 연주해야 할까? - 악기가 어떻게 반복되니?		

	- 노래판에 있는 순서대로 연주해볼까? 천천히... 3. 노래에 맞추어 악기를 연주해본다. - 이번에는 노래도 불러보면서 악기를 연주해볼까? - 다른 악기로도 연주해 보고 싶은 친구는 악기를 바꾸어 보아도 좋겠다. 4. 악기를 정리하고 소감을 이야기한다. - 친구들과 함께 악기 연주를 해보니 어떤 느낌이 들었니? - 또 연주해 보고 싶은 방법이 있니?		
활동목표	• 악기 연주하기에 즐겁게 참여한다. • 악기를 이용하여 단순한 규칙성을 표현한다.	표준보육과정 관련내용	• 예술경험 > 창의적으로 표현하기 > 신체, 사물, 악기로 간단한 소리와 리듬을 만들어 본다. • 자연탐구 > 생활 속에서 탐구하기 > 주변에서 반복되는 규칙을 찾는다.

⑤ 쌓기놀이 영역

쌓기놀이 영역은 유아의 대근육과 소근육발달을 돕고 공간적 관계, 크기, 모양 등의 개념을 이해하도록 돕는 영역이다. 따라서 다양한 블록, 자동차, 동물 모형 등의 자료를 최대한 활용하여 놀이할 수 있도록 충분한 공간과 시간을 지원한다. 보육교사는 유아들이 개별적 혹은 협력적으로 놀이하면서 공간 구성하기, 측정하기, 분류하기 등을 경험해 보도록 활동의 기회를 제공해야 한다.

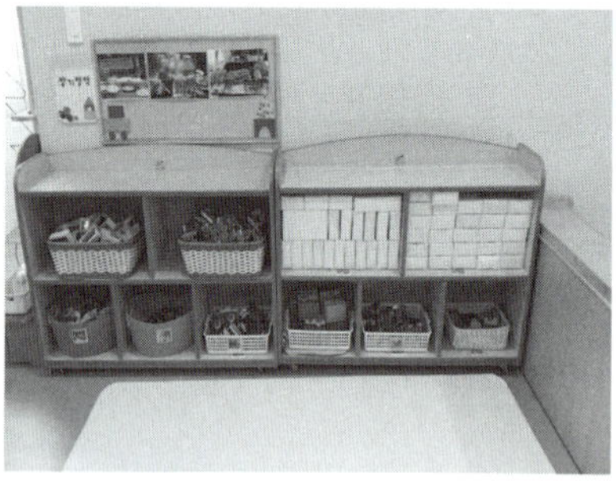

그림 7-23 유아반 쌓기놀이 영역

표 7-24 4~5세반의 쌓기놀이 영역 놀이지원 예시

활동명	블록 이어서 구성하기	연령	4~5세
활동자료	산책하면서 찍은 길 사진자료, 유니트 블록, 종이벽돌블록,		
활동방법	<놀이상황> 어린이집 주변을 산책하면서 유아들끼리 대화하고 있다. "이쪽으로 쭉 가면 마트 나와!" "이 길 따라 가면 나오지?" "이 길은 너무 작아. 다른 길은 엄청 큰데" "길이 다 연결되어 있어! 어린이집으로도 갈 수 있어!" "우리가 만들어보자!" 1. 산책하며 보았던 우리 동네의 길을 회상해본다.		

<table>
<tr><td></td><td colspan="3">- 아까 산책하면서 길에 대해 이야기 하더라. 보았던 길에 대해 이야기 해 주겠니?
- (길 사진을 보며) 길의 모양은 어떻니? 어린이집 주변의 길에는 무엇이 있었지?
2. 우리 동네 길을 구성하는 방법을 생각해본다.
- 어린이집으로 오는 길을 우리가 만들어보고 싶니?
- 길은 무엇으로 만들면 좋을까?
- 길이 만나는 곳은 어떻게 표현하면 좋을까?
3. 친구들과 함께 우리 동네의 길을 만든다.
- ○○이가 만든 길에 △△이가 길을 이어서 만들었구나.
- 어린이집은 무엇으로 표현하면 좋을까?
- 구불구불한 길도 있네. 길 옆에 집들도 표현했구나.
4. 친구들과 완성한 우리 동네 길을 감상한다.
- 친구들과 함께 우리 동네의 길을 완성했구나!
- 블록으로 혼자 만들 때와 친구들과 함께 만들 때 어떤 점이 다르니?
- 친구들과 함께 우리 동네를 만들어보니 어떤 느낌이 드니?</td></tr>
<tr><td>활동목표</td><td>• 우리 동네의 길에 관심을 갖는다.
• 친구와 협력하여 우리 동네의 길을 구성한다.</td><td>표준보육과정 관련내용</td><td>• 자연탐구 > 탐구과정 즐기기>주변 세계와 자연에 대해 지속적으로 호기심을 가진다.
• 사회관계 > 더불어 생활하기 > 친구와 서로 도우며 사이좋게 지낸다.</td></tr>
</table>

⑥ 역할놀이 영역

역할놀이 영역은 유아의 내면적 욕구를 표현하고 자기중심적 사고에서 벗어나 다른 사람의 역할을 이해하고 타인과 관계 맺을 수 있는 영역이다. 역할놀이 영역에서는 유아 간의 다양한 대화와 신체적 움직임이 유발되는 동적인 놀이 영역이므로 조용한 놀이 영역과 구분하여 배치한다. 보육교사는 진행되는 주제에 따라 다양한 의상과 소품, 인형, 가면 등을 적절하게 교체하면서 유아의 놀이가 심화되고 확장되도록 지원한다.

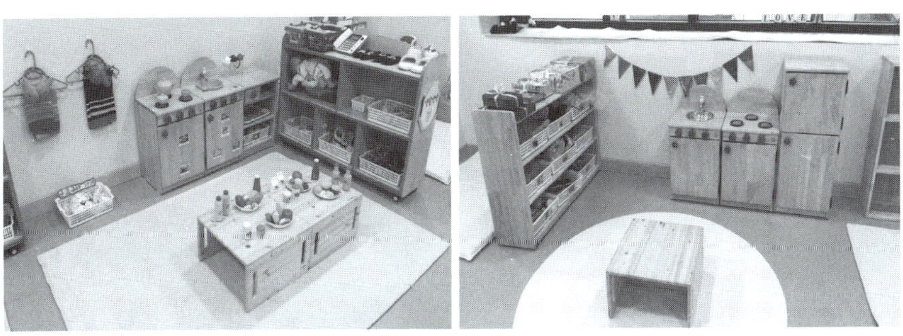

그림 7-24 유아반 역할놀이 영역

표 7-25 4세반의 역할놀이 영역 놀이지원 예시

활동명	병원놀이하기	연령	4세
활동자료	환자복, 가운, 청진기, 진료차트, 약통, 구급상자 등		
활동방법	<놀이상황> 병원놀이 도구로 유아들이 놀이하고 있다. "주사기로 주사 놔줄께요!" "코에다 바람 넣는 것도 있는데!" "이번엔 내가 주사 놔줄래!" "병원 열었습니다! 아픈 사람 오세요!" "근데 아무도 아픈 사람이 없잖아. 병원놀이 해야 하는데..." 1. 병원에 가본 경험에 대해 이야기 나눈다. - 병원놀이를 준비하고 있구나. - 병원에 가본 적이 있니? 어떤 병원에 갔었니? - 병원에서 무엇을 했었니? - 병원에는 어떤 분들이 계시니? 2. 병원놀이에 필요한 것들을 계획한다. - 병원놀이를 하려면 무엇이 필요할까? - 여러 가지 병원 중에서 어떤 병원으로 정하면 좋을까? - 병원 이름은 무엇으로 정할까? - 병원에서 일하시는 분들은 무엇을 사용할까? - 병원놀이 할 때 어떤 역할을 나누어서 놀이하면 좋을까? 3. 병원놀이에 필요한 것들을 준비한다. - 병원놀이할 때 필요한 것들을 친구들과 함께 준비해보면 어때? - 우리가 이야기한 것 말고 또 필요한 것이 있을까? 4. 친구들과 함께 병원놀이를 해본다. 5. 병원놀이를 한 후 느낀점을 이야기한다. - 친구들과 함께 병원놀이를 해보니 어떤 느낌이 들었니? - 놀이를 하면서 더 필요한 것이 있었니? - 다음번에 다시 병원놀이를 한다면 어떻게 하면 더 재미있을까?		
활동목표	• 병원에는 다양한 사람이 일하고 있음을 이해한다. • 친구들과 함께 역할을 나누어 병원놀이를 해본다.	표준보육 과정 관련 내용	• 사회관계 > 사회에 관심 가지기 > 내가 살고 있는 곳에 대해 궁금한 것을 알아본다. • 예술경험 > 창의적으로 표현하기 > 극놀이로 경험이나 이야기를 표현한다.

5) 바깥놀이 영역

바깥놀이 영역에서 영유아들은 신체 전반의 활동뿐만 아니라 자연 생태계에 대한 탐구력과 친밀감을 형성할 수 있다.

바깥놀이 영역 역시 운동놀이 영역, 모래·물놀이 영역, 자연탐구 및 관찰 영역, 휴식을 위한 공간으로 구분하여 구성하는 것이 좋다. 운동놀이영역에서는 온몸을 움직여 대근육활동을 할 수 있는 영역으로 복합놀이기구나 자전거, 그네 등의 시설물을 설치해 줄 수 있다. 모래·물놀이 영역은 햇볕이 잘 들고 배수가 잘 되는 곳이 적합한데, 가능하면 물놀이와 모래놀이 영역이 함께 있는 것이 바람직하다. 자연탐구 및 관찰 영역에서는 영유아들이 식물, 곤충, 동물, 흙 등의 자연환경을 탐구하는 영역이므로 영유아가 직접 식물을 재배하고 수확하거나 동물들의 성장과정을 관찰할 수 있는 기회를 준다. 휴식 영역에서는 의자나 정자를 배치하여 조용히 휴식을 취하거나 동화 듣기, 조작놀이 등의 정적인 활동을 할 수 있다.

바깥놀이 영역은 실내에서의 놀이 영역을 연장하거나 확장하여 놀이할 수 있는 활동 공간이기도 하다. 예를 들어, 영유아가 '물'에 관심을 보일 때 보육실에서는 물을 이용한 놀이나 실험이 제한적인 반면 실외에서는 영유아가 물을 탐색하고 물을 이용한 놀이에 자유롭고 능동적으로 참여할 수 있을 것이다. 보육실의 놀이 영역에서 사용하던 동화책, 놀잇감, 미술자료 등을 이용하여 실외에서도 얼마든지 놀이할 수 있으며 게임, 신체표현, 동화 감상 등의 활동도 실외에서 실행해 볼 수 있다.

어린이집의 하루일과를 운영할 때 매일 실외활동을 포함하여야 한다. 만약 어린이집에 바깥놀이공간이 없는 경우 인근의 놀이터나 공원 등을 활용하여 실외활동을 할 수 있다. 날씨나 기온, 미세먼지, 황사 등의 상황에 따라 실외활동을 하지 못하는 경우 어린이집의 강당이나 신체활동실, 혹은 보육실의 넓은 공간을 확보하여 영유아의 신체적 욕구를 충족시키도록 해야 한다.

표 7-26 1세반의 바깥놀이 영역 놀이지원 예시

활동명	솔솔 가을바람이 불어요	연령	1세
활동자료	스카프		
활동방법	1. (바깥놀이 중 그늘에 앉아서)바람이 부는 것을 몸으로 느껴본다. • ○○이 머리카락이 흔들리네~ • 여기 나뭇잎도 살랑살랑 흔들리고 있구나~ • 솔솔 바람이 불어오고 있나봐~ 바람이 부니까 어때? 2. 스카프로 놀이해보며 불어오는 바람을 느껴본다. • ○○이가 스카프를 가만히 들고 있는데 스카프가 흔들리네 • 선생님은 머리 위로 들었네~ • 바람이 부니까 스카프가 흔들 흔들 흔들리는구나~ 3. 주변에 바람에 의해 흔들리는 것을 찾아본다. • 바람이 부니까 나뭇잎도 흔들리네~ • 친구 머리도 흔들리는구나~		
활동목표	• 바깥놀이를 하며 불어오는 바람을 감각으로 느껴본다. • 바람에 의해 움직이는 것을 찾아본다.	표준보육과정 관련 내용	• 신체운동 > 감각과 신체 인식하기 > 감각적 자극에 반응한다. • 자연탐구 > 탐구 과정 즐기기 > 주변 세계와 자연에 대해 호기심을 가진다.

표 7-27 2세반의 바깥놀이 영역 놀이지원 예시

활동명	모래를 담고 쏟아요	연령	2세
활동자료	다양한 크기의 그릇, 모래통, 모래놀이 삽, 국자 등		
활동방법	<놀이상황> 모래놀이를 하는 영아들 사이에서 ○○이는 친구들이 놀이하는 모습을 바라보고 있다. 두 명의 영아들은 그릇에 모래를 담았다 쏟아내며 놀이하고 있다. ○○이가 쪼그려 앉아서 모래를 만져보더니 일어나서 손을 턴다. 다시 모래를 한주먹 쥐더니 이내 털어버린다. 1. 모래놀이에 관심을 보이는 영아와 이야기 나눈다. - ○○아, 모래놀이 하고 싶니? 모래 한 번 만져볼까? - 모래를 주먹으로 꽉 쥐었네? 어? 모래가 주르륵 떨어지네? 2. 모래를 만져본 느낌을 이야기해본다. - 모래를 만져보니 어떤 느낌이 드니? - ○○이는 부드러운 것 같아요? △△이는 차가운 느낌이 들었어요? 3. 다양한 그릇을 이용해 모래를 담고 쏟아본다. - 모래놀이 할 수 있는 그릇들이 많이 있네?		

	- 이 큰 그릇에 모래를 담아볼까? 무엇으로 담을까? - 모래를 모아볼까? △△이처럼 컵에 모래를 담아서 이 큰 그릇에 담아볼까? - 이야, ○○는 그릇에 가득 모래를 담아왔네? 여기 쏟아보자. - 친구들이 모래를 모아오니까 금방 찼네? 또 모아올까요? - 친구에게 그릇도 빌려주었네? 4. 모래놀이 정리 후 손을 씻는다. - 모래놀이했던 그릇은 어디에 정리하면 좋을까? - 모래놀이를 다 한 다음에 손에 있는 모래를 깨끗하게 털어볼까? - 몸에 묻은 모래도 탁탁탁 털어보자. 선생님처럼 탁탁탁! 발도 쾅쾅쾅 해볼까? - 손도 깨끗하게 씻어볼까?		
활동목표	• 모래를 그릇에 담아보며 소근육을 조절한다. • 친구들과 함께 모래놀이에 즐겁게 참여한다.	표준보육과정 관련 내용	• 신체운동 > 신체활동 즐기기 > 대소근육을 조절한다. • 사회관계 > 더불어 생활하기 > 또래와 함께 놀이한다.

표 7-28 4~5세반의 바깥놀이 영역 놀이지원 예시

활동명	놀이터에서 물 그림을 그려요	연령	4~5세
활동자료	물총, 빈 케첩 용기, 분무기, 큰 붓, 스펀지, 막대기, 양동이, 물		
활동방법	모래놀이터에서 놀이하던 유아가 물을 나르고 있다. "얘들아, 여기 봐봐! 여기에 물 다 흘렸어" "물로 그림 그린 것 같다" "이상한 그림이야!" "이거 금방 말라! 햇볕에 있으면" "또 해보자!" 1. 물 그림을 그려본 경험에 대해 이야기 나눈다. - 정말, 바닥에 그림이 그려진 것 같네. 물로 그림을 그렸다고? - 바닥에 물 그림을 어떻게 그린거야? 물 그림이 어떻게 되었니? 2. 바깥놀이터에서 물로 그림을 그리는 방법에 대해 이야기 나눈다. - 놀이터에 그림을 그린다면 어디에 그리면 좋을까? - 바닥이나 벽에 물 그림을 그린다면 무엇으로 그리면 좋을까? - 물 그림을 그리기 위한 도구들이 무엇이 있는지 살펴볼까? 3. 다양한 도구를 이용하여 물 그림을 그려본다. - 햇빛이 잘 드는 곳과 그늘진 곳에서 물 그림을 그린다면 어떻게 다를까? - 우리가 직접 물 그림을 그려보고 그림이 어떻게 되는지 이야기 해 줄래? 4. 놀이를 정리하고 놀이경험을 회상한다. - 물로 그림을 그려보니 어떤 느낌이 들었니?		

	- 교실에서 도화지에 그림을 그릴 때와 벽이나 바닥에 물을 그릴 때는 어떤 점이 달랐니? - 물로 그림을 그려보면서 어떤 점을 발견했니? - 햇빛이 잘 드는 곳과 그늘진 곳에서 물 그림을 그려보니 어떻게 되었니? - 물 그림을 오랫동안 보려면 어떻게 하면 좋을까?

활동목표	• 다양한 그림도구를 이용하여 물 그림을 그린다. • 물의 증발과 햇빛의 관계를 이해한다.	표준보육과정 관련 내용	• 예술경험 > 창의적으로 표현하기 > 다양한 미술 재료와 도구로 자신의 생각과 느낌을 표현한다. • 자연탐구 > 탐구과정 즐기기 > 주변 세계와 자연에 대해 지속적으로 호기심을 가진다.

활동하기

※ 다음의 예시에 나타난 보육실습생의 행동에 대해 의견을 나누어 보자.

미술 영역에서 영유아들의 요구에 그림을 그려주는 보육실습생	영유아들의 갈등 상황에서 큰 목소리로 훈육하는 보육실습생
역할놀이 영역에서 영유아들과 함께 셀카를 찍는 보육실습생	언어 영역에서 본인의 전화번호와 주소를 적어 편지를 나누는 보육실습생
신체 영역에서 영아용 미끄럼틀을 타며 신나게 놀이하는 보육실습생	영유아들이 놀이하는 동안 실습일지 작성이나 영유아의 행동관찰에만 몰두하는 실습생

Chapter 08 활동의 이해

보육교사는 어린이집의 영유아에게 가정에서와 같은 일상생활활동이나 개별적인 놀이 활동을 제공함과 동시에 교사가 주도가 되어 또래들과 함께 어울려서 활동하는 기회를 계획하고 제공해야 한다. 본 장에서는 활동의 의의를 알아보고 집단활동 유형에 따른 구체적인 지원방법에 대해 살펴보기로 한다.

1. 활동의 의의

활동이란 놀이를 지원하기 위하여 놀이 맥락 안에서 교사가 영유아 발달에 적합한 활동 계획을 세우고 영유아들에게 안내하는 보육경험을 의미한다. 교사는 놀이를 지원하기 위한 내용, 놀이 중의 문제를 해결하기 위한 내용, 영유아들이 공유할 가치가 있는 내용 등을 활동으로 계획할 수 있다. 유아들은 대집단 혹은 소집단으로 함께 모여 이야기나누기, 게임, 신체표현, 동화감상 및 동극, 새노래 부르기, 요리, 미술 등의 활동을 경험할 수 있다. 또한 이 시기에 형성해야 할 기본생활습관 지도나 안전 교육 등을 활동으로 계획하여 안내할 수 있다.

유아는 활동을 통해 교사가 계획한 보육 내용을 경험하고 정보를 교류할 수 있다. 이 과정에서 유아들은 자신이 경험한 내용이나 알고 있는 개념과 교사가 안내하는 보육활동을 통합하여 새로운 개념이나 가치관, 태도를 형성할 수 있게 된다. 다른 유아들과 함께 하는 여러 가지 유형의 활동은 집단 상호작용의 경험과 또래와의 사회적 기술을 습득할 수 있는 기회가 된다. 즉, 활동을 통해 유아들은 일정 시간 동안 주의를 집중하고, 순서를 기다리며, 다른 사람을 배려하는 능력이 향상될 수 있다. 이때 보육교사는 영유아의 발달수준에 맞추어 활동의 횟수나 시간, 활동 내용, 집단 크기 등을 적절하게 계획하고 운영해야 한다.

영아의 경우 발달적 특성상 보육활동은 일대일의 개별적 상호작용을 원칙으로 하므로 대집단이나 소집단의 활동보다는 개별활동 중심으로 계획하고 운영한다. 그러나 2세 후반이 되면 약 5~10분 정도의 짧은 시간 동안 동화 듣기나 전이활동 등에서 소집단으로 간단한 활동을 계획할 수 있다. 영아반의 경우 따로 활동을 구분하기보다는 자유놀이시간에 2~3명 정도의 영아와 함께 각 놀이 영역에서 활동하는 것이 좋다.

유아반이라고 해서 어린이집의 하루일과에서 활동의 비중을 무조건 높이는 것은 바람직하지 않다. 어린이집의 일과는 유아가 주도하는 놀이가 중심이 되어야 하며 놀이 맥락 안에서 유아의 흥미와 놀이를 지원하는 활동을 준비해야 한다. 학기 초나 유아의 연령이 어릴 경우 집단활동보다는 개별놀이나 소집단활동을 충분히 경험하도록 하여 심리적으로 안정감을 느끼고 새로운 환경에 적응하면서 보육활동에 적극적으로 참여할 수 있는 기회를 제공하는 것이 좋다. 활동의 운영시간 또한 주의집중시간이 짧고 흥미의 흐름이 자주 바뀌는 유아의 특성을 고려하여 15~20분 정도로 짧게 계획한다. 보육활동의 내용이나 활동유형에 따라 시간이 많이 필요한 경우도 있으나 가능하면 30분 이내에 마무리하는 것이 좋다.

2. 활동 지원의 실제

활동의 구체적인 지원방법을 활동 유형에 따라 살펴보면 다음과 같다.

1) 이야기 나누기

이야기 나누기는 교사와 영유아가 서로의 생각과 정보를 나누고 함께 의사를 결정하는 활동을 의미한다. 이야기 나누기는 진행되고 있는 놀이에 대한 정보를 공유하거나 유아들의 공동의 관심사와 관련된 이야기 및 토의하기, 주말 지낸 이야기, 하루일과 계획 및 평가하기, 일상의 경험 나누기 등으로 매우 다양하다.

이야기 나누기를 통해 영유아는 지식의 범위가 넓어질 뿐만 아니라 다른 사람의 의견을 경청하고 의사소통하는 능력을 기르며 의사결정에 적극적으로 참여할 수 있다.

주제와 관련된 이야기 나누기를 하는 경우 교사는 단순히 주제와 관련된 정보를 유아들에게 전달하는 방식으로 활동을 진행하는 것은 바람직하지 않다. 즉, 이야기 나누기 활동은 유아와 교사가 함께 능동적으로 정보, 지식, 경험을 서로 나누는 유의미한 시간이 되어야 한다. 이때 중요한 보육활동자료는 교사나 유아가 준비한 이야깃거리라고 할 수 있다. 이야깃거리는 주제와 관련된 사진, 신문, 유아의 그림, 장난감, 생활도구, 영상자료, 가정연계활동지 등 매우 다양한데, 교사는 유아와 함께 이야깃거리를 충분히 탐색하고 이후의 시간에도 보육실의 한쪽에 전시해 줄 수 있다.

보육교사는 주제와 관련된 내용에 대해 사전 지식을 충분히 갖추고 있어야 할뿐만 아니라 보육활동의 목표와 활동방법에 대해 충분히 숙지하여야 한다. 또한 주제에 대한 개념을 익히고 유아 스스로 문제해결을 하도록 돕는 사려 깊은 상호작용을 할 수 있어야 한다. 이 때 중요한 것은 유아가 이야기 나누기의 주도권을 갖도록 하는 것이다. 아울러 교사는 발문하기, 설명하기, 격려하기 등의 다양한 상호작용을 통해 유아 스스로 문세해결 할 수 있도록 지원할 뿐만 아니라 유아들의 이야기를 경청하고 존중해주는 분위기를 조성하여 함께 배려하며 의사소통하는 본보기가 되도록 해야 한다.

그림 8-1 이야기 나누기

표 8-1 4세반의 이야기 나누기 활동 지원 예시

<table>
<tr><td>활동명</td><td>뭐라고 말하지?</td><td>연령</td><td>4세</td></tr>
<tr><td>활동자료</td><td colspan="3">그림자료(친구에게 편지를 받는 그림, 혼자서 놀고 있는 친구 그림, 친구가 넘어져서 울고 있는 그림)</td></tr>
<tr><td>활동목표</td><td>• 상황에 따라 적절한 말을 할 수 있다.
• 어린이집에서 친구와 함께 사이좋게 지내는 방법을 생각해본다.</td><td>표준보육과정 관련 내용</td><td>• 의사소통 > 듣기와 말하기 > 상황에 적절한 단어를 사용하여 말한다.
• 사회관계 > 더불어 생활하기 > 친구와 서로 도우며 사이좋게 지낸다.</td></tr>
<tr><td>활동방법</td><td colspan="3"><놀이상황>
쌓기놀이 영역에서 유아들이 자동차를 가지고 놀이하고 있다.
“나도 그 자동차 놀고 싶다”
“......” ○○이는 매우 곤란한 표정을 짓고 있다.
“나 그거 놀아도 돼?”
“나 놀고 있는데...” 한참 머뭇거리더니 친구에게 자동차를 건넨다.
“고마워! 나 놀고 다시 돌려줄께!”
이 말을 듣자 ○○이 표정이 편안해진다.

1. 집에서 놀이할 때와 어린이집에서 놀이할 때 다른 점에 대해 이야기 나눈다.
- 집에서 놀이할 때는 무엇을 하고 놀이하니? 누구와 놀이하니?
- 어린이집에서 놀이할 때는 무엇을 하고 놀이하니? 누구와 놀이하니?
- 집에서 놀이할 때와 어린이집에서 놀이할 때는 또 어떤 점이 다르니?

2. 그림자료를 보며 상황에 따라 필요한 말을 생각해본다.
- (친구에게 편지를 받는 그림을 보며) 그림 속의 친구가 무엇을 하고 있니?
- 편지를 받는 친구의 마음은 어떨까? 그럼 뭐라고 말하면 좋을까?
- 만약에 편지를 받고 아무 이야기도 하지 않는다면 어떻게 될까?
- (혼자서 놀고 있는 친구 그림을 보며) 이 친구는 무엇을 하고 있니?
- 혼자 놀고 있는 친구의 표정은 어떻니? 이 친구의 마음은 어떨까?
- 혼자 놀이할 때 기분이 어땠니?
- 혼자 놀고 있는 친구를 보면 어떻게 이야기하면 좋을까?
- (친구가 넘어져서 울고 있는 그림을 보며) 이 그림 속에선 무슨 일이 있어난 것 같니?
- 친구가 울고 있을 때는 어떻게 해야 할까?
- 만약에 친구의 도움을 받았다면 뭐라고 이야기해야 할까?
- 혹시 다른 친구들의 도움을 받았을 때가 있었니? 그때 기분이 어땠니?
- 친구에게 고마운 마음을 표현하려면 어떻게 말하면 좋을까?

3. 친구와 함께 사이좋게 놀이할 때 필요한 말을 생각해 본다.
- 친구와 함께 놀이하다가 친구가 한 말 때문에 속상했던 적이 있었니?
- 그럼 친구에게 어떤 말을 들었을 때 기분이 좋았니?
- 친구와 사이좋게 놀기 위해 필요한 말은 무엇일까?

4. 오늘 활동을 회상해 보며 친구들과 함께 사이좋게 놀이하기로 약속한다.</td></tr>
</table>

- 친구들과 함께 놀이하면서 필요한 말에 대해 이야기 나누었는데, 어떤 느낌이 들었니?
- 친구들과 함께 놀이할 때 적절하게 말을 하지 않으면 어떤 일이 있어날까?
- 오늘 친구의 마음을 기쁘게 해주는 말을 생각하면서 친구와 함께 놀이해보면 어떨까?

2) 게임

게임은 규칙이 설정된 상황에서 대근육을 사용하여 자유대형게임, 원게임, 편게임 등의 형태로 놀이에 참여하는 활동이다. 게임활동을 통해 유아들은 신체협응능력을 기를 수 있고 언어나 수와 같은 인지적 개념도 쉽게 이해할 수 있다. 또한 유아들은 게임을 하는 동안 분노, 좌절, 질투 등의 감정이 표출될 수 있으며 게임을 성공적으로 수행하기 위해서 정서를 조절하고 인지적 전략을 사용하기도 하면서 유아 자신의 감정이나 사고를 통찰할 수 있게 된다. 그러나 지나치게 높은 수준의 규칙과 경쟁심을 강요하면 유아들은 흥미를 느끼지 못하고 스트레스를 받게 된다.

따라서 게임활동은 유아의 발달 등을 고려하여 적절한 방식으로 수행해야 한다. 예를 들어, 연령이 어리거나 학기 초인 경우 규칙과 지시가 적은 원게임이나 자유대형게임을 하고 규칙을 이해할 수 있을 시기에 편게임을 진행한다.

표 8-2 유아 게임의 종류와 방법

원게임	자유대형게임	편게임
• 어린 연령의 유아나 학기 초에 적절함 • 간단한 규칙을 이해하고 지키는 경험을 제공함 • 누구나 성취감을 가지고 집단에 대한 소속감을 느낄 수 있음	• 이기고 지는 결과가 뚜렷하게 구분되지 않음 • 움직임과 멈춤을 연속적으로 경험해 볼 수 있음 • 자유롭게 장소를 이동하며 신체를 활용할 수 있음	• 지시와 규칙이 많이 요구되는 게임 • 협력하여 성취감을 느낄 수 있음 • 게임 유형 중 가장 구조화된 활동임
• 의자에 앉기, 박자에 맞추어 자기 이름 말하기, 꽃바구니 꾸며 주기 등	• 짝짓기, 신체 마주대기, 만나는 친구와 인사하기 등	• 목표지점 돌아오기, 릴레이하기, 점수 모으기 등

가장 구조화된 게임인 편게임을 진행할 때는 영유아의 발달수준과 주제에 맞는 활동을 사전에 준비해야 한다. 보육교사는 게임 시 필요한 교재나 교구, 융판, 바구니 등을 준비하고 게임의 경로를 예상하여 출발선과 도착선, 자리 표시 등을 한다. 편게임을 위해 양 팀으로 나누어 팀별 인원수가 동일한지 세어본 후 팀 이름을 정한다. 유아들이 게임에 대해 생각하고 규칙을 정해 볼 수 있는 기회를 충분히 제공한 후 게임을 시작한다. 게임을 진행하는 동안 보육교사는 유아들이 규칙을 준수하며 즐겁게 게임에 참여할 수 있도록 안내하고 뒤처지는 유아들을 격려하며 서로를 응원하고 협력하면서 게임에 참여하는 태도가 중요함을 강조한다. 게임이 끝난 후 이긴 편과 진 편을 강조하기보다는 승부를 확인한 후 서로 격려할 수 있도록 하며 게임을 평가하고 유아들과 함께 게임자료를 정리한다.

표 8-3 4세반 게임활동 지원 예시

활동명	알밤 모아오기	연령	4세
활동자료	알밤, 비밀주머니, 볼풀공(빨간색, 파란색), 바구니 2개, 주사위, 다람쥐 머리띠 2개		
활동목표	• 정해진 규칙을 지키며 게임에 참여한다. • 가을에 볼 수 있는 도토리에 관심을 갖는다.	표준보육과정 관련 내용	• 사회관계 > 더불어 생활하기 > 약속과 규칙의 필요성을 알고 지킨다. • 자연탐구 > 자연과 더불어 살기 > 주변의 동식물에 관심을 가진다.
활동방법	<놀이상황> 언어영역에서 두 친구가 함께 책을 보고 있다. "여기 다람쥐 있다! 아이 귀여워!" "나 다람쥐 본 적 있어. 엄청 빨라" "다람쥐가 도토리랑 밤이랑 먹고 살아. 밥 먹을 때 진짜 귀엽지?" 두 손을 모아 먹이 먹는 흉내를 낸다. 1. 게임을 하기 위해 두 팀으로 나누어 앉는다. - 우리 반 친구들이 다람쥐에 대해 많이 알고 있구나. 또 다람쥐에 대해 이야기 해 줄 것이 있니? - 그럼 오늘은 우리가 다람쥐가 되어서 게임을 해 보면 어떨까? - 게임을 하기 위해 두 팀으로 나누어볼까? 두 친구가 함께 비밀 주머니 속 공을 뽑아볼까? - 빨간색 공을 뽑은 친구는 빨간색 줄에 앉고 파란색 공을 뽑은 친구는 파란색 줄에 앉아보면 되겠구나. 2. 양 팀의 수가 맞는지 확인한다. - 우리 다 함께 양 팀 수가 같은지 세어볼까? 어떤 방법으로 세어볼까?		

- ○○이가 말한 것처럼 세어볼까?
- (인원수가 맞지 않는 경우) 그런데 이쪽 팀에는 한 명이 더 있는데 어떻게 하면 좋을까?
- 그래, 그럼 △△이의 생각대로 친구가 선택한 사람이 한 번 더 해보기로 하자.

3. 팀 이름을 정하고 응원해 본다.
   - 우리 팀의 이름은 무엇으로 지어볼까? 우리가 지금 가을에 대해 알아보고 있으니까 가을에 볼 수 있는 곡식이나 열매 이름 중에서 정해보면 어떨까?
   - 우리 팀이 힘내어 재미있게 게임에 참여할 수 있도록 응원도 해볼까?

4. 게임자료를 보며 게임방법을 생각해본다.
   - (게임자료를 보며) 여기에 어떤 것들이 있니?
   - 알밤도 있고, 바구니도 있고, 다람쥐 머리띠도 있구나. 이것으로 어떻게 게임을 하면 좋을까?
   - ○○이 생각대로 알밤을 바구니에 모아서 돌아오기로 할까?
   - △△이는 다람쥐가 나무를 넘어가는 것처럼 게임하면 좋을 것 같니? 그럼 무엇으로 나무를 만들면 좋을까?
   - 그럼 우리가 정한 방법대로 게임해 보자.
   - 우리가 정한 방법대로 친구들 앞에 나와서 시범을 보여줄 친구가 있니?

〈게임방법〉
① 다람쥐 머리띠를 하고 출발선에서 준비한다.
② 주사위를 굴려 모아올 알밤의 개수를 확인한다.
③ 유니트 블록을 넘어서 알밤이 있는 곳으로 간다.
④ 주사위의 개수만큼 알밤을 모아 도착점으로 온다.
⑤ 알밤의 개수가 많은 팀이 이긴다.

5. 게임을 할 때 지켜야 할 약속을 생각해본다.
   - 우리가 안전하고 재미있게 게임을 하려면 어떻게 하면 좋을까?
   - 게임을 기다리는 친구들은 어떤 약속을 지켜야 할까?
   - 게임을 하는 친구들은 어떤 약속을 지켜야 할까?

6. 각 팀에서 한 명씩 나와서 도토리 모아오기 게임을 한다.
   - 친구들이 게임하는 동안 우리가 응원해줄까?

7. 게임이 끝나면 모아온 알밤을 세어 승부를 확인한다.
   - 어느 팀의 알밤이 더 많은 것 같니?
   - 알밤이 몇 개인지 함께 세어볼까?
   - 어느 팀이 더 많이 모았니?
   - 알밤을 많이 모은 ○○팀 그리고 끝까지 열심히 게임한 △△팀! 우리 모두 수고했다고 박수쳐 줄까?

8. 활동을 평가한 후 마무리한다.
   - 친구들과 함께 알밤 모으기 게임을 하니 기분이 어때?
   - 다음번에는 어떻게 알밤 모으기 게임을 할 수 있을까?
   - 우리가 함께 활동한 게임자료도 같이 정리해볼까?

3) 신체표현

신체표현은 유아들이 대상물의 특성이나 움직임을 탐색하여 '만약 내가 ~가 된다면'을 가상하여 몸으로 표현을 해보는 창의적인 활동이다. 유아들은 어떤 대상의 특징을 몸으로 표현해 보면서 즐거움과 성취감을 느낄 수 있으며 신체나 동작을 통해 탐색한 대상의 특징과 움직임을 표현해 봄으로써 자기표현력과 창의성을 기를 수 있다.

보육교사는 유아들이 신체표현을 통해 자신의 느낌이나 감정을 표현함과 동시에 만족감과 창조하는 즐거움을 경험하도록 지원 한다. 이를 위해 집단 크기나 활동시간, 신체표현자료 등을 고려하여 신체표현활동을 운영한다. 전체 유아가 동시에 신체표현을 한다면 공간과 안전상의 문제가 발생되므로 소집단의 형태로 신체표현을 하는 것이 효과적이며 대집단으로 신체표현을 할 경우 2~3개 집단으로 나누어 번갈아가며 표현해 보도록 한다. 신체표현은 동적 활동에 해당하므로 하루일과를 계획할 때 게임이나 실외활동 등의 동적인 활동들과 연속적으로 이루어지지 않도록 한다. 시간 길이는 연령이나 활동 내용에 따라 차이가 있으나 약 20분 정도로 계획한다. 신체표현 시 사용하는 자료는 유아가 신체표현활동에 더욱 몰입하도록 도울 수 있다. 따라서 유아의 흥미를 이끌 수 있는 매력적인 자료로 준비하도록 하며 실물이나 동영상, 음원, 리듬악기, 의상이나 소품 등 다양한 형태로 지원한다.

신체표현을 위해 강당이나 유희실 등 넓은 공간으로 이동하거나 보육실의 교구장을 밀어 공간을 충분히 확보한 후 오늘의 활동 주제와 연관된 도입은 짧게 계획한다.

대상물의 형태나 움직임을 충분히 관찰한 후 신체로 표현하는 방법을 생각해 본다. 처음엔 손가락이나 앉은 자리에서 표현해 보고 몇몇의 유아가 일어나서 신체로 표현해 본 후에 친구들과 함께 자율적으로 표현해 볼 수 있다. 이때 유아들의 창의적 표현에 대해 교사가 언어로 표현해 주고 소극적인 유아들이 참여해 볼 수 있도록 격려한다.

신체표현이 끝나고 난 후에는 친구의 신체표현을 감상한 느낌이나 자신의 생각과 느낌을 이야기 나누며 마무리한다.

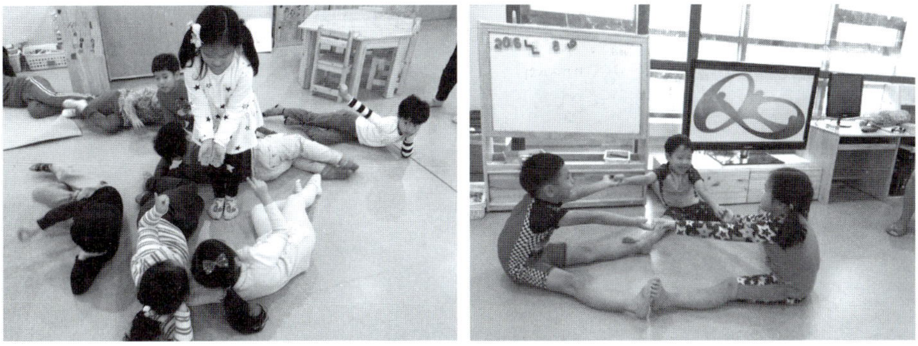

그림 8-2 신체표현

표 8-4 3세반의 신체표현활동 지원 예시

활동명	나비가 되어보세요	연령	3세
활동자료	부분으로 가려진 나비 사진, 나비 관련 영상자료, 나비 날개옷, 나비 더듬이 머리띠, 코팅된 꽃 사진		
활동목표	• 나비의 모양과 특징에 관심을 갖는다. • 나비의 움직임을 신체를 이용하여 창의적으로 표현한다.	표준보육과정 관련 내용	• 자연탐구 > 자연과 더불어 살기 > 주변의 동식물에 관심을 가진다. • 예술경험 > 창의적으로 표현하기 > 신체나 도구를 활용하여 움직임과 춤으로 자유롭게 표현한다.
활동방법	<놀이상황> 바깥놀이터에서 놀이하던 유아가 날아가는 나비를 발견하였다. “어! 나비다!” 나비를 뒤따라 쫓아간다. “나비다!” 주변 유아들도 함께 쫓아가기 시작한다. “나비 잡자!” 나비는 멀리 날아갔지만 유아들은 계속 ○○이를 뒤쫓아 간다. ○○이가 갑자기 바닥에 앉으며 “쉬어야 해”. 친구들도 따라서 바닥에 앉는다. “나 날아간다!” ○○이는 날개짓 하며 도망친다.		
활동방법	1. ‘나비’ 사진을 보며 이야기 나눈다. - 이것은 무엇을 보여 주는 사진일까? 부분 사진만 보고도 알 수 있을까? - 아까 바깥놀이터에서 우리반 친구들이 발견한 것이란다. - (가운데 동그란 부분을 떼어내며) 어? 이것은 무엇이지? ○○이가 말한 것처럼 길쭉한 줄이 있네. - (한쪽 부분을 떼어내며) 이 부분은 어떤 모습이니? 무슨색일까?		

- (전체 나비 사진을 보며) 너희들이 이야기한 것처럼 나비였구나. ○○이는 무엇을 보고 나비인줄 알았니?

2. 영상을 보며 나비의 움직임을 관찰해본다.
  - 나비는 어떻게 움직일까? 나비가 날 때 날개는 어떻게 할까?
  - 바깥놀이터에서 나비를 발견한 친구가 있었지? 이야기 해 줄래?
  - (영상을 보며) 영상을 보면서 나비가 어떻게 나는지, 꿀을 먹을 땐 어떻게 하는지 자세히 보면 어떨까?

3. 영상을 본 후 나비의 움직임에 대해 이야기해본다.
  - 나비가 어떻게 움직였는지 이야기해볼까? ○○이는 나비가 쉴 때 날개를 접고 쉬는 것을 보았구나.
  - 나비가 다른 나비를 만났을 때는 어떻게 움직였니?
  - 꿀을 먹을 때는 어떻게 했니?

4. 나비의 움직임을 몸으로 표현해 본다.
  - 우리도 나비가 되어볼까? 나비가 날 때 어떻게 날개를 움직였지? 나비가 나는 모습은 어떻게 표현하면 좋을까? 나비의 더듬이는 어떻게 표현하면 좋을까?
  - 생각한 것을 앉은 자리에서 표현해보자. ○○이가 팔을 펄럭 펄럭 움직이고 있네.
  - △△이가 친구들에게 나비가 된 모습을 보여 줄래?
  - 친구끼리 만난 나비들이 어떻게 춤을 추었니? 누가 앞에 나와서 보여 주겠니?

5. 두 모둠으로 나누어 차례대로 신체표현을 해본다.
  - 우리반 친구들이 한꺼번에 나비가 되어 움직이면 어떻게 될까?
  - 먼저 △△ 모둠이 나와서 표현해볼까?
  - ○○ 모둠 친구들은 다른 친구들이 어떻게 표현하는지 감상해볼까?
  - (음악을 들으며) 이번엔 노래를 들어보면서 날아볼까?
  - 천천히 움직이는 나비도 있고, 어? ◎◎이는 바닥에 핀 꽃에 앉았네? 아~ 꿀을 먹고 있구나.
  - 재미있게 표현한 △△ 친구들에게 박수쳐주자. 이번엔 ○○ 모둠 친구들이 표현해 볼까?

6. 활동을 마친 후 정리하고 마무리한다.
  - 이제 나비가 되어서 카펫에 앉아볼까?
  - 오늘 나비가 되어서 몸으로 표현해 보니 어땠니?
  - 친구들이 나비가 된 모습을 감상해 보니 어땠니? 재미있게 표현한 친구도 있었니?
  - 다음에 나비를 표현해 본다면 어떻게 하면 더 재미있게 표현할 수 있을까?
  - 나비에 대해 더 알게 된 것이 있니?
  - 오늘 우리가 사용한 나비 옷은 어떻게 하면 좋을까?
  - 나비옷과 더듬이 머리띠는 역할놀이 영역에서 더 놀이해볼까?

4) 동극

동극은 유아가 동화의 등장인물이 되어 교사가 들려준 동화의 내용과 대사를 극화해 보는 활동을 의미한다. 동극활동을 통해 유아들은 상상력과 표현력이 향상될 뿐만 아니라 유아 자신이 극중 인물이 되면서 다른 사람의 관점을 이해할 수 있게 된다. 동극은 여러 친구들과 함께 역할을 나누고 동극과 관련된 소품을 함께 준비해야 하므로 협동심을 배울 수 있다.

동극을 하기 위해 보육교사는 동극에 적합한 동화를 선정해야 한다. 유아들의 연령과 발달적 특성을 고려해서 유아들에게 친숙한 내용의 단순한 이야기가 적당하다. 선정된 동화는 장면이 자주 바뀌지 않고 7~8명의 등장인물이 반복되는 대사를 할 수 있도록 내용을 쉽게 각색하여 들려준다.

동화를 감상할 때는 융판동화, 자석동화, 테이블동화, 막대동화 등 다양한 매체를 활용하며 동화를 감상한 후에 동화의 내용을 잘 회상해보도록 한다. 동화를 회상할 때는 등장인물의 순서, 대사, 그때의 표정이나 행동 등을 강조하면서 유아가 등장인물이 되어 표현할 것을 계획할 수 있도록 한다. 동극에 필요한 소품은 교사가 지원할 수도 있고 경우에 따라 유아들과 함께 준비할 수도 있다. 동극의 역할을 선정한 후 원활한 동극활동을 위해 배역을 맡은 유아와 동극을 감상하는 유아들이 지켜야 할 약속이나 태도에 대해 생각해 보고 동극 공연을 한다. 동극이 끝난 후에는 간단하게 평가해 본 후 역할을 바꾸어 재공연을 한다. 또한 동극활동 시 사용했던 소품들은 역할 영역에 비치해 두어 자유놀이시간에 지속적으로 놀이할 수 있도록 한다.

그림 8-3 동극

표 8-5 4세반의 동극활동 지원 예시

<table>
<tr><th>활동명</th><td>사자의 줄다리기</td><th>연령</th><td>4세</td></tr>
<tr><th>활동자료</th><td colspan="3">'사자의 줄다리기' 융판동화자료, 등장인물 목걸이(사자, 코끼리, 호랑이, 쥐 4), 줄다리기 줄</td></tr>
<tr><th>활동목표</th><td>• 여러 가지 동물의 특징에 관심을 갖는다.
• 친구들과 함께 역할을 맡아 동극으로 표현한다.</td><th>표준보육 과정 관련 내용</th><td>• 자연탐구 > 자연과 더불어 살기 > 주변의 동식물에 관심을 가진다.
• 예술경험 > 창의적으로 표현하기 > 극놀이로 경험이나 이야기를 표현한다.</td></tr>
<tr><th>활동방법</th><td colspan="3"><놀이상황>
역할놀이 영역에서 동물 모자를 쓰고 유아들이 놀이하고 있다.
"지금부터 동극을 시작하겠습니다"
"동극 볼 사람들은 모여주세요"
몇몇의 유아들이 동극 관람을 위해 모여 앉았다.
"언제 시작해요?"<br>"잠깐만 기다려주세요"
동극을 시작하겠다고 하였지만 동물 모자만 쓰고 있을 뿐 유아들은 막상 놀이를 시작하지 못하고 있다. 정리 시간이 되자 유아들은 아쉬운 표정을 짓는다.
교사: 동극을 준비하고 있구나. 그럼 우리반 친구들 모두와 함께 동극을 해 보면 어떨까?
"네 좋아요!"</td></tr>
<tr><th>활동방법</th><td colspan="3">1. 놀이 시간에 동극을 준비하던 유아들의 이야기를 들어본다.
- 놀이 시간에 동극 공연을 준비하며 놀이한 친구들이 있었단다. 어떻게 놀이했는지 이야기를 들어볼까?
- 그럼 우리반 친구들이 모두 함께 동극을 해 보면 어떨까?
1. 융판동화 '사자의 줄다리기'를 감상한다.
- '사자의 줄다리기'에 나오는 동물들이 되어서 동극을 해볼까?
- 동화에서 어떤 동물들이 나오는지, 어떤 말을 하는지 잘 기억하면서 들어보자.
2. 등장인물의 대사를 회상해 보며 알맞은 목소리와 표현을 생각해 본다.
- 동화를 잘 들어보았니? 어떤 동물들이 나왔지?
- 맨 처음엔 누가 나왔니? 사자가 어떻게 말했지? 그때 어떤 표정으로 나오면 좋을까?
- 그 다음엔 어떤 동물이 나왔니? 사자와 줄다리기를 했는데, 어떻게 되었니?
- 그 다음엔 어떤 동물들이 나왔니? 뭐라고 말하면서 나왔었지? 우리가 다함께 말해볼까?
- 가장 마지막에 쥐들과 줄다리기를 했을 때 어떻게 되었니? 그때 사자는 어떻게 했을까?
- 쥐들이 줄다리기에서 이겼을 때 어떻게 표현하면 좋을까?
3. 동극의 역할을 정한다.</td></tr>
</table>

- '사자의 줄다리기'에 나오는 역할을 정해볼까? 사자(코끼리, 호랑이, 쥐)를 맡고 싶은 친구가 있니?

4. 무대 앞에 나와서 각자 맡은 역할을 소개한다.
   - 자기가 맡은 역할을 친구들 앞에서 '저는 ○○를 맡은 △△입니다' 하고 소개해보자.

5. 동극할 때 지켜야 할 약속에 대해 이야기 나눈다.
   - 역할을 맡은 친구들은 어디에서 기다리면 좋을까?
   - 동극을 하면서 목소리(몸짓)는 어떻게 해야 할까?
   - 동극을 보는 친구들은 어떤 약속을 지켜야 할까?
   - 동극이 끝난 후에는 어떻게 하면 좋을까?

6. 동극을 시작한다.
   - 지금부터 ◎◎반의 동극 '사자의 줄다리기'를 시작하겠습니다.

7. 동극을 본 후 평가한다.
   - 동극을 보니 어떤 생각이 들었니?
   - 동극을 한 번 더 할 때 어떻게 하면 더 재미있게 할 수 있을까?

8. 동극의 역할을 바꾸어 한 번 더 한다.
   - 이번엔 역할을 바꾸어서 동극을 또 해볼까?
   - 조금 전에 동극을 더 재미있게 하는 방법에 대해 이야기했던 것을 잘 생각해보면서 동극해보자.

9. 활동을 마친 후에 전체적인 평가를 한다.
   - 이번엔 다른 친구들이 나와서 동극을 해 보았는데, 어떤 느낌이 들었니?
   - 동극을 하면서 재미있었던 것은 무엇이었니? 혹시 힘들었던 것도 있었니?
   - 동극을 직접 해본 친구들은 어땠니?
   - 동극을 하지 못했거나 더 해보고 싶으면 역할 영역에서 더 해보자.

5) 새 노래 부르기

새 노래 부르기는 유아의 흥미나 주제, 어린이집 행사 등에 알맞은 가사로 구성된 새 노래를 배우는 활동이다. 유아들은 노래를 부르면서 자발적으로 음악활동에 참여하고 즐거움을 느낀다. 노래 부르기와 함께 악기 연주하기, 음악에 맞추어 움직이기, 음악 감상하기, 음악 창작하기 등과 통합하여 안내할 수 있으며 리듬, 멜로디, 강약, 빠르기 등의 음악적 개념을 이해하도록 돕는 활동 내용을 포함할 수 있다.

새 노래 부르기 시 유아의 일상적 경험에 대한 내용의 노래를 선정하는 것이 좋다. 또한 복잡하지 않은 리듬과 노래의 음역이 유아의 발달수준에 적합한 것으로 선정하고 노래 부르기는 15~20분 정도의 시간을 통해 이루어질 수 있다.

새 노래를 효율적으로 안내하기 위해 보육교사는 주제와 연관된 다양한 장르의 곡을 충분히 익히고 활동 전에 음, 리듬, 가사를 충분히 숙지하도록 한다. 가르칠 노래를 미리 녹음하여 놀이시간이나 점심시간에 유아들에게 들려주면 실제 노래할 때 빨리 배우게 된다.

도입부분에서는 노래 가사와 관련된 경험을 나누거나 수수께끼, 실물, 모형, 사진 등을 이용하여 노래 전체의 맥락을 이해하도록 돕고 노래자료를 보며 노랫말을 익히도록 지원한다. 이후 교사의 목소리로 전체 노래를 불러주고 유아들은 한 가지 소리(아, 오, 우 등)를 넣어 음을 익힌다. 노랫말을 넣어 처음 부를 때는 천천히 부르도록 하며 다양한 방법으로 반복하면서 불러본다.

그림 8-4 새 노래 부르기

표 8-6 3세반 새 노래 부르기 활동 지원 예시

활동명	사랑	연령	3세
활동자료	다양한 부모님의 모습이 담긴 사진, '사랑' 노래 가사판		
활동목표	• 적절한 목소리로 사랑 노래를 불러본다. • 부모님을 사랑하는 마음을 여러 가지 방법으로 표현해본다.	표준보육과정 관련 내용	• 예술경험 > 창의적으로 표현하기 > 노래를 즐겨 부른다. • 사회관계 > 더불어 생활하기 > 가족의 의미를 알고 화목하게 지낸다.
활동방법	<놀이상황> 유아가 함께 벽면에 게시된 사진을 보고 있다. (교사가 다가가자) "아기가 우유 먹고 있어요" "그렇네, 아기가 우유 먹고 있구나. 사진 속에 또 누가 있니?"		

"엄마가 아기한테 우유 주고 있어요"
"아기가 귀여워서 엄마가 웃고 있는거예요"
"아빠가 아기 재워주고 있어요. 우리 아빠는 나 어렸을 때 자장가도 불러줬어요"

1. 다양한 부모님의 모습이 담긴 사진을 보며 이야기 나눈다.
   - (다양한 부모님의 모습이 담긴 사진을 보며) 사진 속에는 누가 계시니?
   - 아이를 보는 부모님의 표정은 어떤 것 같니?
   - 아이를 보는 부모님의 마음은 어떤 마음일까?
2. 부모님께서 우리를 위해 해주시는 일들을 생각해 본다.
   - 부모님께서는 우리를 위해 어떤 것들을 해 주시니?
   - 부모님께서는 우리를 위해 어떻게 도와주시니?
   - 부모님께 어떤 마음이 드니?
   - 감사하는 마음, 사랑하는 마음이 드는구나.
3. '사랑' 노래를 감상해본다.
   - 부모님을 생각하면서 사랑하는 마음을 담아 노래를 불러볼까?
   - 선생님이 '사랑' 노래를 불러볼테니 잘 들어보자.
4. '사랑' 노래를 감상한 느낌을 이야기해본다.
   - '사랑' 노래를 들어보니 어떤 느낌이 들었니?
   - 사랑하는 마음이 들 때는 또 언제가 있었니?
5. 다양한 방법으로 '사랑' 노래를 불러본다.
   - 한 가지 소리로 불러볼까?
   - 앞부분은 선생님이 부를테니 '음 음, 사랑이죠' 하는 부분은 너희들이 불러볼까?
   - 몸으로 함께 표현하며 불러볼까?
   - '엄마, 아빠' 대신에 또 누구를 넣어서 불러볼까?
6. 부모님께 사랑하는 마음을 표현할 수 있는 여러 가지 방법을 생각해 본다.
   - 부모님께 사랑하는 마음을 어떻게 표현해 볼 수 있을까?
   - 부모님께 오늘 배운 노래를 불러드려도 좋겠구나.
   - 또 어떻게 표현해 볼 수 있을까?
   - 어떤 말로 사랑하는 마음을 표현해 볼 수 있을까?
   - 부모님께 그림편지를 드릴 수도 있겠구나.
7. 부모님께 사랑하는 마음을 표현해 보기로 한 후 활동을 정리한다.
   - 오늘 우리가 생각한 방법대로 부모님께 사랑하는 마음을 전해드리자.
   - 혹시 그림 편지나 부모님께 드릴 선물을 만들고 싶은 친구는 놀이시간 동안 준비해 보자.

6) 요리

요리활동은 다양한 음식의 재료와 요리방법을 탐색한 후 요리도구를 활용하여 직접 조리하고 친구들과 만든 음식을 골고루 나누어 먹는 활동이다. 요리활동을 통해 유아들은 다양한 요리재료와 도구를 탐색할 뿐만 아니라 조리과정에서 물질의 변화를 체험하기도 하고 함께 요리하고 먹는 즐거움을 느낄 수 있다.

보육교사는 효율적인 요리활동을 위해 집단 형태나 유아의 참여 정도, 안전 등을 고려하여야 한다. 특히, 유아의 발달수준과 연령을 고려하여 어디까지 교사가 준비하고 어디까지 유아가 요리에 참여할 것인가를 사전에 계획해야 하며 요리도구를 사용할 때 안전에 대한 약속을 상기한 후 활동을 진행한다. 또한 요리순서도, 앞치마와 머릿수건, 필요한 요리재료와 도구를 활동 전에 준비해 놓는다.

유아들과 요리활동을 할 때에는 우선 요리재료를 탐색해보고 요리도구의 명칭과 안전한 사용방법을 익히도록 한다. 요리순서도에 따른 요리방법을 살펴본 후 요리과정에서 필요한 약속을 정하며 유아들이 능동적으로 요리활동에 참여할 수 있도록 격려한다. 요리를 할 때에는 안전과 위생에 유의하며 완성된 요리를 먹고 자리를 스스로 정리하도록 한다.

그림 8-5 요리

표 8-7 4세반 요리활동 지원 예시

활동명	채소 샐러드 주먹밥	연령	4세
활동자료	흰밥, 파프리카, 오이, 당근, 옥수수, 참치, 마요네즈, 접시, 그릇, 빵칼, 모양 틀, 요리순서도		
활동목표	• 안전에 유의하며 요리활동에 참여한다. • 음식을 골고루 먹는 태도를 갖는다.	표준 보육 과정 관련 내용	• 신체운동 · 건강 > 안전하게 생활하기 > 일상에서 안전하게 놀이하고 생활한다.

			• 신체운동·건강 > 건강하게 생활하기 > 몸에 좋은 음식에 관심을 가지고 바른 태도로 즐겁게 먹는다.
활동방법	<놀이상황> 역할놀이 영역에서 유아들이 놀이하고 있다. 한 유아가 음식 모형 중 감자, 파프리카, 버섯을 골라 써는 흉내를 낸다. “아가야, 얼른 와서 밥 먹자” “배고파, 밥주세요!” “몸에 다 좋은거야, 골고루 먹자!” “냠냠! 감자 맛있다! 파프리카 맛있다!” 1. 요리재료를 탐색한다. - 이것은 무엇일까? 파프리카를 먹어본 적이 있니? - 지난번에 역할놀이 하면서 파프리카로 요리하는 친구도 있던데? 어떤 요리를 했었니? - 파프리카는 어떤 맛이 날까? - 이것으로 어떤 요리를 할 수 있을까? 2. 요리도구와 요리순서도를 살펴본다. - 채소 샐러드 주먹밥을 만들려면 어떻게 해야 할까? - 어떤 도구들이 필요한지 살펴볼까? - (빵칼을 살펴보며) 빵칼은 왜 필요할까? 칼을 사용할 때는 어떻게 사용해야 할까? - 모양 틀은 왜 필요할까? 어떤 모양으로 주먹밥을 만들어보고 싶니? - 요리순서도를 살펴보자. 맨 처음 무엇을 해야 할까? 채소들을 잘라야 하는구나. 〈채소 샐러드 주먹밥 요리순서〉 ① 접시와 칼을 준비한다. ② 채소를 작게 잘라 그릇에 담는다. ③ 모양 틀에 밥을 넣어 모양 주먹밥을 만든다. ④ 모양 주먹밥 위에 채소를 올리고 마요네즈를 뿌린다. ⑤ 완성된 모양 주먹밥을 맛있게 먹는다. ⑥ 먹고 난 후 자기 자리와 접시를 정리한다. 3. 요리 순서도에 따라 채소 샐러드 주먹밥을 만든다. - 먼저, 필요한 접시와 빵칼을 하나씩 준비해 볼까? - 자르고 싶은 채소를 골라보자. 어떤 크기로 잘라야 할까? - 모양 틀에 밥을 꾹꾹 넣어보자. - 모양 주먹밥 위에 채소를 올리고 마요네즈 소스도 뿌려볼까? 4. 완성된 채소 샐러드 주먹밥을 맛있게 먹는다. - 어떤 모양의 주먹밥을 만들었니? - 어떤 채소들을 사용했니? 한 번 먹어볼까? 맛이 어떠니? - 친구들은 어떻게 만들었는지 한 번 볼까? - 채소를 그냥 먹을 때와 샐러드 주먹밥으로 요리해서 먹을 때는 어떻게 다르니? 5. 채소 샐러드 주먹밥을 다 먹은 후 자리를 정리한다.		

Chapter 09 일상생활과 건강, 영양, 안전

영유아기는 일상적인 생활양식이나 건강, 영양, 안전에 대한 기본적인 습관이 형성되는 중요한 시기이다. 따라서 영유아기부터 좋은 습관이 형성될 수 있도록 지속적이고 일관성 있는 지도가 필요하다. 본 장에서는 일상생활지도의 방법과 건강, 영양, 안전에서의 교사의 역할에 대해 알아보기로 한다.

1. 일상생활

생활지도는 영유아들이 어린이집에서 하루일과를 경험하는 가운데 자연스럽고 지속적으로 이루어지도록 한다. 특히, 영유아의 개별적인 욕구와 행동특성을 민감하게 고려하여 지도하며 교사 스스로가 모델링이 되도록 한다.

1) 손 씻기 지도

일상생활이란 손씻기, 기저귀갈이, 화장배변훈련, 실 다녀오기, 간식이나 점심 먹기, 안전에 대한 지도 등 매일 반복되는 생활경험을 의미한다. 일상생활지도는 어린이집의 하루일과 중 손 씻기는 수시로 이루어진다(예: 화장실 이용 시, 간식 및 급식을 먹기 전후, 바깥놀이 후, 동물이나 자연물을 만지고 난 후, 미술활동 후, 요리활동 전후, 코를 푼 후 등). 손 씻기 지도방법을 연령별로 살펴보면 표 9-1 과 같다.

표 9-1 연령별 손 씻기 지도방법

연령	지도방법	상호작용의 예
0~1세	• 교사가 먼저 손을 깨끗하게 한다.	• (소매를 걷어주면서) 우리 ○○! 손 깨끗하게 씻어보자! 선생님이 소매 걷어줄게.

연령	지도방법	상호작용의 예
	• 교사가 영아의 손을 직접 씻겨 준다.	• 비누를 묻혀서 씻어보자. 이제 물로 헹궈볼까? 자, 다 됐다! 깨끗해졌니?
2세	• 교사가 먼저 손을 깨끗하게 한다. • 교사가 올바로 씻는 방법을 행동으로 보여 주며 안내한다. • 혼자서 손을 씻어보도록 지속적으로 지도한다.	• ㅇㅇㅇ이, 선생님처럼 손 씻어볼까? 소매 걷어보자. • 비누로 쓱싹쓱싹, 쓱싹쓱싹! 손등도, 손바닥도 비벼 볼까? • 이제 물로 헹구어보자. 잘 했어. 이제 물기를 수건에 닦아보자.
3~5세	• 교사가 먼저 손을 깨끗하게 한다. • 화장실 벽면에 게시된 손 씻기 순서에 따라 스스로 손을 씻어보도록 한다. • 유아 스스로 손을 청결하게 유지하도록 지도한다.	• 모래놀이를 한 후에 손은 어떻게 해야 할까? 물로만 살짝 씻으면 손이 깨끗해질 수 있을까? • 손을 꼼꼼하게 씻어볼까? ㅇㅇ이는 손가락 사이도 깨끗하게 씻고 있네. • 손을 깨끗하게 씻으니 기분이 어때?

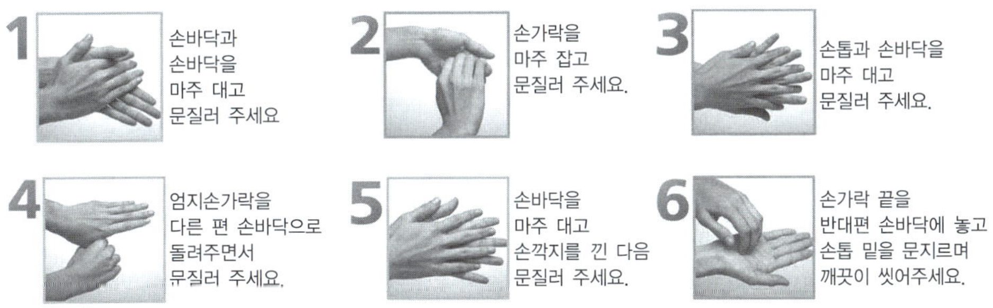

출처: 질병관리본부.

그림 9-1 올바른 손 씻기 방법

2) 이 닦기 지도

영아의 이는 아직 완전히 나지 않은 상태이지만 2세경에 젖니가 모두 나고 5세 후반에는 젖니가 한두 개 빠지기 시작한다. 구강 위생은 영유아의 건강과도 연결되므로 청결하게 관리되어야 한다.

표 9-2 연령별 이 닦기 지도방법

연령	지도방법	상호작용의 예
0~1세	• 이가 나기 전에는 거즈 손수건이나 영아용 구강티슈를 이용하여 잇몸,	• (거즈 손수건을 손가락에 말아서) 우리 ㅇㅇ! 우유 맛있게 먹었지? 이제 깨끗하게 이 닦아보자.

연령	지도방법	상호작용의 예
0~1세	볼 안쪽, 입천장, 혓바닥을 부드럽게 닦아준다. • 이가 나기 시작한 경우 영아용 칫솔과 치약으로 치아의 앞과 뒷면을 5회 정도 부드럽게 닦아준다.	선생님이 깨끗하게 해줄게. • 우리 ○○이, 아~ 아이, 시원해요? 혓바닥도 닦아줄게. • (앞니가 난 경우) ○○아, 칫솔로 이 닦아줄게. 앞니를 치카치카, 속에도 치카치카! 손수건으로도 닦아줄게. 아이, 잘했어. 개운해졌지?
2세	• 영아용 칫솔과 연령에 맞는 치약을 사용하여 식사 후에 이를 닦도록 지도한다. • 영아에게 이 닦는 방법을 시범적으로 보여 주고 이 닦기의 중요성을 설명하여 스스로 이 닦기를 할 수 있도록 지도한다.	• ○○이, 오늘은 어떤 치약으로 닦아볼까? ○○이가 이 닦아볼까? • 선생님처럼 앞에도 닦고, 속에 어금니도 닦고, ○○이도 선생님 따라서 이 닦고 있네? 선생님이 깨끗하게 이 닦을 수 있도록 조금만 도와줄게. • 물로 헹구어보자. 움~ 퉤! 그렇지 잘 했어!
3~5세	• 하루에 3회 이 닦기를 반복적으로 지도하여 유아가 스스로 이 닦기가 습관화될 수 있도록 지도한다. • 유아 스스로 올바른 이 닦기 방법으로 치아, 혀, 잇몸 등을 닦아보도록 격려한다.	• 밥을 먹고 이를 닦지 않으면 어떻게 될까? • 어떻게 해야 입 속 세균을 깨끗하게 닦아낼 수 있을까? • 칫솔질할 때 어느 방향으로 닦는 것이 좋을까? • ○○이는 혓바닥이랑 잇몸까지도 닦는구나. 이제 물로 헹구어 보자.

3) 기저귀 갈이

기저귀 가는 시간은 영아와 교사가 개별적으로 상호작용할 수 있는 좋은 기회가 될 수 있다. 보육교사는 기저귀를 가는 동안 영아와 눈을 맞추고 부드럽게 이야기하며 청결하게 처리해 줌으로써 영아가 기분이 좋아지는 시간으로 인식할 수 있도록 해야 한다. 기저귀 갈이 시 상호작용은 앞부분 영아반의 교실 영역(기저귀 갈이 영역)에서 제시하였다.

표 9-3 영아 기저귀 가는 순서와 기저귀 갈 때 고려할 점

구분	내용
기저귀 가는 순서	• 필요한 물품이 모두 있는지 체크한다. 먼저 두루마리 화장지나 종이타월을 바닥에 깐다. • 영아를 바닥에 깐 종이타월 위에 두고 손으로 영아를 붙잡는다.

구분	내용
기저귀 가는 순서	• 더러운 기저귀/옷을 벗긴다. 기저귀를 플라스틱 봉지에 넣고, 옷은 집에 가져가도록 다른 플라스틱 봉지에 넣는다. • 영아의 사타구니를 미리 적신 종이타월로 깨끗이 닦는다. 종이타월은 플라스틱 봉지나 플라스틱이 둘러진 통에 넣는다. 바닥에 깔았던 종이타월도 똑같이 처리한다. • 손은 젖은 종이타월로 닦는다. 닦은 종이타월도 플라스틱 봉지나 플라스틱이 둘러진 통에 넣는다. • 기저귀를 채우고 옷을 입힌다. • 영아의 손을 물비누와 흐르는 물로 씻기고 일회용 종이타월로 닦아 돌려보낸다. 물휴지(물티슈)는 적절하지 않다. • 기저귀 간 곳과 손 댄 물품을 깨끗이 닦고 소독한다. 어린이집 교사도 손에 물비누와 흐르는 물로 씻고 일회용 종이타월이나 건조기에서 말린다.
기저귀 갈 때 고려할 점	• 설사하거나 영아의 옷에 대변, 소변, 피, 구토물이 있어 기저귀를 갈다가 손에 묻으면 즉각 멈추고 먼저 물에 적신 휴지로 닦아 오염을 막는다. • 상업용 물휴지를 사용하여도 되지만, 오염을 방지하기 위하여 영아마다 각각 물휴지통을 달리하고 이름을 명기하여야 한다. • 손을 씻는 싱크대는 물을 먹거나, 우유병을 씻거나, 음식을 만들거나, 수업활동에 사용하여서는 안 된다. • 가급적 일회용 장갑을 사용하고, 장갑을 사용할 경우 기저귀를 간 후 바로 벗어서 버려야 하며, 그 장갑을 끼고 다른 영아 기저귀를 채우거나 다른 활동을 하여서는 안 된다. 절대 장갑을 재사용하여서는 안 된다. • 기저귀 가는 곳은 싱크대가 옆에 있어야 하며, 물을 흘려 사용할 수 있어야 하고, 물비누, 일회용 종이타월이 비치되어 있어야 한다. • 기저귀 탁자는 재질이 강하고, 표면이 미끈하고, 방수처리가 되어야 한다. 표면이 금이 가거나 벗겨져서는 안 된다. • 플라스틱 백으로 감싼 두 개의 휴지통이 있어야 하며, 영아의 이름을 명기한다. 한 개는 더러운 기저귀를 담고, 한 개는 더러운 옷을 담아서 집으로 보내져야 한다. 더러운 기저귀나 옷을 음식이나 병, 칫솔, 깨끗한 옷과 같이 담아서는 안 된다. • 영아가 대변을 보았을 때, 특히 여아는 앞에서 뒤로 닦아야 한다. 반대로 닦으면 요도에 변이 들어갈 수 있기 때문이다.

출처: 보건복지부(2013). 어린이집 표준보육과정에 기초한 영아보육 프로그램.

4) 배변훈련 지도

영아에 따라 배변훈련의 적절한 시기는 다를 수 있다. 일반적으로 대변을 가리는 시기는 15개월경, 소변은 20개월경이 되는데, 영아가 배변에 대한 자신의 요구를 표현할 수 있고 변기를 사용하고 싶어할 때쯤 배변훈련을 시작할 수 있다.

표 9-4 연령별 배변훈련 지도방법

연령	지도방법	상호작용의 예
1세	• 배변의사를 표현하지 않는 영아의 표정이나 움직임을 민감하게 관찰하여 반응해준다. • 영아가 변기에 흥미를 가지고 즐겁게 경험할 수 있도록 수용적인 분위기를 조성한다. • 배변 후에 배변의사를 표현하더라도 배변의사를 밝힌 것에 적극적으로 칭찬해준다.	• (기저귀에 소변을 본 영아에게) ○○아, 쉬야 했니? 기저귀 갈아줄까? ○○이 많이 불편했겠네. • (변기에 관심을 보이는 영아에게) ○○아, 이게 뭐지? 변기가 있네? 자동차 모양이네! 여기에 응가할 수 있구나. ○○이도 여기 앉아볼까? 그렇지! • (배변 후 의사표현한 영아에게) ○○이 쉬했구나! 선생님한테 쉬했다고 말해준거야? 잘했어!! 선생님이 얼른 새 기저귀로 갈아줄게!
2세	• 영아 스스로 화장실에 가보도록 격려한다. • 영아가 배가 아프거나 배변을 하고 싶을 때 자신의 욕구를 적절하게 표현할 수 있도록 지도한다. • 대소변을 가릴 수 있는 영아라도 놀이에 몰두하거나 배변의 느낌을 정확하게 인식하지 못하여 실수하는 경우가 있으므로 수치심을 느끼지 않도록 한다.	• ○○이, 배가 불편하니? 응가하러 갈까? 선생님하고 화장실로 가보자! • ○○이가 옷 벗어보자. 그렇지 잘했어. 여기서 선생님이 기다려줄까? • 응가가 안나왔어요? 그럼 이따가 응가 마려우면 다시 올까? 그때 선생님한테 이야기해줄래? • 다시 옷 입어보자. 쑥 올리고! 그렇지! 잘했어. (옷 입기 마무리를 도와준다) 깨끗하게 손도 씻어볼까?

2. 건강, 영양, 안전

어린이집에서 생활하는 영유아의 전인발달과 행복을 도모하기 위해서 보육교사는 건강, 영양, 안전의 측면도 고려하여야 한다.

1) 영유아의 건강을 위한 교사의 역할

영유아기는 면역력이 약하고 집단활동을 하는 가운데 전염성 질환에 감염될 가능성이 높은 시기이다. 따라서 영유아의 건강을 위해 보육교사는 다음의 사항을 고려하여야 한다.

첫째, 영유아가 생활하는 환경을 청결하고 위생적으로 관리하여야 한다.

보육실, 화장실, 조리실과 조리공간 등은 청결히 유지하고 정기적으로 소독을 하며 위생적으로 관리해야 한다. 영유아가 사용하는 이불과 요, 베개는 영유아 각자 개별적인 침구를 사용하도록 하며 정기적으로 세탁하고 오염이 되지 않도록 잘 보관한다. 놀잇감은 종류에 따라 매일 세척하거나 정기적으로 세척하여 청결하게 관리한다.

둘째, 영유아의 건강상태에 대해 정기적으로 점검하고 기록으로 남긴다.

영유아의 건강문제를 조기에 발견하고 치료하기 위해서는 정기적으로 건강검진을 받는 것이 중요하다. 각 어린이집에서는 모든 영유아 및 교직원에 대한 건강검진을 연 1회 이상 실시하고 이를 증명하는 서류를 보관하여야 한다. 6세 미만의 영유아는 성장발달 시기에 따른 건강검진을 건강검진 지정 기관에서 무료로 받을 수 있다. 검진시기별 검진항목은 표 9-5 에 제시하였다. 정기적인 건강검진 이외에도 보육교사는 매일 영유아의 건강상태를 점검하고 기록으로 남기고 필요한 경우 적절한 조치를 취한다.

표 9-5 검진시기별 검진항목

검진시기			취학 전 준비
1차	건강검진	생후 4~6개월	문진 및 진찰, 신체계측, 건강교육
2차	건강검진	생후 9~12개월	문진 및 진찰, 신체계측, 발달선별검사 및 상담, 건강교육
3차	건강검진	생후 18~24개월	문진 및 진찰, 신체계측, 발달선별검사 및 상담, 건강교육
	구강검진	생후 18~29개월	구강문진 및 진찰, 구강보건교육
4차	건강검진	생후 30~36개월	문진 및 진찰, 신체계측, 발달선별검사 및 상담, 건강교육
5차	건강검진	생후 42~48개월	문진 및 진찰, 신체계측, 발달선별검사 및 상담, 건강교육
	구강검진	생후 42~53개월	구강문진 및 진찰, 구강보건교육
6차	건강검진	생후 54~60개월	문진 및 진찰, 신체계측, 발달선별검사 및 상담, 건강교육
	구강검진	생후 54~65개월	구강문진 및 진찰, 구강보건교육
7차	건강검진	생후 66~71개월	문진 및 진찰, 신체계측, 발달선별검사 및 상담, 건강교육

출처: 국민건강보험공단.

셋째, 영유아기에 자주 발생하는 전염성 질환 관리에 대한 일반적인 지침을 준수하고 이와 관련된 안내문을 수시로 부모에게 보낸다. 또한 표 9-6 에서 제시한 법정 전염병에 영유아가 감염되었을 경우 즉시 병원 진료를 받고 완치된 후 등원하여야 한다.

전염성 질환이 의심되는 영유아에 대한 일반적인 지침

- 아픈 영유아가 발생하면 즉시 다른 영유아들과 격리한다.
- 아픈 영유아의 증상을 잘 관찰하여 건강기록지에 기록한다.
- 다음의 증상을 유의하여 본다(평소와 다른 행동, 기침, 발열, 식욕저하, 충혈, 설사, 잠만 자려고 함, 발진, 구토).
- 장기적 격리가 필요하면 집에서 영아를 돌보도록 한다.
- 만약 영아가 법정 감염병이 의심되면 관할 보건소로 보고하며 보건소 또는 협력 소아청소년 의사의 지시에 따른다.

표 9-6 영유아기에 발생 가능한 법정 전염병

병명	증상	잠복기간	결석 기간
홍역	발열, 재채기, 결막염, 발진	9~13일	발진이 없어질 때까지 → 발진 후 약 5일간
수두	발열, 발진, 물집이 생김	10~21일	딱지가 떨어질 때까지 → 발진 후 약 7일간
유행성 이하선염(볼거리)	발열, 귀밑이 부어오름	7~21일	귀밑 부기가 다 빠질 때까지 → 발진 후 약 5일간
풍진	가벼운 감기 같은 증세, 발열, 발진	10~21일	증상이 없어질 때까지 → 대개 발진 후 5일간
백일해	열은 없고 밤에 기침이 심함	7~14일	특유의 기침이 없어질 때까지 → 발병 약 3~4주
유행성 감기	발열, 기침, 목이 아픔, 뼈마디 아픔	1~3일	주요 증상이 사라질 때까지
유행성 결막염	눈이 붓고 흰자위가 충혈, 눈곱이 많음	7일	급성 증상이 사라질 때까지
농가진	얼굴이나 수족에 쌀알 크기부터 대두 크기의 발진, 수포가 생김	2~5일	딱지가 떨어질 때까지
수족구병	38도 정도의 고열, 1~2일 간 입속, 손바닥, 발바닥에 수포가 생김	3~6일	주요 증상이 사라질 때까지

병명	증상	잠복기간	결석 기간
전염성 설사증	설사의 횟수가 많이 변이 물 같고 열이 나며 감기 증상을 동반함	2~4일	주요 증상이 사라질 때까지
감염(A형)	식욕부진, 두통, 열, 황달 관절통	10~15일	주요 증상이 사라질 때까지
디프테리아	미열, 인후염, 기침, 두통 쉰 목소리, 편도선 비대, 회색반점	2~4일	배양검사가 2회 이상 음성이 나올 때까지
뇌막염	고열, 두통, 구토 전신에 보라색 반점, 의식의 혼동이 옴	14~21일	증상이 사라질 때까지
장티푸스	두통, 헛소리, 혀의 백태, 혈변, 장출혈이 발생	1~3주	완치될 때까지
콜레라	열, 구토, 물설사, 탈수 증세	6시간~5일	완치될 때까지
전염성 장염	설사의 횟수가 많고, 변이 물 같고, 열과 감기 증상을 동반함		주요 증상이 사라질 때까지
전염성 홍반	열은 별로 없으나 때로는 37℃의 열이 남. 얼굴과 뺨에 발진이 생김	7~14일	급성 증상이 사라질 때까지

출처: 서울특별시 육아종합지원센터(2016), 2016 서울시어린이집 업무 매뉴얼 재구성.

넷째, 투약 시에는 반드시 전문의의 처방이나 부모가 작성한 투약의뢰서에 따라 약을 먹이도록 한다.

사소한 질병이라 할지라도 보육교사의 판단에 따라 임의로 영유아에게 약을 투약해서는 안 되며 투약 시 정확한 복용량을 투약한 후 날짜와 시간, 상황 등에 대한 내용을 투약일지에 기록하고 부모에게 알린다.

알아보기

투약 시 주의할 점

- 의뢰받은 약의 용기에 영유아의 이름을 정확히 기입하여 다른 영유아의 약과 명확하게 구분한다.
- 보관방법을 확인하고 냉장 보관이 필요한 약인 경우 별도로 냉장고에 보관한다.
- 투약 전에 처방전과 투약방법을 확인하고 지시된 시간에 정확한 용량으로 투여한다.
- 투약 후 남은 약은 부모에게 돌려준다.

2) 영유아의 영양을 위한 교사의 역할

영유아에게 제공되는 수유, 이유식, 간식, 급식 등은 영유아기에 필요한 영양소가 균형 있게 포함되도록 공급하여야 하며 식재료 관리나 조리과정, 배식관리가 청결한 상태에서 이루어져야 한다. 따라서 보육교사는 영유아의 성장단계에 맞게 적절한 음식을 섭취할 수 있도록 계획적으로 영양을 관리하고 하루의 일과 중에 바람직한 식습관을 형성할 수 있도록 지도하여야 한다. 영유아의 영양을 위한 교사의 역할을 살펴보면 다음과 같다.

첫째, 영유아에게 제공되는 음식은 영양적 균형을 이루되 영유아의 개별적 욕구와 식습관을 고려하여 제공한다.

영유아기는 양적·질적으로 우수한 영양섭취가 매우 중요하다. 그러나 영유아기 동안 음식에 대한 기호도나 선호도가 분명해지고 특정 음식에 대한 반응이 다를 수 있으므로 개인차를 고려하여 제공한다. 예를 들어, 견과류에 알러지가 있거나 우유를 잘 소화시키지 못하는 영유아에게 일정량을 모두 먹도록 하는 것은 바람직하지 않다.

둘째, 영유아의 발달을 고려하여 소화흡수가 잘 될 수 있는 음식재료와 조리방법을 고려한다.

영유아기는 소화기관 발달이 아직 미숙하여 성인의 식단을 그대로 먹기에는 무리가 있다. 따라서 영유아에게 제공되는 식단은 영유아의 발달단계에 따라 적절하고 다양한 형태로 조리하여 제공하여야 한다. 특히, 영아의 경우 치아발달상태나 영아의 개월 수, 적응상태 등에 관심을 가지고 식단을 작성하며 유아의 경우 나트륨, 당, 지방의 함유가 높지 않게 계획한다. 식단은 전문 영양사에 의해 계획되거나 각 지역의 육아종합지원센터, 보건소, 식품의약품안전처 등에서 제공하는 식단을 참고할 수 있다. 또한 제철 과일이나 자연식품을 영유아에게 자주 제공하고 자극적인 맛보다는 식재료 본연의 맛을 경험해 볼 수 있도록 조리한다.

셋째, 영유아들에게 제공되는 식단 내용을 부모님에게 공개한다.

어린이집의 가정통신문이나 홈페이지, 게시판 등을 통해 부모님이 영유아에게 제공되는 식단을 확인하고 특별한 요구가 있는 영유아는 부모님과 협의하여 급식 시 배려할 수 있도록 한다.

넷째, 바람직한 식습관을 형성할 수 있도록 지속적이고 반복적으로 지도한다.

어린이집에서의 급간식시간은 단순히 필요한 영양소를 공급하는 시간이 아니라 음식에 대한 긍정적인 태도와 즐겁게 식사하는 가운데 예절을 배울 수 있는 기회이다. 따라서 보육교사는 영유아들과 함께 음식을 먹으면서 영유아의 식습관을 관찰하고 개별적으로 대화하는 분위기를 조성하며 교사 스스로 바람직한 모델이 되어야 한다.

알아보기

수유하기

- 각 우유병에는 영아의 이름을 표시하여 개인적으로 사용한다.
- 우유를 만들 때는 반드시 끓여서 식힌 물을 사용한다.
- 영아가 한 번에 먹을 수 있는 양만큼씩 만들고 젖병에 남은 우유는 버린다.
- 수유 전에 영아가 입에 화상을 입지 않도록 따뜻한 정도의 온도인지를 확인한다.
- 젖병의 꼭지를 물고 자거나 너무 오랜 기간 물고 있지 않도록 한다(충치와 비만 등의 건강상의 문제를 일으킬 가능성이 있음).
- 젖병꼭지를 빠는 경우에 공기를 함께 삼키게 되므로 수유 후 등을 쓸어주거나 가볍게 두드려 주어 트림을 시킨다.

월령별 수유횟수 및 1회 수유량

월령	1일 수유횟수	1회 수유량	비고
1주~1개월 이하	대략 3시간 간격	120~140㎖	-
1~3개월	5~6회	140~180㎖	-
4~5개월	이유식 시작 후 4~5회	180-210㎖	이때부터는 취침 전 수유를 하지 않아도 됨
6~8개월	3~4회	210-240㎖	
9~12개월	2~3회	210-240㎖	

출처: 식품의약품안전처(2016). 어린이 급식 관리 지침서.

알아보기

이유하기

- 영아의 배고픔과 배부름 신호에 주의를 기울여 적절하게 반응해야 한다.
- 영아들의 기질과 발달특성을 고려하여 점진적인 변화에 따라 이유식을 제공한다.
- 영유아에게 필요한 모든 영양소가 충분히 공급될 수 있도록 다양한 식품을 다양한 방법으로 조리한다.
- 이유식을 준비하고 먹일 때 보육교사와 영아의 손을 깨끗하게 씻는다.
- 이유식 조리 시 원칙적으로 간을 하지 않는다.
- 이유식은 숟가락을 사용하여 먹이며 9개월 정도가 되면 영아 스스로 숟가락을 쥐고 먹는 연습을 시작한다.
- 영아의 발달을 고려하여 적절한 형태로 만들어 제공한다.
  - 이유기 초기(4~5개월): 과일즙, 채소즙, 미음과 같은 유동식으로 하루 1회 조심스럽게 시작한다.
  - 이유기 중기(6~8개월): 부드러운 죽의 형태나 갈은 음식을 하루 2회 제공한다.
  - 이유 후기(9~11개월): 진밥 형태나 잘게 다지거나 으깬 음식을 하루 3회 제공한다.
  - 이유 완료기(12개월~2세): 돌이 지나면서 일반 식사가 가능하며 식사 사이에 1~2회 간식을 제공한다.

3) 안전을 위한 교사의 역할

보육교사는 영유아의 안전한 보육환경 조성을 위해 사전에 철저하게 관리, 점검해야 하며 영유아가 놀이하는 동안에도 영유아의 행동을 지속적으로 관찰해야 한다. 호기심이 많으나 신체조절력과 상황 판단력이 미숙한 영유아들의 안전한 생활을 위한 교사의 역할은 다음과 같다.

첫째, 안전한 환경을 구성한다.

보육교사는 실내외의 시설, 설비 및 놀잇감, 교재교구 등에서 안전 상황을 점검하고 위험요소를 사전에 제거해야 한다. 안전점검표를 활용하여 주기적으로 안전점검을 생활화하여 영유아가 안전한 환경에서 생활할 수 있도록 지속적으로 주의를 기울여야 한다.

둘째, 영유아의 발달특성을 이해하여 안전사고를 예방한다.

영아기의 경우 이물질을 삼키거나 넘어지고 떨어지는 사고가 자주 발생하는 반면 유아기가 되면 부딪히거나 틈에 끼고, 넘어지는 것은 물론, 도구를 사용하면서 사고가 발생되는 경우가 많다. 이와 같이 영유아의 발달특성에 따른 안전사고를 이해하고 발달적 측면과 연계하여 주변 환경을 안전하게 관리함은 물론이고 영유아가 위험한 행동을 하지 않도록 놀이규칙을 설명해 주거나 스스로 대처할 수 있는 방법을 알려주어야 한다.

셋째, 지속적이고 실천적인 안전교육을 실시한다.

안전교육은 영유아의 일상생활에서 발생빈도가 높은 사고를 중심으로 실천적인 교육 내용을 선정한다. 또한 아동복지법에 따른 교통안전교육, 실종·유괴의 예방방지교육, 약물오남용교육, 재난대비교육, 성폭력예방교육을 의무적으로 실시한다. 영유아가 안전한 생활습관을 가질 수 있도록 일과 중에 지속적으로 실시하는 것이 중요하다.

알아보기

우리나라 안전교육기준

구분	성폭력 및 아동학대 예방 교육	실종·유괴의 예방·방지교육	감염병 및 약물의 오용·남용 예방 등 보건위생관리교육	재난대비 안전교육	교통안전교육
실시주기(총시간)	6개월에 1회 이상(연간 8시간 이상)	3개월에 1회 이상(연간 10시간 이상)	3개월에 1회 이상(연간 10시간 이상)	6개월에 1회 이상(연간 6시간 이상)	2개월에 1회 이상(연간 10시간 이상
교육내용	1. 내 몸의 소중함 2. 내 몸의 정확한 명칭 3. 좋은 느낌과 싫은 느낌	1. 길을 잃을 수 있는 상황 이해하기 2. 미아 및 유괴 발생 시 대처방법	1. 감염병 예방을 위한 개인위생 실천습관 2. 예방접종의 이해	1. 화재의 원인과 예방법 2. 뜨거운 물건 이해하기 3. 옷에 불이 붙었을 때 대처	1. 차도, 보도 및 신호등의 의미 알기 2. 안전한 도로 횡단법 3. 안전한 통학

구분	성폭력 및 아동학대 예방 교육	실종·유괴의 예방·방지교육	감염병 및 약물의 오용·남용 예방 등 보건위생관리교육	재난대비 안전교육	교통안전교육
	4. 성폭력 예방법과 대처법	3. 유괴범에 대한 개념 4. 유인·유괴 행동에 대한 이해 및 유괴 예방법	3. 몸에 해로운 약물 위험성 알기 4. 생활 주변의 해로운 약물·화학제품 그림으로 구별하기 6. 가정용 화학제품 만지거나 먹지 않기 7. 어린이 약도 함부로 많이 먹지 않기	법 4. 자연재난의 개념과 안전한 행동 알기	버스 이용법 4. 날씨와 보행 안전 5. 어른과 손잡고 걷기
교육 방법	1. 전문가 또는 담당자 강의 2. 장소·상황별 역할극 실시 3. 시청각 교육 4. 사례분석	1. 전문가 또는 담당자 강의 2. 장소·상황별 역할극 실시 3. 시청각교육 4. 사례 분석	1. 전문가 또는 담당자 강의 2. 시청각교육 3. 사례 분석	1. 전문가 또는 담당자 강의 2. 시청각교육 3. 실습교육 또는 현장학습 4. 사례 분석	1. 전문가 또는 담당자 강의 2. 시청각교육 3. 실습 또는 현장학습 4. 일상생활을 통한 반복 지도 및 부모교육

출처: 아동복지법 시행령 제28조 제1항에 따른 별표3의 교육기준(2016. 9. 22).

넷째, 항상 영유아를 살피며 영유아가 위험한 상황에 놓이지 않도록 주의한다. 영유아는 항상 성인의 보호와 관찰 속에 생활하고 놀이해야 한다. 만약 영유아에게 응급 상황이 발생하였을 시에는 가족과 응급기관에 신속하게 연락하여 적절한 조치를 취한다. 또한 어린이집의 보육교직원 모두가 협력하여 항상 안전에 대한 민감한 태도로 영유아의 안전에 주의를 기울이는 노력이 필요하다.

PART_03

보육실습생의 문서 실무

문서를 작성하는 일은 힘들다. 더구나 어렸을 때부터 일기 쓰기도 안했던 경우 더욱 그렇다. 그렇지만, 좋은 보육교사가 되려면 보육계획안, 영유아 관찰기록, 저널 쓰기 등을 작성해야 한다.

보육실습을 하는 동안 이러한 문서들을 작성하는 연습도 해보고, 실습생으로서 실습한 업무들을 기록하면서 보육교사로 다가가는 역량을 키워야겠다.

학습목표

지식	1. 보육계획안 작성의 중요성을 설명할 수 있다. 2. 보육계획안 작성방법에 대해 설명할 수 있다. 3. 보육실습일지의 구성 내용과 작성원칙을 설명할 수 있다. 4. 관찰기록의 종류와 유의점을 설명할 수 있다.
기술	1. 영유아의 연령과 발달을 고려하여 보육계획안을 작성할 수 있다. 2. 보육실습일지 작성법과 유의점을 숙지하여 실습일지를 작성할 수 있다. 3. 영유아의 발달에 적합한 교수학습방법을 적용하여 보육계획안을 작성할 수 있다. 4. 영유아관찰에 대한 가치를 이해하고 적절한 방법으로 기록할 수 있다. 5. 개별 영유아를 위한 구체적인 관찰계획을 수립할 수 있다.
태도	1. 보육실습 지도교사와의 협의를 통해 보육활동을 계획하고 실행하는 태도를 형성할 수 있다. 2. 보육활동을 계획하고 실행하는 과정에 대해 반성적으로 사고하는 태도를 형성할 수 있다. 3. 보육활동계획을 평가하고 이를 반영하려는 수용적인 자세를 형성할 수 있다. 4. 영유아의 흥미와 요구에 대한 민감성을 기를 수 있다.

Chapter 10 보육계획안의 작성

보육현장실습에서 실습생이 익혀야 할 중요한 일 중의 하나가 보육계획안을 작성하는 것이다. 실습기관과 담당 영유아의 특성을 관찰하고 지도교사와 사전협의를 하며, 보육활동을 계획하고 여러 차례의 피드백을 통해 보육계획안을 작성하여야 한다. 본 장에서는 놀이, 활동, 일상생활 등에서 실습생 자신이 수행하게 될 부분, 연계, 종일보육 계획을 직접 계획해보도록 한다.

1. 보육계획안 작성의 중요성

보육계획안 작성을 통하여 활동의 목표와 주제를 파악할 수 있고, 합리적이고 효율적인 활동방법을 구상하며 적절한 자료를 준비할 수 있다. 계획, 실행, 평가를 통하여 보육활동의 전반적인 사항을 숙지할 수 있으며, 보육활동의 효과를 극대화시키므로 보육계획안을 작성하는 일은 매우 중요하다.

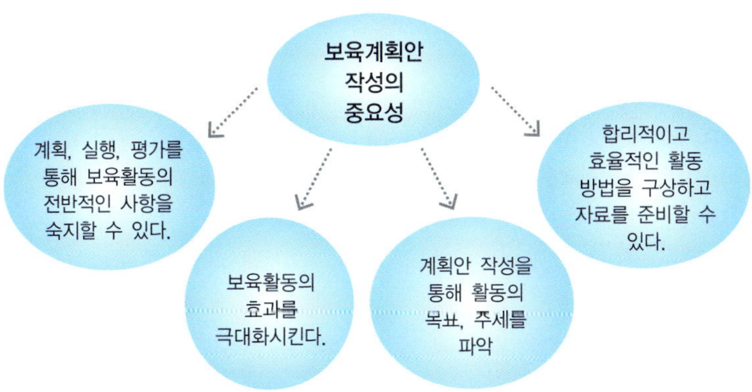

그림 10-1 보육계획안 작성의 중요성

2. 보육실습 지도교사와 보육실습생의 협의

실습지도교사와 실습생의 충분하고 원만한 협의과정은 보육실습의 성공 여부를 결정할 만큼 매우 중요하다. 보육실습생은 이론적으로 익혔으나 실천적 지식은 확립되지 않았음을 서로 인지하고, 실습지도교사의 지도를 통해 완성된다는 생각에서 출발하는 것이 필요하다. 초반 활동은 비교적 난이도가 낮은 미술활동이나 언어활동부터 시작하여 점차 난이도가 높은 게임이나 동극활동을 계획해 보도록 지도하며, 보육실습생이 계획과 준비를 위해 일정을 관리할 수 있도록 실습지도교사는 정해진 시간에 보육활동에 대한 지도를 주기적으로 실시한다. 실습생 역시 실습지도교사의 피드백의 내용을 잘 숙지하고 그에 따라 실행에 옮기려고 노력해야 한다.

실습지도교사는 주제의 전개 양상, 소주제와 보육활동 간의 균형성과 활동의 적합성 및 통합성, 영유아발달의 적절성, 주간계획안과 영유아의 흥미, 행사 및 반의 특별한 상황, 영유아들의 놀이 양상 및 수준 등을 고려하여 실습생이 보육계획안을 작성할 수 있도록 지도하고, 실습생의 역량을 고려하여 계획과정을 협의한다. 실습지도교사와 실습생 간 협의에서 다루어져야 하는 내용을 정리하면 다음과 같다.

- 실습생의 보육활동 실습 일시(구체적인 날짜와 일과 중 시간, 예: 오전 10 : 00~11 : 00)
- 보육활동 유형 및 흥미 영역(게임, 요리 등의 활동 등 / 미술, 언어, 수・조작, 쌓기놀이, 역할놀이, 음률, 과학 영역 등)
- 집단의 크기 및 집단 구성방법(대집단/소집단/놀이)
- 보육활동 공간(보육실/유희실, 실내/실외)
- 보육활동 전개방법(표준보육과정(누리과정)에 기초한 통합적 전개)
- 보육활동자료 선정(연령 적합성, 보육활동 내용과의 연계성, 자료의 적절성 및 준비 용이성, 보관 유지의 편의성, 안전성 등을 고려)
- 보육활동 전개 시 바람직한 교수 전략 및 상호작용
- 보육활동계획안 작성 및 보육실습 지도교사의 지도 일정 논의

3. 보육활동 계획안 작성하기

실습생은 실습지도교사의 지도하에 주제의 전개 양상, 소주제와 보육활동 간의 연계성, 영유아의 발달적 적합성, 주간 계획안과 영유아의 흥미, 행사 및 실습학급의 특별한 상황, 영유아의 놀이 양상 및 수준 등을 고려하여 보육활동을 계획한다. 영역별 보육계획안은 흔히 부분활동이라고 칭하는 하나의 보육계획안으로 시작한다. 이후 2가지 이상의 보육활동들이 연계된 보육계획안을 작성하며, 마지막으로 일일(반일) 보육을 위한 일일 보육계획안으로 구분된다.

보육활동계획안에는 활동목표, 활동자료, 활동방법, 확장활동, 유의사항 등이 포함되도록 작성한다. 실습생들이 다양한 교수학습방법에 대한 경험과 지식이 적을 수 있으므로 실습지도교사가 이전에 작성한 주간 보육계획안의 활동, 목표가 단순 명료한 활동, 영유아의 참여가 용이한 활동부터 도전하도록 제안해줄 수 있다.

보육활동계획안은 다음의 구성요소를 포함하고 있으므로 작성방법과 작성 시 유의할 점을 자세히 기술하면 다음과 같다.

1) 활동목표와 표준보육과정(누리과정) 관련 내용

활동목표는 보육활동을 통해 영유아에게 기대하는 바를 진술하거나 영유아가 경험할 내용을 구체적으로 기술한다. 활동의 목표를 기술할 때 지식, 영유아가 경험할 기술이나 태도가 골고루 포함되도록 한다.

예) 대 상: 2세
활 동 명: 바닷속 터널을 지나가요
활동목표: 1. 터널을 지나가보며 이동운동을 경험한다.
2. 터널 안에 있는 다양한 물고기의 모양과 색깔을 탐색해본다.

다음으로는 표준보육과정(누리과정) 관련 내용을 기술하여 계획한 활동과 현재 시행 중인 국가수준의 표준보육과정(누리과정)과의 관련성을 밝혀주어야 한다. 이때 표준보육과정(누리과정) 내용체계를 참고하여 활동목표와 연계된 표준보육과정(누리과정) 관련 내용을 '영역-내용 범주-내용' 순서로 기술한다.

제출일	년 ○월 ○일 ○요일	결 재	실습생	지도교사	원 장
실습생	○ ○○	지도교사	○ ○○		
반 명	3세 ○○반	일 시	○월 ○○일 ○요일		
주 제	알록달록 가을	소주제	풍성한 가을		
활동명	가을 수수께끼	활동유형/ 흥미영역	실내 놀이/ 언어영역		
활동 목표	• 가을에 볼 수 있는 열매와 곡식에 관심을 갖는다. (의사소통 > 듣기와 말하기 > 상대방이 하는 이야기를 듣고 관련해서 말한다. 관련된 낱말과 문장을 듣고 뜻을 이해한다. • 가을과 관련된 친숙한 낱말을 발음해 본다. (의사소통 > 듣기와 말하기> 상황에 적절한 단어를 사용하여 말한다.)				

3-5세		
영역	내용 범주	내용
의사소통	듣기와 말하기	말이나 이야기를 관심 있게 듣는다.
		상대방이 하는 이야기를 듣고 관련해서 말한다.
		자신의 경험, 느낌, 생각을 말한다.
		상황에 적절한 단어를 사용하여 말한다.
		바른 태도로 듣고 말한다.
		고운 말을 사용한다.

그림 10-2 표준보육과정 관련 내용 기술

2) 활동자료

- 실습기관에서 기존에 사용하는 자료의 활용 여부를 밝힌다.
- 활동에 필요한 자료의 종류를 구체적으로 기술한다.
- 제작이 필요한 활동자료의 경우 실습생의 시간과 비용의 낭비가 없도록 실습 지도교사와 충분한 사전 협의를 하도록 한다. 계획안에 재료, 제작방법과 제작 과정에 대한 사진자료, 적절한 활용방법, 자료의 완성 사진을 첨부하여 구체적으로 기술한다.

3) 활동방법

활동방법 작성에 있어 가장 중요하다고 할 수 있는 것은 실습생- 영유아 간 상호작용을 어떻게 할 것인가를 기술하는 것이다. 유아반 실습생은 각 문항에 따라 유아들에게 던질 예상 발문을 순차적으로 기술한다. 그러나 영아반 실습생은 자신이 수행하고 있는 움직임을 말로 표현해주거나 영아가 하고 있는 행동을 그림을 그리듯이 자세히 묘사한다. 영아반과 유아반의 활동방법에서 상호작용을 비교해보면 다음과 표 10-1 과 같다.

표 10-1 영아반과 유아반의 활동방법 비교

영아반	유아반
1. 빨강, 노랑, 초록색 밀가루 반죽을 자유롭게 두드린다. - 이제 반죽을 옆으로 옆으로 쭈욱 쭉 잡아당겨보자. 바닥에 놓고 손으로 탁탁탁 - ○○도 두드려볼래? △△도! 손을 밀가루에 대고 탁탁탁 두드려보자. - 이번엔 다 펴진 밀가루를 동글동글 동그랗게 말아보자. 밀가루를 손으로 꾸욱 꾹 눌러보고, 탁탁탁탁 두드려보자. - ○○가 손을 위로 올렸다 내렸다~하며 밀가루를 두드리고 있구나. △△는 손 모양을 찍어보고 있네~	1. 네 가지 얼굴 표정 사진을 한 장씩 보며 감정과 그 감정이 유발된 이유를 추론해본다. - (각각의 얼굴 표정 사진을 보며) 이 아이는 어떤 기분이니? - 왜 그렇게 생각했니? 무엇을 보고 이 아이의 마음을 알 수 있었니? - 또 어디를 보고 알 수 있니? - 어떤 일이 있어서 행복한/슬픈/화난/놀란 기분이 든 걸까?

영유아 연령, 흥미, 사전경험, 주의집중시간을 고려하여 활동 소요시간을 계획한다. 이때 실습생은 영유아 지도경험이 부족하여 활동을 진행하는 데 어려움이 따를 수 있으므로 구체적으로 계획을 하도록 한다. 즉, 영유아들이 흥미를 보이지 않았을 경우, 너무 과도한 흥미를 보였을 경우, 다른 대답이 나와 활동 진행이 계획한 대로 되지 않을 경우, 비나 눈이 와서 실내에서 해야 할 활동으로 바꾸어야 할 경우 등 예상되는 것을 사전에 계획한다.

4) 확장활동

다른 흥미영역이나 오후 놀이나 활동, 바깥놀이로 연계, 심화하거나 며칠 동안 활동으로 연결하여 확장할 수 있는 방안을 기록한다. 또한 보육활동자료나 결과물을 확장하여 활용할 수 있는 방안을 기록한다.

5) 유의사항

보육활동 진행 시 예상되는 개별 영유아에 대한 예상반응, 활동자료 제공 시 안전상 고려되어야 할 점 등을 진술한다. 또한 보육활동 중 발생되는 여러 문제점들에 대한 예방 전략을 기술한다.

4. 보육계획안 작성의 실제

1) 부분활동계획안 작성하기

실습생은 부분활동으로 실내외 놀이 중 한 가지 영역의 활동을 준비하거나 활동 중 한 가지를 준비하게 된다. 보육실에서 진행되는 주제와 연령에 적합한 활동을 준비해야 한다.

① 놀이

놀이지원을 위한 영역의 활동을 준비할 때는 실습생이 많이 도와주지 않아도 영유아 스스로 할 수 있는 활동을 준비하되 개별차를 고려하여 동일한 활동 내에서 다양한 수준의 활동을 진행할 수 있도록 한다. 놀이는 실내 놀이 외에 바깥놀이도 계획·실행할 수 있다. 영아반과 유아반의 놀이 부분활동계획안 예시는 표 10-2 표 10-3 과 같다.

표 10-2 영아반 부분활동계획안 예시(1세)

<table>
<tr><td rowspan="2">제출일</td><td rowspan="2">○월 ○일 ○요일</td><td rowspan="2">결재</td><td>실습생</td><td>지도교사</td><td>원장</td></tr>
<tr><td>(印)</td><td>(印)</td><td>(印)</td></tr>
<tr><td>실습생</td><td>○ ○○</td><td>지도교사</td><td colspan="3">○ ○○</td></tr>
<tr><td>반 명</td><td>1세 ○○반</td><td>일 시</td><td colspan="3">○월○○일 ○요일
오전 10 : 00~10:20</td></tr>
<tr><td>주 제</td><td>느낄 수 있어요</td><td>소주제</td><td colspan="3">만져보아요</td></tr>
<tr><td>활동명</td><td>신문지 탐색 놀이</td><td>흥미 영역/활동 유형</td><td colspan="3">감각·탐색 영역/탐색활동</td></tr>
<tr><td>활동목표</td><td colspan="5">1. 자신의 신체를 조절하여 움직여본다.
2. 신문지를 이용한 놀이에 참여하며 즐거움을 느낀다.</td></tr>
<tr><td>표준보육과정
관련 내용</td><td colspan="5">• 신체운동 > 신체활동 즐기기> 실내외 신체활동을 즐긴다.
• 자연탐구 > 탐구과정 즐기기> 사물과 자연탐색하기를 즐긴다.</td></tr>
</table>

활동방법	활동자료
1. 신문지를 탐색해본다. - (노래를 부르며 1/8 크기의 신문지를 들고) 무슨 소리~ 무슨 소리~ 무슨 소리 들릴까? ♬ - (신문지를 찢으며) 찌익~ 이게 무슨 소리지 - (신문지를 흔들며) 신문지가 흔들리네. 팔랑 팔랑 소리가 나네. - (영아에게 신문지를 주며) ○○도 한 번 해볼래? ○○도 신문지 찢어보고 싶어요. 2. 다양한 방법을 시도하며 신문지를 자유롭게 탐색해본다. - 신문지 끝을 이렇게 잡고, 당기면 찌-익 찢어지는구나. ○○이가 신문지를 이렇게 흔드니까 팔랑 팔랑 소리가 나는구나. - 아~ 그렇게 흔들 수도 있구나. ○○는 그렇게 흔들고 싶었구나. 선생님도 ○○처럼 해봐야겠다. 영차~ - 우와~ 여기 신문지가 많이 있다. 우리 신문지로 '○○발 없다' 해볼까? '선생님 발 없다' 해볼까? 선생님 발이 어디 있지? (발 위에 신문지를 치우며, 발을 위로 들고) 까꿍!~ 3. 신나는 음악을 들으며 자유롭게 탐색활동을 해본다. - (신문지를 앞뒤로 흔들며) 어푸 어푸 헤엄친다. 어푸어푸~ - (영아를 보며) 와~ ○○도 헤엄치네. 어푸어푸 헤엄 잘 친다. - (신문지를 양 손으로 잡고 위로 뿌리며) 와~ 비가 온다. - (걸어다니는 영아를 보며 손으로 신문지를 누르며) 이렇게 밟으니까 터벅터벅, 바스락 바스락 소리가 난다. 그렇지! 4. 큰 봉지에 신문지를 담아본다. - (찢어진 신문지를 한 곳으로 모은 후, 큰 비닐봉지를 꺼내며) ○○반~ 선생님이 뭐 들고 있지? (큰 비닐봉지를 영아에게 보여 주며) 이게 뭘까? - 와~ 큰 비닐봉지다. 노란색 큰 비닐봉지네. (바닥에 있는 신문지를 한 손으로 주우며) 선생님이 여기에 신문지를 담을 거야. - (봉지 안으로 신문지를 넣으며) 잘 봐~ 쏘옥~ 들어갔다! - (봉지를 영아 가까이에 벌려주며) ○○도 넣어볼까?	크기별 신문지 여러 장 큰 봉지 3개 동요 CD 카세트

확장활동	신문지를 가득 넣은 공을 이용하여 신문지 공놀이를 할 수 있다.
유의사항	1. 신문지가 많이 쌓여 있는 공간을 영아가 뛰어다니지 않도록 안전에 주의하며 놀이를 진행한다. 2. 큰 비닐봉지를 여러 개 제시하여 영아가 서로 봉지를 갖기 위해 갈등 상황이 일어나지 않도록 배려한다. 3. 많이 찢어진 신문지를 뿌리고, 뒹구는 등의 신체를 활용한 탐색활동이 충분히 이루어질 수 있도록 시간적인 여유를 두고 영아의 반응에 따라 진행단계를 조절하며 활동을 진행한다.

표 10-3 유아반 부분활동계획안 예시(3세)

<table>
<tr><td rowspan="2">제출일</td><td rowspan="2">○월 ○일 ○요일</td><td rowspan="2">결재</td><td>실습생</td><td>지도교사</td><td>원장</td></tr>
<tr><td>㊞</td><td>㊞</td><td>㊞</td></tr>
<tr><td>실습생</td><td>○ ○○</td><td>지도교사</td><td colspan="3">○ ○○</td></tr>
<tr><td>반 명</td><td>4세 ○○반</td><td>일 시</td><td colspan="3">○월 ○○일 ○요일
오전 10 : 00~10 : 30</td></tr>
<tr><td>주 제</td><td>우리 동네</td><td>소주제</td><td colspan="3">우리 동네 모습과 생활</td></tr>
<tr><td>활동명</td><td>주유소 놀이</td><td>흥미 영역/활동 유형</td><td colspan="3">역할 영역/역할놀이</td></tr>
<tr><td>활동목표</td><td colspan="5">1. 우리 동네의 주변 기관과 생활 모습에 관심을 갖는다.
2. 동네에서 일어나는 모습을 표현해 볼 수 있다.</td></tr>
<tr><td>누리과정 관련 내용</td><td colspan="5">• 사회관계 > 사회에 관심가지기> 내가 살고 있는 곳에 대해 궁금한 것을 알아본다.
• 예술경험 > 창의적으로 표현하기> 극놀이로 경험이나 이야기를 표현한다.</td></tr>
<tr><td colspan="5">활동방법</td><td>활동자료</td></tr>
<tr><td colspan="5">1. 주유소 화보를 보며 이야기 나눈다.
- (주유소 화보를 보며) 이곳은 어디지?
- 주유소에 가 본 적이 있니?
- 주유소에서 무엇을 보았었니? 주유소에는 무엇이 있을까?
- (유아가 말한 대답을 따라 말하며) ○○도 있겠구나.
- 주유소에는 어떤 사람들이 있지?

2. 주유소를 구성한다.
- 우리도 주유소를 만들어 놀이해보자.
- 주유기는 어디에 두는 것이 좋을까?
- 주유기를 따라 자동차가 주유소 안으로 들어왔다가 기름을 넣고 다시 나가는 길이 있으면 좋겠구나. 길은 어떻게 만드는 게 좋을까?
- 길에 있는 신호등은 어디에 만들면 좋을까?
- 어디가 주유소 입구라고 할까? 어디가 주유소 출구라고 할까?
- 입구와 출구는 무엇으로 만들면 좋을까?
- 계산하는 곳은 어디에 있으면 좋을까?
- 계산대는 무엇으로 만들면 좋을까?
- 세차장은 어디에 만들면 좋을까?
- 세차장은 무엇으로 만들면 좋을까?
- 우리가 말한 것처럼 역할을 나누어 구성해보자.
- ○○가 블록으로 길을 만들어줄까?
- 세차장은 누가 만들어줄까?</td><td>유아가 직접 탈 수 있는 장난감 자동차
주유기</td></tr>
</table>

3. 주유소 놀이할 때 필요한 역할을 정한다.
- 주유소를 다 구성했니?
- 자, 그럼. 자동차를 운전하여 기름을 넣으러 갑시다. 자동차를 운전할 사람은 누가 할까? 버스 기사가 되고 싶은 사람 있니? 소방관이 되어 소방차를 운전해 볼 사람은?
- 주유소에서 손님들의 자동차에 기름을 넣어줄 주유원을 하고 싶은 사람은 2명이 필요하구나. 누가 주유원을 해보겠니?
- 세차를 해줄 사람이 필요하구나. 세차원이 될 사람은 누구니?
- 계산을 해줄 사람이 필요해. 계산하는 사람 역할을 맡을 사람은 누구니?
- (화이트보드 판에 역할별로 인원을 확인하며 인원이 많을 경우에는) 소방관은 한 명씩 할 수 있어. 어떤 방법으로 순서를 정하면 좋을까? 누가 먼저 소방관이 될 수 있다고 할까?
- (유아들이 제시하는 의견을 따라) 그렇게 정해보자.
- 가위, 바위, 보로 순서를 정해보자.
- 그럼, ○○이가 이 역할을 하고, ○○는 다른 역할을 하자.
- 역할이 정해졌으니 이제 놀이를 시작해보자. 각자 맡은 역할 위치로 이동해보자.
- 자동차는 그 종류마다 다양한 역할이 있단다. 운전을 할 때는 차에 있는 사람을 생각해서 조심스럽게 안전하게 운전을 하고, 신호등을 보고 신호를 지켜줘.

4. 유아들이 각자 자신의 역할에 맞게 놀이를 한다.
- (주유소 손님 역할을 맡아) 주유원님, 기름이 다 떨어졌어요. 1L만 넣어주세요.
- (세차장 손님 역할을 맡아) 자동차가 너무 더러워진 것 같아요. 깨끗하게 닦아주세요.
- (충분히 놀이를 한 후) 역할을 바꾸어서도 해볼까?

5. 놀이를 평가하며 활동을 마무리한다.
- 주유소 놀이 재미있었니?
- 어떤 역할이 재미있었니?
- 어떤 놀이(상황)가 재미있었니?

확장활동	• 역할 영역과 쌓기 영역을 연계하여 놀이를 진행해볼 수 있다. • 놀이 상황 속에 계산하는 과정에 지폐나 카드를 넣어 기계의 원리를 이해하도록 돕거나, 길 구성에서 신호등과 건널목을 넣어 교통교육을 적용해도 좋다.
유의사항	유아들이 충분히 다양한 역할을 맡아 놀이해보도록 유도한다.

② 활동

유아반 보육실습생은 유아의 흥미를 지원하는 활동을 수행하게 된다. 영유아의 연령(월령), 흥미를 고려하여 여러 활동 유형 중 적절한 활동을 선택하고 그에 따른 활동계획안 작성과 활동자료를 준비한다. 활동은 정적 활동과 동적 활동을 균형 있게 계획하며 도입자료나 자리 배치 등 유아들의 주의집중을 위한 계획도 포함시키도록 한다. 유아반의 부분활동계획안 예시는 표 10-4와 같다.

표 10-4 유아반 활동계획안 예시

<table>
<tr><td rowspan="2">제출일</td><td rowspan="2">○월 ○일 ○요일</td><td rowspan="2">결재</td><td>실습생</td><td>지도교사</td><td>원장</td></tr>
<tr><td>㊞</td><td>㊞</td><td>㊞</td></tr>
<tr><td>실습생</td><td>○ ○○</td><td>지도교사</td><td colspan="3">○ ○○</td></tr>
<tr><td>반 명</td><td>4세(○○반)</td><td>일 시</td><td colspan="3">○월 ○○일 ○요일
오전 10 : 00~10 : 30</td></tr>
<tr><td>주 제</td><td>겨울과 놀이</td><td>소주제</td><td colspan="3">건강한 겨울나기</td></tr>
<tr><td>활동명</td><td>'장갑' 동극해봐요</td><td>활동 형태 및 활동 유형</td><td colspan="3">활동 - 동극</td></tr>
<tr><td>활동목표</td><td colspan="5">1. 각자 역할을 맡아 동물들의 특징을 살려 극으로 표현한다.
2. 바른 자세로 앉아 동화와 동극을 감상한다.</td></tr>
<tr><td>누리과정 관련 내용</td><td colspan="5">• 예술경험 > 창의적으로 표현하기> 극놀이로 경험이나 이야기를 표현한다.
• 예술경험> 예술감상하기> 다양한 예술을 감상하며 상상하기를 즐긴다.</td></tr>
<tr><td colspan="4">활동방법</td><td colspan="2">활동자료</td></tr>
<tr><td colspan="4">1. 지난 시간에 들었던 동화 내용을 회상해본다.
- 지난 시간에 어떤 동화를 들었었니?
- 이 동화에 어떤 동물들이 나왔지? 처음에는 누가 나왔니?
- 쥐가 어떤 모습으로 걸어왔을까? 우리 모두 앉은 자리에서 함께 몸짓을 표현해볼까?
- 쥐가 나타나 뭐라고 했지? 어떤 목소리로 말했을까? 같이 말해볼까?
- 쥐가 들어가자 누가 나타났니?

(중략)

2. 동극의 배역을 정한다.
- 개구리(여우, 돼지, 곰, 토끼)하고 싶어요! 하는 사람 있니?

3. 연기자와 관객의 태도에 대해 이야기해본다.
- 앞에 나와서 동극을 하는 친구들이 지켜야 할 약속은 어떤 것이 있을까?
- 동극을 하는 친구들이 나오는 곳은 어디로 정할까?
- 그럼 들어가는 곳은 어디로 정할까?
- 동극을 앉아서 보는 친구들이 지켜야 할 약속은 어떤 게 있을까?</td><td colspan="2">'장화' 종이컵 동화자료, 동극 배경(아세테이트지와 전지를 이용한 벙어리장갑), 등장인물 자료(쥐, 개구리, 토끼, 여우, 돼지, 곰)
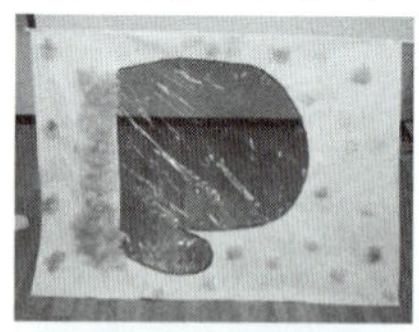
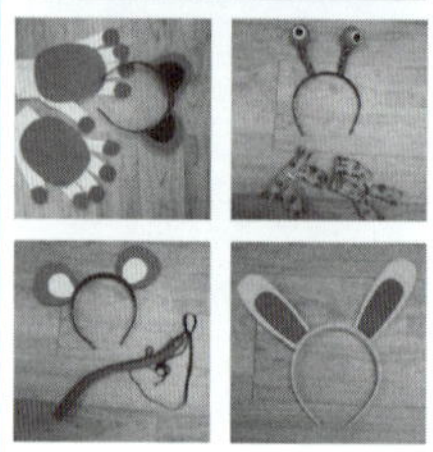</td></tr>
</table>

	4. 동극을 시작한다. 5. 동극을 마친 후 무대 앞에 나와서 자기가 맡은 역할을 소개하며 인사한다. - 자기가 맡은 역할이 무엇이었는지 친구들 앞에서 "○○를 맡은 △△입니다." 라고 소개해보자. 6. 역할을 바꾸어 동극을 다시 한다. - 그럼 또 다른 친구들이 나와서 한 번 더 해볼까? 7. 활동을 마친 후 전체적인 평가를 한다. - 이번엔 다른 친구들이 나와서 동극을 해봤는데 어땠어? - 역할놀이 영역에 놓아 둘 테니까 실내놀이 시간에 친구들과 함께 해보자.
확장활동	리듬악기로 동극 음향효과 만들어본다.
유의사항	배역을 정할 때 서로 맡겠다고 갈등이 발생할 경우 짧게 이야기 나누어 해결해보도록 한다.

③ 일상생활

영아반의 경우 하루일과 중 일상생활이 더 많은 비중을 차지하므로 교사는 일상생활이 교육적 경험이 될 수 있도록 개별 영아 특성에 맞게 계획하고 지도한다.

일상생활지도에는 손 씻기, 양치하기, 옷 입기, 식사하기, 배변활동하기, 낮잠 자기 등의 내용이 포함된다. 일상생활지도를 위한 영아반 부분활동계획안 예시는 표 10-5 와 같다.

표 10-5 영아반 부분활동계획안 예시(일상생활지도)

제출일	○월 ○일 ○요일	결재	실습생	지도교사	원장
			㊞	㊞	㊞
실습생	○ ○○	지도교사	○ ○○		
반 명	0세 ○○반	일 시	○월 ○○일 ○요일		
활동명	쭈까쭈까 하며 기저귀 갈기	활동 유형	일상생활/기저귀 갈기		
활동 목표	1. 선생님과 함께 '쭈까쭈까' 기지개를 펴보며 안정애착을 형성할 수 있다. 2. 선생님과 함께 기지개를 펴보며 신체를 인식한다.				
표준보육과정 관련 내용	• 사회관계 > 더불어 생활하기> 안정적인 애착을 형성한다. • 신체운동 > 감각과 신체 인식하기> 감각적 자극에 반응한다.				

활동방법	활동자료
1. 매트 위에 편안하게 누워본다. - ○○이가 폭신폭신 매트 위에 누웠구나! - 우리 예쁜 ○○이 기저귀 갈아볼까? 2. 선생님이 팔과 다리를 안마해 주는 것을 느껴본다. - ○○이 팔이 어디 있나~ 여기 있구나~ 쭉쭉쭉쭉~ 쭈까쭈까쭉~ - 다리는 어디 있나~ 여기 있구나~ 쭉쭉쭉쭉~ 쭈까쭈까 쭉~ - 아이 시원해~ 팔이랑 다리를 쭉 펴니까 시원하구나~ 3. 선생님이 새 기저귀로 간다. - 선생님이 새로운 기저귀로 갈아줄게~ - 새 기저귀로 갈으니까 기분이 좋겠구나~	기저귀 갈이 매트 영아 개별 기저귀
유의사항	• 기저귀를 갈기 위해 억지로 눕히지 않도록 한다. • 매트 소독과 손 소독, 세척을 반드시 하여 청결위생에 신경 쓴다. • 기저귀 갈기를 할 때 긍정적인 경험이 될 수 있도록 부드러운 말투와 온화한 표정으로 영아를 대한다.

2) 연계활동계획안 작성하기

실습생은 연계활동으로 실내 놀이의 두 가지 영역활동을 연계해서 준비하거나 연속되는 활동과 활동, 활동과 개별 놀이로 준비하게 된다. 연계활동은 부분활동에서 고려해야 할 내용을 모두 살펴보아야 하는 것뿐만 아니라 두 가지 활동의 연계를 고려해서 활동을 준비해야 한다.

실내 놀이 두 개 영역의 활동을 연계활동으로 준비할 때는 실내놀이를 하면서 영역 간에 서로 연계하여 놀이할 수 있는 활동을 계획한다. 예를 들어, 소풍놀이를 계획한다면 역할 영역에서는 소품 도시락을 준비하고 쌓기 영역에서 이동교통수단을 만들어 타고 가는 놀이를 진행하여 서로의 연계로 놀이가 확장되도록 한다. 활동과 활동, 활동과 개별놀이로 연계활동을 계획할 때는 동적인 활동과 정적인 활동의 균형을 고려한다. 한 가지 활동이 동적인 활동이라면 나머지 활동은 정적인 활동으로 계획한다. 또한 영유아가 기다리는 시간이 지루하지 않고 교육적으로 활동이 자연스럽게 연계되도록 활동과 활동 사이의 전이활동도 준비하도록 한다.

• 놀이 두 가지 놀이영역을 연계하여 놀이가 확장되도록 계획함 예) '소풍놀이' 역할놀이 영역('가을소풍을 떠나요') → 쌓기놀이 영역('블록으로 교통수단 구성하기')	• 활동 동적인 활동, 정적인 활동이 균형 있게 되도록 고려하여 계획함 예) '빗방울의 여행' 동화감상('빗방울의 여행' 동화를 들어요) → 신체표현('빗방울이 되어보아요') * 활동과 활동 사이에 전이활동도 고려

유아반의 정적인 활동에서 동적인 활동으로 연계한 활동계획안 예시는 표 10-6 과 같다.

표 10-6 유아반 연계활동계획안 예시

<table>
<tr><td rowspan="2">제출일</td><td rowspan="2">○월 ○일 ○요일</td><td rowspan="2">결재</td><td>실습생</td><td>지도교사</td><td>원장</td></tr>
<tr><td>㊞</td><td>㊞</td><td>㊞</td></tr>
<tr><td>실습생</td><td>○ ○○</td><td>지도교사</td><td colspan="3">○ ○○</td></tr>
<tr><td>반 명</td><td>4세반 ○○반</td><td>일 시</td><td colspan="3">○월 ○○일 ○요일
오전 11 : 20~11 : 50</td></tr>
<tr><td>주 제</td><td>세계 속의 우리나라</td><td>소주제</td><td colspan="3">세계 여러 나라의 모습</td></tr>
<tr><td>활동형태 및 활동유형</td><td colspan="5">활동 - 이야기 나누기, 게임</td></tr>
<tr><td>활동목표</td><td colspan="5">1. 세계 여러 나라의 음식에 대해 관심을 갖는다.
2. 주제와 관련된 이야기를 나눌 수 있다.
3. 세계 여러 나라 음식과 관련된 여러 퍼즐 조각을 맞춰 하나의 그림으로 만들어본다.
4. 친구와 함께 하는 게임에 즐거움을 느낀다.</td></tr>
<tr><td>누리과정 관련 내용</td><td colspan="5">• 사회관계 > 사회에 관심가지기> 다양한 문화에 관심을 가진다.
• 의사소통 > 듣기와 말하기> 자신의 경험, 느낌, 생각을 말한다.
• 자연탐구 > 생활속에서 탐구하기> 물체의 위치와 방향, 모양을 알고 구별한다.
• 사회관계 > 더불어 생활하기> 친구와 서로 도우며 사이좋게 지낸다.</td></tr>
<tr><td colspan="4">활동방법</td><td colspan="2">활동자료</td></tr>
<tr><td>이야기 나누기 (11:20~ 11 : 30)</td><td colspan="3">1. 세계 여러 나라의 음식 관련 영상자료를 함께 본다.
- 이 음식들 중에서 먹어본 음식이 있니?
- 처음 보는 음식이 있니? 어떤 느낌이 드니?</td><td colspan="2">세계 여러 나라의 음식 관련 영상자료, 사진자료</td></tr>
</table>

	활동방법	활동자료
	2. 음식과 관련된 나라에(특성) 대해 이야기를 나누어 본다. - 이 나라는 왜 이 음식을 먹게 되었을까? - 어떤 재료를 사용했을까? 3. 내가 소개하고 싶은 나라의 음식을 소개해본다. - 어떤 나라의 음식을 소개하고 싶니? - 왜 소개하고 싶었니? - 어떤 나라의 음식을 소개받고 싶니? 4. 음식 사진을 한 번 더 보며 이야기 나누기를 마무리한다. - 여러 나라 음식을 보니 어땠니? - 음식을 보고 어떤 나라에 가보고 싶니?	
게임 (11 : 30~ 11 : 50)	1. 두 팀으로 나누어 앉는다. - 팀은 어떻게 나누어볼까? 2. 게임에 필요한 자료에 대해 살펴보며 게임방법에 대해 이야기 나눈다. - 여기에 어떤 재료들이 보이니? - 이 재료들로 어떤 게임을 할 수 있을까? 또? - 친구들 앞에서 누가 시범을 보여줄 수 있을까? 3. 선생님의 퀴즈를 듣고 맞힌 팀이 어울리는 퍼즐을 찾아 완성해본다. - 이 음식은 밀가루로 만들었어요. 이탈리아에서 주로 먹는 음식이고, 크림 혹은 토마토로 소스를 만들어 먹는답니다. 이 음식은 무엇일까요? - 그럼 ○○팀이 함께 교실에 숨겨져 있는 이 음식의 퍼즐 조각을 찾아볼까요? 출발! - ○○팀이 조각을 다 찾아서 맞췄네? 어떤 음식이니? 4. 활동을 평가해본다. - 어떤 점이 재미있었니? 어려운 점은 있었니? - 다음에는 어떤 활동을 해보고 싶니?	세계 여러 나라의 음식 사진으로 만든 퍼즐, 퍼즐판, 융판, 세계 여러 나라 음식이 나오는 노래, CD플레이어
확장활동	• 세계 여러 나라 음식 중 선택하여 요리활동 해보기 • 수 · 조작영역에서 '세계 여러 나라 음식' 퍼즐 맞추기 놀이 해보기	
유의사항	• 또래 간 협동 게임 시 신체적으로 부딪히지 않도록 주의한다. • 선생님이나 친구가 이야기 할 때는 바른 태도로 들을 수 있도록 지도한다.	

3) 반일/종일 보육활동계획안 작성하기

반일 또는 종일 보육활동 실습은 보육실습기간 동안 배우고 익힌 바를 하루 전반에 걸쳐 적용하는 과정이므로 계획안에는 보다 종합적인 내용들이 포함되도록 한다. 실습생이 실습하는 반의 주 교사로서 하루 동안의 보육일과를 총체적으로 진행하는 경험은 매우 중요하다. 반일 또는 종일보육활동계획 시에는 등원, 보육실 환경 구성, 일과운영, 보육활동지원, 생활지도 등 보육교사의 모든 직무를 충실히 해낼 수 있도록 주의해야 한다. 반일 또는 종일 보육활동계획안 작성 시 주의해야 할 점을 정리하면 다음과 같다.

- 영유아의 흥미를 고려하여 영유아의 전후 경험이 맥락적으로 연결되도록 고려한다.
- 일과운영은 학급의 일과를 충분히 반영하여 일관성 있게 계획한다.
- 일과시간대별로 계획하되 각 영역별 보육계획안을 포함한다.
- 날씨 변화, 특별한 상황이 발생할 경우를 대비하여 대안을 준비한다.
- 일과 흐름을 안내하는 전이활동(정리정돈, 화장실 다녀오기, 실내외 이동하기 등)의 상호작용을 계획안에 반영한다.
- 영유아와 풍부한 상호작용을 할 수 있도록 계획한다.
- 실내 놀이 계획은 실습생이 준비한 보육활동만 '활동 영역, 활동목표, 활동자료, 활동방법'의 순으로 간략히 진술한다.
- 한 가지 보육활동을 마무리 짓고 다음 보육활동으로의 전이 전략을 기술한다.
- 배변 및 손 씻기, 간식·식사지도, 정리 정돈, 낮잠지도와 같은 일상생활지도 시 상호작용할 내용이나 지도방법을 진술한다.
- 반일(일일) 보육계획안을 작성할 때 보육실습생이 계획한 흥미 영역별 보육활동은 보육계획안을 함께 작성하여 첨부한다. 예를 들면 오전실내놀이 중 언어영역, 역할·쌓기놀이 영역은 실습생이 계획한 활동이어서 자세히 기록하였고, 미술 영역과 탐색·조작 영역은 기존에 미리 계획된 활동이 준비되어서 간략히 제시할 수 있다.

지도교사는 실습생이 작성한 반일/종일 보육활동계획안을 검토하여 적절한 조언을 사전에 제공함으로써 실습생이 계획을 수정·보완할 수 있도록 한다. 영아반과 유아반의 반일/종일 보육활동계획안 예시는 표 10-7 표 10-8 표 10-9 와 같다.

표 10-7 반일 보육계획안 예시(영아반)

결재	실습생	지도교사	원장

반 명	○○반	연 령	0세	일 시	○년 ○월 ○일 ○요일
주 제	옹알옹알 놀이해요			소주제	옹알옹알 표현해요

<table>
<tr><td>목 표</td><td colspan="4">• 말소리를 내어 말하는 것에 대한 즐거움을 느낀다.</td></tr>
<tr><td rowspan="11">일일
시간표

일일
시간표</td><td>07 : 30~09 : 00</td><td colspan="3">등원 및 맞이하기</td></tr>
<tr><td>09 : 00~09 : 30
10 : 00~11 : 00</td><td colspan="3">오전 실내놀이</td></tr>
<tr><td>09 : 30~10 : 00</td><td colspan="3">오전 이유식</td></tr>
<tr><td>11 : 00~11:10</td><td colspan="3">기저귀 갈이 및 씻기</td></tr>
<tr><td>11 : 10~11 : 40</td><td colspan="3">바깥놀이</td></tr>
<tr><td>11 : 40~12 : 30</td><td colspan="3">점심 및 양치</td></tr>
<tr><td>12 : 30~14 : 30</td><td colspan="3">낮잠</td></tr>
<tr><td>14 : 30~15 : 30
16 : 30~18 : 00</td><td colspan="3">오후 실내놀이</td></tr>
<tr><td>15 : 30~16 : 00</td><td colspan="3">개별 수유 및 오후 이유식</td></tr>
<tr><td>16 : 00~16 : 30</td><td colspan="3">씻기 및 기저귀 갈이</td></tr>
<tr><td>18 : 00~19 : 30</td><td colspan="3">귀가 및 통합보육</td></tr>
<tr><td>활동시간</td><td colspan="2">활동 내용</td><td>준비물</td><td>유의점</td></tr>
<tr><td>07 : 30~09 : 00
등원 및
인사하기</td><td colspan="2">• 선생님의 도움을 받아 겉옷을 벗는다.
• 쭈욱 양말을 벗어본다.
"○○가 쭈욱 양말을 벗어볼까?"<br>"벗기가 힘들었구나 선생님이 조금만 벗겨줄게."
"○○가 나머지는 해볼까?"<br>"○○가 양말을 벗었네. 잘했구나."</td><td></td><td>엄마와 헤어지기 어려운 영아는 편안하게 등원할 수 있도록 해준다.</td></tr>
<tr><td rowspan="2">09 : 00~09 : 30
10 : 00~11 : 00
오전
실내놀이</td><td>쌓기 · 역할</td><td>따르릉 여보세요</td><td rowspan="2">전화기</td><td rowspan="2">같은 놀잇감을 여러 개 준비해 주어 영아들의 갈등요소를 줄여준다.</td></tr>
<tr><td colspan="2">• 활동목표: 전화놀이를 하며 여러 가지 말소리를 내어본다.
• 표준보육과정 관련 내용: 의사소통 > 듣기와 말하기> 표정, 몸짓, 말과 주변의 소리에 관심을 갖고 듣는다.
의사소통>듣기와 말하기> 상대방의 이야기를 들으면서 말소리를 낸다.
• 활동방법
1. 전화기를 탐색해본다.
"○○가 전화기를 들고 있구나."
"버튼을 누르니까 소리가 나네."
2. 전화기를 이용하여 다양한 말소리를 내본다.
"○○가 전화기에 엄마~라고 말해보았구나. 엄마랑 전화를 하고 있구나."</td></tr>
</table>

활동시간	활동 내용	준비물	유의점
	"(전화기 놀잇감의 버튼을 누르고) 따르릉~ 전화가 왔나봐~ 한번 받아볼까?" "여보세요. ○○○이 아빠~ ○○○이에요."		
09 : 30~10 : 00 오전 이유식	◎ 메뉴: 새우살당근죽 • 선생님과 함께 손을 씻는다. • 선생님의 도움을 받아 턱받이를 한다. • '주세요' 몸짓으로 표현해본다(1수준). "○○가 다 먹었구나. 또 먹고 싶구나" "(두 손을 모아 보여 주며) 주세요~ 해볼까?" "○○가 주세요 했구나" • '주세요' 언어로 표현해본다(2수준). "○○가 다 먹었구나. 또 먹고 싶구나" "주세요~" 라고 말해볼까? • 선생님의 도움을 받아 물을 컵으로 마신다(1수준). • 두 손으로 컵을 들고 마신다(2수준).	턱받이	죽이 뜨겁지 않도록 적당한 온도로 식혀둔다. 영아에게 정확하게 요구하도록 강요하지 않는다.
11 : 00~11:10 기저귀 갈이 및 씻기	• 기저귀 갈이 매트에 누워 기저귀를 간다. "○○○이 쉬했어요? 선생님이 새 기저귀로 갈아줄게." "새 기저귀로 가니깐 기분이 좋구나."	기저귀, 기저귀 갈이 매트	기저귀 갈이 전후 반드시 매트를 소독하고 손을 깨끗이 씻거나 소독한다.
11 : 10~11 : 40 바깥놀이	신체 | 자동차를 타요 • 활동목표: 자동차를 타볼 수 있다. 발을 굴려 자동차를 타본다. • 표준보육과정 관련 내용: 신체운동 > 신체활동 즐기기> 실내외 신체활동을 즐긴다. 기본생활> 신체활동 즐기기> 대소근육을 조절한다. • 활동방법 1. 자동차를 탐색해본다. "○○가 경찰차를 탔네." "선생님은 분홍색 돌고래를 탔지?" 2. 선생님과 함께 자동차를 타본다(1수준). "○○야 자동차 타볼까? 선생님이 뒤에서 밀어줄게." "○○ 자동차가 앞으로 기고 있네." • 발을 굴러 자동차를 타본다(2수준). "○○가 발로 굴려서 경찰차가 움직였네."	자동차	영아의 개별 수준을 고려하여 상호작용한다.

활동시간	활동 내용	준비물	유의점
	"빵빵~○○ 자동차가 갑니다."		
11 : 40~12 : 30 점심 및 양치	◎ 메뉴: 흑미밥, 북어무국, 돈민찌두부양념조림, 콩나물무침, 김치 • 선생님과 함께 손을 씻고 턱받이를 한다. "턱받이를 하고 밥을 먹을까?" • 선생님의 도움을 받아 점심을 먹는다. • 점심을 먹고 난 후에 선생님과 함께 두 손으로 컵의 손잡이를 잡고 물을 먹는다(1수준). "선생님이랑 같이 컵의 손잡이를 잡고 물을 먹어볼까?" • 점심을 먹고 난 후에 스스로 컵의 손잡이를 잡고 물을 먹는다(2수준). "○○가 컵의 손잡이를 잡고 물을 먹어볼까?" • 칫솔로 이를 닦아본다. "쓱쓱 입에서 거품이 생겼네." "입 안을 물로 헹구어볼까?"		
12 : 30~14 : 30 낮잠	• 개별 베개와 이불에 눕는다. • 선생님의 이야기를 들으며 잔다. "○○야, 코~ 잘까? 자장자장 우리 아가 잘도 잔다 우리 아가."	베개, 이불, 조용한 음악 CD	질식사 예방을 위해 수시로 확인하고 바로 누워 잘 수 있도록 해준다.
14 : 30~14 : 40 씻기 및 기저귀 갈이	• 얼굴을 닦아본다. "○○야, 어푸어푸 세수하러 갈까? 선생님이 도와줄게." "세수하니까 깨끗해졌네." • 기저귀 갈이 매트에 누워 기저귀를 간다. "○○가 쉬했어요? 선생님이 새 기저귀로 갈아줄게." "새 기저귀로 가니깐 기분이 좋구나." "다음에는 쉬를 했을 때 선생님한테 알려줘."	로션, 기저귀, 기저귀 갈이 매트	
14 : 40~ 귀가 및 통합보육	• 양말을 신고 나서 겉옷을 입고 가방을 챙긴다. • 선생님, 친구들과 '안녕'하고 인사해본다. "○○가 집에 갈 시간이네. 친구들에게 인사해볼까? 안녕" "선생님한테도 인사해볼까? 안녕? 안녕히 계세요."	가방	개별 물품이 빠지지 않았는지 한 번 더 확인한다.
실습생 소감			
지도교사 조언			

표 10-8 종일 보육활동계획안 예시(영아반)

결재	실습생	지도교사	원장

학급명	○○반	연령	1세	일시	2016년 12월 1일
주제	배변놀이	소주제	변기에서 할 수 있어요		
목표	배변의 욕구와 배변 관심을 갖고 쉬, 응가로 표현하기를 시도해본다.				

일일 시간표		
	07 : 30~09 : 00	통합보육
	09 : 00~09 : 30	등원 및 실내놀이
	09 : 30~09 : 40	화장실(기저귀 갈이)
	09 : 40~10 : 00	오전 간식
	10 : 00~11 : 00	오전 실내놀이
	11 : 00~11 : 15	정리정돈 및 화장실
	11 : 15~11 : 45	바깥놀이
	11 : 45~12 : 00	화장실(기저귀 갈이)
	12 : 00~13 : 00	점심식사, 조용한 놀이 및 양치
	13 : 00~13 : 15	화장실(기저귀 갈이)
	13 : 15~15 : 30	낮잠 및 휴식
	15 : 30~15 : 40	손 씻기 및 기저귀 갈이
	15 : 40~16 : 00	오후 간식
	16 : 00~18 : 00	오후 실내놀이

활동시간	활동 내용	실행 및 평가	준비물
07 : 30~09 : 00 통합보육	• 등원 및 인사 나누기 (기본생활 > 건강하게 생활하기 > 하루일과를 편안하게 경험한다.) - 선생님과 반갑게 인사를 나눈다. - 먼저 놀이를 하고 있는 친구와도 인사를 나눈다. - 일찍 등원한 영아들은 자유롭게 놀이한다.		• 투약 의뢰서
09 : 00~09 : 30 등원 및 실내놀이	• 등원 및 실내놀이 (기본생활 > 건강하게 생활하기 > 하루일과를 편안하게 경험한다.) - 놀이를 하며 선생님과 상호작용을 한다. - 놀잇감을 가지고 즐겁게 놀이를 한다.		• 영역별 놀잇감

<table>
<tr><th>활동시간</th><th>활동 내용</th><th>실행 및 평가</th><th>준비물</th></tr>
<tr><td>09 : 30~09 : 40
화장실(기저귀 갈이)</td><td>• 화장실(기저귀 갈이)
(기본생활> 건강하게 생활하기> 배변 의사를 표현한다.)
- 변의가 느껴지는 영아는 교사의 도움을 받아 변기뚜껑을 열고 앉아본다.
- 선생님의 도움을 받아 세면대에서 손을 씻는다.
- 손바닥에 비누칠을 하여 닦는다.</td><td></td><td>• 영아용 변기, 비누</td></tr>
<tr><td>09 : 40~10 : 00
오전 간식</td><td>• 오전간식
(기본생활>건강하게 생활하기>음식을 즐겁게 먹는다.)
- 간식을 먹을 준비가 된 영아는 간식을 받아 들고 자리에 앉아서 간식을 먹는다.
- 스스로 먹을 수 있는 영아는 격려하고, 혼자 먹지 못하는 영아는 선생님의 도움을 받아 먹어본다.
- 간식을 다 먹은 영아는 스스로 식기를 정리한다.
- 손을 닦은 후 놀이를 한다.</td><td></td><td>• 온 우유 미숫가루</td></tr>
<tr><td>10 : 00~11 : 00
오전 실내놀이</td><td><table>
<tr><td>활동명</td><td>변기를 꾸며봐요</td></tr>
<tr><td>영역</td><td>미술</td></tr>
<tr><td>활동 목표</td><td>1. 변기 모양을 탐색한다.
(자연탐구>생활 속에서 탐구하기> 친숙한 물체를 감각으로 탐색한다.)
2. 변기 모양을 보며 색깔을 입힌다.
(예술경험>창의적으로 표현하기> 감각을 통해 미술을 경험한다.)</td></tr>
<tr><td>활동 방법</td><td>1. 변기 모양을 탐색한다.
- (변기그림을 보며) 이건 무슨 그림일까?
- 오늘은 이 변기를 예쁘게 꾸며줄 거야.
- ○○이는 어떻게 꾸미고 싶어?
2. 변기를 꾸미는 활동을 한다.
- 앞에 있는 물감 재료로 꾸며주면 돼요.
- 스펀지로 어떻게 해볼까?
- 스펀지로는 꾹 눌러보자.
- 꾹 누르니 무슨 모양이 나왔니?
3. 활동을 마무리한다.
- 우리가 만든 변기그림을 보자.
- 와, 정말 많은 색깔로 변기를 꾸며 주었네!</td></tr>
</table></td><td></td><td>• 미술 영역: 도화지, 신문지, 스펀지, 물감, 물

• 신체 영역: 원숭이 & 토끼 먹이 상자, 각종 음식 사진</td></tr>
</table>

활동시간	활동 내용	실행 및 평가	준비물
	활동명: 먹이 주고 응가시켜요 **영역**: 신체 **활동 목표**: 1. 구멍에 음식을 넣고 뺀다. (신체운동>신체활동 즐기기> 대소근육을 조절한다.) 2. 먹이 주는 흉내를 내본다. (예술경험 > 창의적으로 표현하기> 모방행동을 즐긴다.) **활동 방법**: 1. 동물 먹이상자를 탐색한다. - 여기 어떤 동물들이 있지? - 여기 다양한 음식들이 있네. ○○가 동물 먹이주세요. - 어? 먹이를 줬더니 엉덩이에서 먹이가 나왔네. 2. 동물에게 먹이를 주고 응가시키는 활동을 한다. - 이번에는 □□가 다른 음식을 넣어주세요. - 이번에도 엉덩이로 응가가 나왔네. 3. 활동을 마무리한다. - 선생님이 이 상자는 신체 영역에 둘게. 동물에게 먹이를 주고 싶은 사람은 와서 자유롭게 주면 되요.		
11 : 00~11 : 15 정리정돈 및 화장실	• 정리정돈 및 화장실 (기본생활 > 건강하게 생활하기 > 하루일과를 편안하게 경험한다.) - 놀잇감을 제자리에 정리하며 화장실에 다녀온다. - 친구를 도와 정리한다. - 화장실에 다녀와서 자리에 모인다.		
11 : 15~11 : 45 바깥놀이	• 바깥놀이 (신체운동> 신체활동 즐기기> 실내외 신체활동을 즐긴다.) - 다양한 신체놀이를 한다. - 안전하게 놀이를 한다. **활동명**: 훌라후프 징검다리 **영역**: 신체 **활동 방법**: 1. 훌라후프를 보며 이야기 나눈다. - (훌라후프를 가리키며)이게 뭘까? - 맞아, 오늘은 훌라후프 사이를 시나가 볼거야. 2. 징검다리를 건너는 활동을 한다.		• 훌라후프

활동시간	활동 내용	실행 및 평가	준비물
	- 밑에 훌라후프 여러 개가 있지~ 징검다리처럼 건너가 볼까? - 이번에는○○이 처럼 두 발 모아서 점프해볼까? - △△이는 까치발을 들어서 건너가는구나. 3. 활동을 마무리 한다. - 오늘은 훌라후프를 이용해 다양한 움직임을 하였는데 다음번에는 훌라후프로 어떤 활동을 해볼까? - 다음번에는 너희가 말한 방법대로 놀이해보자.		
11 : 45~12 : 00 화장실(기저귀 갈기)	• 화장실(기저귀 갈기) (기본생활 > 건강하게 생활하기 > 도움을 받아 몸을 깨끗이 한다.) - 변의가 느껴지는 영아는 선생님의 도움을 받아 변기뚜껑을 열고 앉아본다. - 선생님의 도움을 받아 세면대에서 손을 씻는다. - 손바닥에 비누칠을 하여 닦는다.		
12 : 00~13 : 00 점심식사 조용한 놀이 및 양치	• 점심식사 조용한 놀이 및 양치 (기본생활 > 건강하게 생활하기 > 음식을 즐겁게 먹는다) - 자리에 앉아 즐겁게 점심을 먹는다. - 수저와 포크를 사용하여 점심을 먹는다. - 점심을 다 먹은 영아는 선생님의 도움을 받아 손과 입을 닦는다. - 식판, 식기를 스스로 정리한다. - 화장실에 가서 양치를 한다. - 이후에 다른 영아들에게 방해되지 않게 정적 놀이를 한다.		• 찹쌀밥, 바지락 수제비국, 닭살 고구마 조림, 미나리 두부 무침, 깍두기 • 양치 도구
13 : 00~13 : 15 화장실(기저귀 갈이)	• 화장실(기저귀 갈이) (기본생활 > 건강하게 생활하기 >배변 의사를 표현한다.) - 변의가 느껴지는 영아는 선생님의 도움을 받아 변기뚜껑을 열고 앉아본다. - 선생님의 도움을 받아 세면대에서 손을 씻는다. - 손바닥에 비누칠을 하여 닦는다.		

활동시간	활동 내용	실행 및 평가	준비물
13 : 15~15 : 30 낮잠 및 휴식	• 낮잠 및 휴식 (기본생활 > 건강하게 생활하기 > 하루일과를 편안하게 경험한다.) - 이불이 깔려 있는 자신의 자리로 가서 베개를 베고 자리에 눕는다. - 조명을 어둡게 한 상태에서 잠든다. - 선생님의 토닥임을 받으며 편안한 상태에서 잠을 잔다.		• 개인용 베개 · 이불, 매트
15 : 30~15 : 40 손 씻기 및 기저귀 갈이	• 화장실(기저귀 갈이) 기본생활 > 건강하게 생활하기 > 도움을 받아 몸을 깨끗이 한다.) - 변의가 느껴지는 영아는 선생님의 도움을 받아 변기뚜껑을 열고 앉아본다. - 선생님의 도움을 받아 세면대에서 손을 씻는다. - 손바닥에 비누칠을 하여 닦는다.		
15 : 40~16 : 00 오후간식	• 오후간식 (기본생활 > 건강하게 생활하기 > 음식을 즐겁게 먹는다) - 간식을 먹을 준비가 된 영아는 간식을 받아 들고 자리에 앉아서 간식을 먹는다. - 스스로 먹을 수 있는 영아는 격려하고, 혼자 먹지 못하는 영아는 선생님의 노움을 빋아 먹어본다. - 간식을 다 먹은 영아는 스스로 식기를 정리한다. - 손을 닦은 후 놀이를 한다.		• 떡볶이, 유기농 우유
	- 원하는 영역에서 자유롭게 놀이를 한다. - 오전에 충분하지 못했던 실내놀이를 한다. - 놀잇감을 바르게 사용하고 정리한다.		
16 : 00~18 : 00 오후 실내놀이	• 미술영역: 변기를 꾸며봐요. (예술경험 > 창의적으로 표현하기> 감각을 통해 미술을 경험한다.)		• 미술 영역: 도화지, 신문지, 스펀지, 물감, 물 • 신체 영역: 원숭이, 토끼 먹이 상사, 각종 음식 사진
	• 신체영역: 먹이주고 응가시켜요. (예술경험 > 창의적으로 표현하기, 모방행동을 즐긴다.)		

실습생 평가	오늘은 올데이를 하는 날이어서 긴장되는 마음 반, 설레는 마음 반으로 원에서 하루를 시작하였다. 아이들과 일상생활 속에서 스스로 한 행동은 칭찬과 격려를 해주며, 놀이를 할 때에는 놀이가 풍부해질 수 있도록 옆에서 반응을 크게 하자 영아들은 해맑게 웃으며 놀이를 하였다. 활동을 진행하면서 문제점도 정말 많이 있었고 준비를 더 했어야 하는 부분이 있었음에도 불구하고 영아들이 내가 만든 교구에 관심을 갖고 재밌게 놀이를 하며 준비한 재료로 미술활동을 할 때에도 찍어보기 활동을 하며 끝까지 꾸며주는 모습을 보고 굉장히 뿌듯했다.
지도교사 조언	여러 번 활동 변경에 준비하시기 버거우셨을 텐데, 준비를 너무 잘해오셨어요. 아쉬운 점은 선생님께서 긴장한 탓인지 계획과 다른 실행으로 옮기셔서 아쉬웠답니다. 당연히 처음 올데이라 많이 긴장되었을 거라 생각이 들어요. 편하게 생각하시고 놀이처럼 활동을 이어나가시면 된답니다. 선생님께서 준비하신 미술활동, 신체활동 모두 ○○반 친구들이 적극적으로 참여하는 모습을 보였고, 흥미를 갖는 모습도 볼 수 있었어요. 선생님께서도 상호작용을 해주시며 놀이가 확장될 수 있도록 격려해주시는 모습 좋았답니다.

표 10-9 종일 보육활동계획안 예시(유아반)

<table>
<tr><td rowspan="2">결재</td><td>실습생</td><td>지도교사</td><td>원장</td></tr>
<tr><td></td><td></td><td></td></tr>
</table>

<table>
<tr><td>반명</td><td>○○반</td><td>연령</td><td>4세</td><td>일시</td><td>○년 ○월 ○일 ○요일</td></tr>
<tr><td>주제</td><td>겨울이야기</td><td>소주제</td><td colspan="3">겨울이 왔어요</td></tr>
<tr><td>목표</td><td colspan="5">• 겨울에 할 수 있는 놀이에 대해 관심을 갖고 알아본다.</td></tr>
<tr><td>활동시간</td><td colspan="3">활동 내용</td><td>준비물</td><td>유의점</td></tr>
<tr><td>07 : 30~
09 : 00
등원 및
인사하기</td><td colspan="3">• 외투를 벗어 옷걸이에 걸어 정리한다.
• 서랍장에 가방을 넣는다.
• 원아수첩을 꺼내 오늘 날짜에 스티커를 붙인다.
"오늘은 몇 월 몇 일일까? 오늘은 □일이네.
□은 어디 있을까?○○가 잘 찾아 붙였네."</td><td>옷걸이,
원아수첩,
대화수첩</td><td></td></tr>
<tr><td>09 : 00~
10 : 10~
오전
실내놀이</td><td colspan="3">수 · 조작 / 젓가락으로 붕어빵 옮기기
• 목표: 눈과 손의 협응력을 이용하여 놀잇감을 정해진 위치에 옮길 수 있다.
겨울철에 먹는 음식에 대해 관심을 갖는다.
• 누리과정 관련 내용: 신체운동·건강> 신체활동 즐기기> 신체 움직임을 조절한다.
자연탐구> 자연과 더불어 살기> 날씨와 계절의 변화를 생활과 관련짓는다.</td><td>젓가락,
부직포로
만든
붕어빵</td><td></td></tr>
</table>

활동시간	활동 내용	준비물	유의점
09 : 00~ 10 : 10~ 오전 실내놀이	• 활동방법 1. 붕어빵을 살펴본다. "○○야, 이게 어떤 음식인 것 같아?" "붕어빵 먹어본 적 있니? 어떤 맛이 나니?" 2. 놀이에 필요한 재료를 탐색해본다. "젓가락하고 그릇이 있네? 어떻게 놀이를 하는 걸까?" 3. 젓가락을 조작하여 그릇에 옮겨본다. "1,2,3 손가락 세 개를 끼고, 움직여볼까?" "○○가 젓가락을 움직여 붕어빵을 옮겼네. <쌓기놀이> 스키장, 스케이트장, 썰매장 구성하기 <역할놀이> 군고구마 장수 놀이 <미술> 털실그림 그리기 <언어> 눈 오는 날		
09 : 30~ 10 : 00 오전간식	◎ 메뉴: 시리얼과 우유 • 화장실에서 손을 씻는다. • 핸드타월을 사용하여 물기를 닦는다. • 먹을 수 있는 양만큼 간식을 배식받는다. • 앉고 싶은 자리에 앉아 간식을 먹는다. "오늘은 ○○가 좋아하는 시리얼이 간식으로 나왔네? 숟가락으로 떠서 맛있게 먹어보자." • 다 먹은 후, 정해진 자리에 그릇, 숟가락을 정리한다.	물비누, 핸드타월 그릇, 숟가락	
10 : 00~ 10 : 10 인사 나누기	• 인사 노래를 부르며 선생님, 친구들과 인사를 나눈다. "노래 부르면서 반갑게 인사 나누어볼까?" • 오늘의 날짜와 날씨를 알아본다. "오늘은 몇 월 몇 일일까? 무슨 요일이지?" "오늘 ○○반에 올 때 날씨는 어땠니?"	이름카드	
11 : 40~ 12 : 00 활동	이야기 나누기: 겨울에 할 수 있는 놀이 • 목표: 겨울에 할 수 있는 놀이에 대해 관심을 갖고 알아본다. • 누리과정 관련 내용: 의사소통> 듣기와 말하기> 자신의 경험, 느낌, 생각을 말한다. 자연탐구 > 자연과 더불어 살기> 날씨와 계절의 변화를 생활과 관련짓는다. • 활동방법 1. '눈이 내리면' 노래를 불러본다.	'겨울철 놀이' 사진 자료	겨울에 할 수 있는 다양한 놀이에 대해 호기심을 가질 수 있도록 지원한다.

활동시간	활동 내용	준비물	유의점
11 : 40~ 12 : 00 활동	2. 사진을 보며 겨울에 할 수 있는 놀이에 대해 이야기를 나누어본다. "겨울에 어떤 놀이를 할 수 있을까?" 3. 각자 겨울에 꼭 해보고 싶은 겨울 놀이를 이야기해본다. "○○는 어떤 겨울놀이를 해보고 싶니?"		
12 : 00~ 13 : 20 점심 및 양치	◎ 메뉴: 흑미밥, 북어무국, 돈민찌두부양념조림, 콩나물무침, 김치 • 화장실에서 배변을 본다. • 손을 깨끗이 씻는다. • 차례대로 배식을 받는다. "오늘은 어떤 반찬이 나왔는지 볼까?" • 식기도구를 바르게 사용하여 점심을 먹는다. "밥은 무엇을 사용해서 먹으면 좋을까?" "○○가 젓가락을 바르게 사용해서 먹고 있구나." • 다 먹은 후 정해진 자리에 정리한다. • 칫솔와 양칫컵을 찾아 스스로 양치를 한다. "윗니, 아랫니~ 깨끗하게 잇솔질 해보자." • 양치한 사람은 조용한 놀이를 한다.	식판, 식기도구, 유아 개별 칫솔 및 양치컵	식사도구를 바르게 사용하도록 한다.
13 : 20~ 14 : 30 바깥놀이	신체 | 썰매 타기 • 목표: 친구와 함께 썰매를 사용하여 즐겁게 신체놀이를 한다. • 누리과정 관련 내용: 신체운동·건강> 신체활동 즐기기> 기초적인 이동운동, 제자리 운동, 도구를 이용한 운동을 한다. 사회관계 >더불어 생활하기> 친구와 서로 도우며 사이좋게 지낸다. • 활동방법 1. 썰매 사용방법에 대해 알아본다. "어디에 앉아야 안전하게 썰매를 탈 수 있을까?" "끌어주는 사람은 어떻게 해야 할까?" 2. 번갈아 썰매를 탄다. "♪흰 눈 사이로 썰매를 타고~♬" "친구가 끌어주는 눈썰매 타보니 어때?"	썰매	안전에 유의하여 신체활동을 할 수 있도록 주의 깊게 관찰한다.
14 : 30~ 15 : 30 낮잠	• 개별 베개와 이불에 눕는다. • 편안한 음악을 들으며 휴식한다.	베개, 이불, 조용한 음악 CD	

<table>
<tr><th>활동시간</th><th colspan="2">활동 내용</th><th>준비물</th><th>유의점</th></tr>
<tr><td>15 : 30~
16 : 00
오후간식</td><td colspan="2">◎ 메뉴: 찐 고구마, 에이스
• 화장실에서 손을 씻는다.
• 핸드타월을 사용하여 물기를 닦는다.
• 앉고 싶은 자리에 앉아 간식을 먹는다.
• 다 먹은 후 정해진 자리에 그릇, 숟가락을 정리한다.</td><td>그릇</td><td>고구마 껍질을 잘 벗겨 먹도록 한다.</td></tr>
<tr><td rowspan="5">16 : 00~
18 : 00
오후
실내놀이</td><td colspan="2">• 다양한 놀잇감으로 자유롭게 놀이한다.</td><td rowspan="5"></td><td rowspan="5"></td></tr>
<tr><td>쌓기놀이</td><td>스키장, 스케이트장, 썰매장 구성하기</td></tr>
<tr><td>역할놀이</td><td>군고구마 장수 놀이</td></tr>
<tr><td>미술</td><td>털실그림 그리기</td></tr>
<tr><td>언어</td><td><동화> 눈 오는 날</td></tr>
<tr><td>18 : 00~
19 : 30
귀가 및
통합보육</td><td colspan="2">• 겉옷을 찾아 입은 후 가방을 맨다.
• 선생님, 친구들과 인사를 한 후 귀가한다.
"○○아, 선생님하고 친구한테 인사하고 갈까?"<br>"안녕히 계세요. 내일 만나자."</td><td>가방</td><td>가방을 잘 챙겨 귀가할 수 있도록 한다.</td></tr>
<tr><td>실습생
소감</td><td colspan="4"></td></tr>
<tr><td>지도교사
조언</td><td colspan="4"></td></tr>
</table>

Chapter 11 실습일지 작성과 자기평가

실습일지는 6주간의 보육실습기간 동안 실습생으로서 관찰하고 경험하는 실습 전반의 내용을 기록하는 중요한 공식문서이므로 실습생은 실습일지 작성의 문서 실무를 익혀야 한다. 본 장에서는 보육실습 시작 전에 실습일지의 사례를 검토하며 적절한 부분과 부적절한 부분에 대해 토론하고 작성방법과 유의점을 숙지하여 충분한 연습을 해보도록 한다.

1. 보육실습일지

실습일지는 실습생의 보육실습 내용을 파악하고 실습기관의 실습지도가 충실히 이루어졌는지 알 수 있는 공식 문서이다. 일반적으로 실습일지는 실습생의 출근부, 보육실습기관 현황, 보육실습 일정, 일일 보육실습 내용, 가정연계 및 행사, 보육실습 평가 등으로 구성된다. 실습일지는 단지 실습한 사건만을 기록하는 것이 아니라 그것을 통해 무엇을 배웠는지, 그것을 통해 어떠한 생각을 했는지 등을 기록해야 한다. 실습기록이나 실습일지를 매일 기록하는 과정을 통해 향후 학습과제가 명확해지고 학습의 지침이 되는 기록이 되어야 한다.

1) 보육실습일지 구성 내용

(1) 출근부

출근부에는 보육실습기간과 근무 여부를 기록한다. 무엇보다도 결석, 조퇴 및 지각 사유가 발생할 경우 양성교육기관의 담당자와 실습기관 원장의 사전논의를 통해 결석한 날만큼 보충하여 보육실습기간 및 시수를 충족시키도록 한다.

(2) 보육실습기관 현황

실습기관에서 실습생에게 제공해야 할 실습기관의 현황자료는 실습기관의 보육철학, 운영방침, 종사자 및 영유아 현황, 시설설비, 교사 대 아동 비율 등이다. 이는 보육실습의 사전교육 때 미리 제공하도록 한다.

(3) 보육실습 일정

보육실습의 주차별, 요일별 내용은 실습기관과 실습반의 연령에 따라 다를 수 있으므로 본 지침서의 내용을 참조하여 융통성 있게 운영하도록 한다.

(4) 일일 보육실습일지의 기록

실습일지는 날짜, 결재란, 주제, 소주제, 목표, 하루일과에 따른 일일보육 내용, 실습생 자기평가, 지도교사 조언 등으로 구성되며, 지도교사의 세심한 지도가 요구된다.

① 날짜

실습이 진행되는 일자를 기록하는 것으로 실습이 진행된 시기를 이해하고 실습시기에 따른 보육실습 내용을 살펴볼 수 있다. 실습 시기가 학기 초, 학기 중간, 학기 말에 따라 영유아의 월령, 발달 정도, 적응도가 다르기 때문에 날짜의 기록은 중요하다.

② 결재

실습이 기록된 내용과 동일하게 진행되었음을 증명하는 것으로 실습생, 실습지도교사, 원장이 날인한다.

③ 주제

실습 시기에 진행되는 보육주제를 의미하며, 주제 내에 3~5개의 소주제 중 기록 당일의 소주제를 확인하여 기록한다.

④ 목표

실습일지에서의 목표는 일일목표를 의미한다. 지도교사는 당일 실습생에게 일일목표를 알려줄 수 있다. 실습생은 그림 11-1 에서 제시한 목표 진술 시 유의점을 숙지하여 일일목표를 진술해보도록 한다.

목표 진술 시 유의할 점

1. 영유아 중심으로 기술한다. 주어 '영유아는'이 생략되어 있다.
   - 다양한 재료를 준비해주어 나비를 꾸미게 한다.(×)

     → (영유아는) 다양한 재료를 이용하여 나비를 꾸며본다.(○)
2. 목표 진술의 어미는 '~한다.', '~수 있다.' 등의 완성된 문장으로 기술한다.
   - 1~5까지 숫자를 순서대로 세어보아요.(×)

     → 1~5까지 숫자를 순서대로 셀 수 있다.(○)
   - 바른 자세로 동화 감상하기.(×)

     → 바른 자세로 동화를 감상해본다.
3. 여러 가지 목표를 한 문장에 진술하지 않는다.
   - 노래를 부르며 가족의 소중함을 느끼고 부모님께 감사 편지를 써 본다.(×)

     → 노래를 부르며 가족의 소중함을 느껴본다./부모님께 감사 편지를 써 본다.(○)

○○년 ○월 ○요일 날씨: ○○		실습생	지도교사	원장
주제	우리 동네			
소주제	우리 동네 기관			
일일주제	○○에서 일하는 사람이 없다면			
목표	• 다양한 기관과 직업의 필요성을 알 수 있다. • 친구와 협동하여 놀이에 참여할 수 있다. • 자신의 생각과 느낌을 말과 글로 표현해 볼 수 있다.			
하루 일과	08 : 30~09 : 30	등원 및 맞이하기		
	09 : 30~10 : 00	오전간식		
	10 : 00~11 : 40	오전 실내 놀이		
	11 : 40~12 : 00	활동		
	12 : 00~13 : 00	점심 및 양치		
	13 : 00~14 : 00	바깥놀이		
	14 : 00~15 : 00	오후 실내 놀이		
	15 : 00~15 : 30	오후 간식		
	15: 30~17 : 30	오후 실내 놀이		
	17: 30~18 : 00	통합보육 및 하원		

그림 11-1 실습일지의 일일목표 진술 시 유의점

⑤ 일과운영에 따른 보육 내용

등원, 급·간식, 실내 놀이, 바깥놀이, 활동, 낮잠 등 하루일과에 따라 계획된 활동 내용과 실제로 실행된 활동 내용, 활동 관련 자료, 교사의 교수학습 지원방법, 영유아의 활동 시 반응, 교사의 상호작용방법 및 내용, 일상생활지도 내용을 기록한다.

⑥ 실습생 소감

하루일과 중 지도교사의 교수방법, 영유아와의 상호작용 내용 등에 대해 본받아야 할 내용이나 의문사항, 실습생으로서 자신의 역할에 대한 반성 등을 기록한다. 또한 실제 지도실습을 진행한 경우에는 해당 내용에 대한 분석도 기록한다.

⑦ 지도교사 조언

실습 지도교사의 조언 및 평가는 실습생의 보육활동 실습을 관찰하며 평가한 사항, 실습생의 자기평가에 대한 사항 및 추후 보육활동 계획 시 고려해야 할 점 등을 종합하여 조언해주고 평가한다. 지도교사는 실습생의 보육활동 실습 내용을 평가할 때 다음의 사항에 초점을 두어 평가한다.

- 보육활동의 목표가 표준보육과정(누리과정)의 내용과 관련해 이를 포함하였고 적절히 성취하였는가?
- 보육활동 내용이 발달수준에 적합하였는가?
- 보육활동이 영유아의 흥미와 경험을 충분히 반영하였는가?
- 보육활동을 위한 자료 제작과 활용이 적절하였는가?
- 보육활동의 전개방법이 적절하였는가?
- 보육활동을 위한 시간운영이 적절하였는가?
- 보육활동의 전후와 보육활동 간 연계가 적절하였는가?
- 보육활동 공간의 배치와 집단 구성이 적절하였는가?
- 보육활동 시 적절한 상호작용(동기유발, 영유아들의 참여 등)이 이루어졌는가?
- 보육활동의 마무리와 다음 활동으로의 전이가 적절하였는가?

2) 보육실습일지 기록의 기본 원칙

(1) 실습업무가 진행된 그대로 사실을 기록한다

실습에서 진행된 사실 그대로 내용을 쉽고 간단명료하게 기술해야 한다. 진행된 업무를 과장, 허위로 기록해서는 안 되며 반대로 누락해서도 안 된다. 실습을 하다 보면 단순업무를 반복적으로 진행하는 경우에는 일지에 기록한 내용이 거의 없다. 이런 경우 자칫하면 업무를 과장하거나 허위로 기재할 수 있다. 단순한 청소나 단순 돌봄 형태라도 있는 그대로 기술해야 한다.

또한 기록에 자신이 없는 실습생은 기록을 단순하게 기록하는 경우가 종종 있다. 이런 경우는 실습을 아무리 잘해도 매우 불성실해보이므로 의미가 충분히 전달될 수 있도록 기록해야 한다.

(2) 구체적 · 객관적 · 논리적 · 긍정적으로 기록한다

실습일지 기록은 구체적, 객관적, 논리적, 긍정적인 문장으로 기록해야 하며 주관적, 감성적, 부정적으로 기술하지 않도록 유의한다.

표 11-1 보육실습일지 기록의 부적합한 예와 바람직한 예

부적합한 기록의 예	바람직한 기록의 예
○○가 □□에게 하는 행동이 예뻐 보였다. (감성적)	○○가 □□에게 손을 내밀어 "내가 도와줄게."라고 말했다. (구체적)
○○의 행동을 봤을 때 ○○가 미술활동을 하기 싫어하는 것 같았다. (주관적)	○○가 미술영역 교구장에 기대어 서서 미간을 찌푸리며 □□가 하는 놀이를 쳐다보고 있었다. (객관적)
○○가 매일같이 친구를 꼬집는 행동을 봤을 때 이러한 행동이 줄어들지 않을 것만 같다. (부정적)	○○가 친구를 꼬집기 전 행동을 잘 관찰하여 긍정적으로 감정표현을 할 수 있도록 도와주어야겠다. (긍정적)

(3) 정확한 용어를 사용한다

① 전문용어를 바르게 사용한다.

- 아동, 어린이(×) → 영 · 유아(○)
- 어린이집 직원(×) → 보육교직원(○)
- 장애우(×) → 장애인(○)
- 일반인(×) → 비장애인(○)

② 고유명칭은 약어보다는 정식 명칭으로 사용한다.

- 원, 얼집(×) → ○○어린이집(○)
- 보육원(×) → 보육기관(○)
- 쌤(×) → 선생님(○)

③ 정확한 단어를 사용한다.

- 응가, 쉬(×) → 배변(○)
- 어렵고 힘든 상황(×) → 위기 상황(○)

표 11-2 , 표 11-3 , 표 11-4 , 표 11-5 는 영아반과 유아반의 일일 실습일지의 예이다. 실습일지 안에 작성요령을 포함시켰으므로 실습일지를 작성할 때 참고하도록 한다.

표 11-2 일일 실습일지 작성의 예(0세)

<table>
<tr><td rowspan="2">날짜</td><td rowspan="2">○월 ○일 ○요일</td><td rowspan="2">날씨</td><td rowspan="2">맑음</td><td rowspan="2">결재</td><td>실습생</td><td>지도교사</td><td>원장</td></tr>
<tr><td></td><td></td><td></td></tr>
<tr><td>주제</td><td colspan="7">기어요 / 선생님을 만져보아요</td></tr>
<tr><td>목표</td><td colspan="7">다양한 대상물을 손과 발로 느껴본다.</td></tr>
<tr><td rowspan="2">시간/
활동명</td><td colspan="6">활동 내용</td><td>준비물</td></tr>
<tr><td colspan="6">작성요령: 0세 영아의 경우 개월 수에 따라 발달 차이가 있다. 영아의 흥미나 발달적 차이를 고려하여 활동내용을 기록해본다.</td><td></td></tr>
<tr><td>7 : 30~9 : 00
등원 및
인사하기</td><td colspan="6">- 교사 및 친구들과 반갑게 인사한다.
- 영아의 기분과 건강상태를 살펴본다.</td><td></td></tr>
<tr><td>9 : 00~9 : 30
수유, 이유식
및 기저귀
갈이/씻기</td><td colspan="6">◎ 간식메뉴: 개별 수유 및 이유식(브로콜리죽)
- 교사의 도움을 받아 손을 닦은 후 턱받이하고 먹는다.
- 음식에 관심을 갖고 즐겁게 이유식을 먹어본다.
- 입을 닦고 기저귀를 간다.
작성요령: 영아의 경우 일상생활의 비중이 보육활동의 비중보다 높기 때문에 관찰을 한 후 자세히 기록한다.</td><td>턱받이, 개별 기저귀, 기저귀 갈이대</td></tr>
<tr><td rowspan="4">9 : 30~10 : 30
실내놀이</td><td colspan="6"><신체> 아이 간지러워(신입)</td><td rowspan="2">생쥐
손인형</td></tr>
<tr><td colspan="3">- 영아 근처에서 교사가 생쥐 모양 손인형을 끼우고 살금살금 걸어가는 흉내를 내본다.
- 영아가 움직이는 생쥐 손인형에 관심을 보이면 영아에게로 다가간 후 언어적 상호작용을 해주며 간지럽혀준다.</td><td colspan="3">- 영아에게 손가락 생쥐 장갑을 끼워주고 교사나 친구들을 간지럽혀 보게 한다.</td></tr>
<tr><td colspan="6"><언어> 똑똑똑~, 곤지곤지 잼잼</td><td rowspan="2">영아사진
앨범 책</td></tr>
<tr><td colspan="3">- 영아 사진 앨범 책을 읽어보자는 신호로 책을 똑똑 두드리는 소리를 내며 영아의 관심을 유도한다.</td><td colspan="3">- 영아가 문 앨범 책에 관심을 가지고 탐색하거나 두들기면 교사가 다가가 상호작용한다.</td></tr>
</table>

<table>
<tr><th>시간/활동명</th><th colspan="2">활동 내용</th><th>준비물</th></tr>
<tr><td rowspan="3">9 : 30~10 : 30
실내놀이</td><td>- 문 그림을 열고 안에 사진을 보며 누구인지 영아와 이야기한다.</td><td>- 영아를 도와 책의 문을 열고 사진을 함께 본다.</td><td></td></tr>
<tr><td colspan="2"><감각・탐색> 보들보들 촉감길</td><td rowspan="2">여러 가지 촉감판</td></tr>
<tr><td>- 다양한 촉감 판을 길게 이어 붙여 영아의 관심을 유도한다.
- 영아가 촉감 판을 만져보게 한다.
- 촉감을 나타내는 다양한 표현을 들려주며 감촉을 느껴보게 한다.</td><td>- 다양한 촉감 판을 교실에 놓아 영아가 손으로 만져보게 한다.
- 촉감 판을 길처럼 이어서 영아가 기어가거나 교사의 손을 잡고 걸어보도록 한다.
- 영아가 익숙해지면 배열을 다르게 하여 이동해보도록 한다.</td></tr>
<tr><td>10 : 30~11 : 00
바깥놀이</td><td colspan="2">- 유모차에 달린 바람개비를 살펴본다.
- 영아용 유모차에 바람개비를 달아주고 앞뒤로 밀어주어 바람개비가 돌아가는 것을 살펴본다.</td><td>바람개비</td></tr>
<tr><td>11 : 00~13 : 00
수유 및 낮잠</td><td colspan="2">- 조용한 음악을 들으며 편안히 수유한다.
- 개별 매트와 이불에 누워 낮잠 준비한다.
- 자장가 들으며 편안하게 낮잠을 잔다.</td><td>조용한 음악카세트</td></tr>
<tr><td rowspan="2">13 : 00~14:00
수유, 점심식사/이 닦기</td><td>- 수유 및 이유식
- 기저귀 갈이/씻기/이 닦기</td><td>- 점심식사(이유식 → 진밥)
- 기저귀 갈이/씻기/이 닦기</td><td rowspan="2">턱받이, 개별 기저귀, 기저귀 갈이대</td></tr>
<tr><td colspan="2">- 교사와 눈 맞추며 수유 또는 이유식을 먹는다.
- 세면과 영아용 손가락 칫솔로 이와 잇몸을 닦는다.
- 기저귀를 살펴본다.</td></tr>
<tr><td>14:00~15 : 30
실내
자유놀이</td><td colspan="2"><신체> 아이 간지러워
<언어> 똑똑똑~, 곤지곤지 잼잼
<감각・탐색> 보들보들 촉감길</td><td></td></tr>
<tr><td>15 : 30~17:00
오후 수유 및 오후 낮잠</td><td colspan="2">- 조용한 음악을 들으며 휴식을 취한다.
- 교사와 눈 맞추며 수유한다.
- 자장가를 들으며 편안하게 잠을 잔다.
- 기저귀를 갈아준다.</td><td>조용한 음악카세트</td></tr>
<tr><td>17:00~17 : 30
기저귀 갈이/손발닦기/이유식</td><td colspan="2">- 손, 발 닦고 기저귀를 살펴본다.
- 손 닦고 턱받이 하며 이유식/오후 간식을 먹는다.
- 얼굴과 손을 닦는다.</td><td>턱받이, 개별 기저귀, 기저귀 갈이대</td></tr>
<tr><td>17 : 30~18 : 30
수유 및 낮잠</td><td colspan="2">- 조용한 음악을 들으며 편안히 수유한다.
- 영아용 개별 침대에 누워 낮잠을 준비한다.
- 자장가를 들으며 편안하게 낮잠을 잔다.</td><td>조용한 음악카세트</td></tr>
</table>

시간/활동명	활동 내용	준비물
18 : 30~19 : 30 세면 및 귀가	- 낮잠에서 일어나 세면 후 로션 바르고 겉옷을 입는다. - 부모님이 오시는 대로 부모와 영아에 대해 이야기하고 귀가 인사를 나눈다.	영아용 로션
실습생 평가	오늘은 영아들이 많이 울기도 하고 졸려하는 영아도 있었다. 그래도 몇몇 영아들은 촉감 길에 흥미를 보이고 선생님들이 노래를 부르며 율동을 하자 많이 웃기도 하고 반응을 보이는 모습이 너무 예뻤다. 나하고는 아직 애착 형성이 되지 않아 잘 오려고 하지는 않았지만 그래도 내가 주는 장난감을 받기도 하고, 촉감 판을 같이 만져보면서 조금씩 친해지고 있구나!를 느낄 수 있던 하루였다.	
지도교사 조언	금요일이라서 그런지 영아들이 피곤해 하는 모습이 보이네요. 특히 요즘은 환절기라 몸이 좋지 않은 영아들이 많아 건강체크와 관찰을 자주 해주고 있어요. 0세 아이들은 지속적인 관찰과 세심한 접근이 필요하답니다. 촉감 판은 오늘 처음 제시한 놀잇감인데 흥미를 보이더라고요. 아직 친해지지 않았다고 낙심하기보다는 아이들이 흥미를 보이는 놀이를 같이하고 저희와 같이 영아들이 좋아하는 노래를 불러주거나 신체로 움직임을 보여 주면 금방 친해지고 더욱 좋아할 거예요. 수고하셨어요.	

표 11-3 일일 실습일지 작성의 예(1세)

보육실습일지		결재	실습생	지도교사
			㊞	㊞
반명	○○반	일시	○○년 ○월 ○일 ○요일	
날씨	맑음	결석 영유아	이○○(여행)	
주제	어린이집에 적응해요	소주제	새로운 환경이 낯설어요	
활동목표	어린이집의 새로운 환경을 탐색해본다.			
시간/활동명	활동 내용		준비물	
7 : 30~9 : 00 등원 및 통합보육	[등원 및 통합보육 - 선생님과 악수해요] - 선생님과 악수하며 인사한다. - 신발 자리를 찾아서 신발을 놓아본다. - 부모님과 인사를 나누며 헤어진다.		가방 및 소지품	
9 : 00~10 : 00 오전 실내놀이	[언어 영역- 내 이름을 부르면 대답해요] - 선생님이 보여 주는 이름카드를 본다. - 자신의 이름이 들리면 "네"하고 대답해본다. [감각/탐색 영역 - 선생님과 로션을 발라요] - 선생님과 마주보고 로션 바르기 놀이를 해본다. [역할/쌓기 영역 소꿉 그릇에 밀가루 반죽을 담아요] - 밀가루 반죽을 탐색한다. - 소꿉그릇에 밀가루 반죽을 담는다.		로션, 밀가루 반죽, 소꿉 그릇, 둥근 고리 막대	

시간/활동명	활동 내용	준비물
	작성요령: 로션, 밀가루 반죽 등 놀잇감을 통한 친밀감 형성이 어떻게 이루어지는지 관찰 후 기록한다. [신체/움직임 영역 - 둥근 고리 끼우기 놀이해요] - 다양한 둥근 고리를 탐색한다. - 둥근 고리를 막대에 끼워본다. [기본생활습관 - 봄 날씨에 알맞은 옷을 입어요]	
10 : 00~10 : 20 정리정돈 및 대소변 가리기/ 손 씻기	[대·소변 가리기] - 내 기저귀를 찾아본다. - "쉬" 하고 배변 의사를 표현한다. - 선생님과 함께 화장실에서 손을 깨끗이 씻는다. 작성요령: 1세 영아들의 발달을 고려한 배변활동이 어떻게 진행되는지 관찰한 후 기록한다.	기저귀 갈이 매트, 기저귀, 변기, 물티슈, 비누, 수건
10 : 20~10 : 50 오전 간식 및 정리정돈	[오전 간식] - 앉고 싶은 자리에 앉는다. - 선생님과 함께 간식을 맛있게 먹는다. - 그릇을 정리해 본다.	간식그릇, 행주
10 : 50~11 : 20 오전 바깥놀이	[바깥놀이 - 미끄럼틀을 타요] - 계단을 이용하여 미끄럼틀 위로 올라가 본다. - 앞을 향해 앉아서 미끄럼틀을 타고 내려온다. • 대체활동(벽돌블록을 건너요) - 벽돌블록으로 징검다리를 만들어본다. - 선생님 손을 잡고 벽돌블록 위를 건너본다. [소방대피훈련 - 불이 났어요] - 사이렌 소리가 들리면 놀이를 멈춘다. - 입을 막고 선생님을 따라 놀이터로 대피한다.	미끄럼틀, 벽돌블록
11 : 20~12 : 30 점심식사 및 이 닦기, 대소변 가리기	[점심식사 및 이 닦기 - 즐겁게 먹어요] - 선생님과 함께 화장실에서 손을 깨끗이 씻는다. - 선생님과 함께 맛있게 먹는다. - 점심식사 후 칫솔을 사용해 칫솔질을 해본다. [대·소변 가리기] - 내 기저귀를 찾아본다. - "쉬" 하고 배변 의사를 표현한다. - 물을 틀어 손을 깨끗이 씻는다.	비누, 수건, 식판, 숟가락, 포크, 행주, 휴지, 칫솔, 치약, 로션, 기저귀, 변기, 물티슈
12 : 30~15 : 00 낮잠 준비 및 낮잠	[낮잠 - 내 이불 베개를 찾아요] - 내 이불과 베개를 찾아본다. - 선생님이 토닥여주면 편안히 낮잠을 잔다. - 일찍 깬 영아는 선생님과 함께 조용한 놀이를 한다.	편안한 옷, 개별 침구, 조용한 음악

시간/활동명	활동 내용	준비물
15 : 00~15 : 30 정리정돈 및 대소변 가리기/ 손 씻기	[대 · 소변 가리기 - 친구들도 기저귀가 있어요] - 내 기저귀를 찾아본다. - "쉬" 하고 배변 의사를 표현한다. - 선생님과 함께 화장실에서 손을 깨끗이 씻는다.	기저귀 갈이 매트, 기저귀, 변기, 물티슈, 비누, 수건
15 : 30~16 : 00 오후 간식 및 정리정돈	[오후 간식] - 선생님과 함께 맛있게 간식을 먹는다. - 다 먹은 식기를 정리해 본다.	간식그릇, 행주
16 : 00~18 : 00 오후 실내놀이	[언어 영역 - 내 이름을 부르면 대답해요] - 선생님이 보여 주는 이름카드를 본다. - 자신의 이름이 들리면 "네"하고 대답해본다. [감각/탐색 영역 - 선생님과 로션을 발라요] - 선생님, 친구와 마주보고 손, 발 등에 로션을 발라준다. [역할/쌓기 영역 - 소꿉 그릇에 밀가루 반죽을 담아요] - 밀가루 반죽을 탐색한다. - 소꿉그릇에 밀가루 반죽을 담는다. [신체/움직임 영역 - 둥근 고리 끼우기 놀이해요] - 다양한 둥근 고리를 탐색한다. - 둥근 고리를 막대에 끼워본다. [기본생활습관] - 봄 날씨에 알맞은 옷을 입어요. 작성요령: 영아반의 경우, 안전 및 기본생활습관 지도는 일상생활 속에서 자연스럽게 이루어진다. 주로 영아들이 흥미를 보이는 놀잇감을 활용하는데, 어떤 형태로 안전 및 기본생활습관이 지도되는지 관찰한 후 활동방법과 상호작용을 기록한다.	로션, 밀가루 반죽, 소꿉 그릇, 둥근 고리 막대
18 : 00~19 : 30 귀가 및 통합보육	[통합보육 및 귀가지도] - 자유롭게 놀이하며 귀가 준비를 한다. - 귀가하지 않은 영아들은 통합보육실로 이동 후, 귀가 한다.	가방 및 소지품

실습생 평가	오늘은 바깥놀이 때 큰 연령의 영아들과 함께 놀이터에서 활동을 진행하였는데, 좀 더 안전과 질서를 지키는 데 미숙한 점이 있었다. 다른 연령의 영아와 함께 있을 때는 영아들을 위해 더 신경을 써야 할 부분이 많은 것 같다. 실내 놀이시간에 영아와의 상호작용이 부족하였고 좀 더 융통성 있게 영아가 많은 곳에서 교사에게 도움을 줄 수 있도록 해야겠다는 생각이 들었다.
지도교사 조언	신체조절능력이 미숙한 영아시기인 만큼 대근육활동 시에는 안전에 더욱 신경을 써야 된답니다. 놀이 시 영아들이 현재 무엇에 흥미를 보이고 있는지 파악을 한 뒤 확장형 질문을 할 수 있도록 노력해보시기 바래요.

표 11-4 일일 실습일지 작성의 예(2세)

날짜	○○년 ○월 ○일 ○요일	결재	실습생	지도교사	원장
날씨	눈				
주제	소복소복 겨울이 찾아왔어요				
소주제	즐거운 겨울놀이				
목표	겨울에 할 수 있는 여러 가지 놀이를 해보며 즐거움을 느낀다.				

활동명	활동 내용	유의점
8 : 30~9 : 30 등원 및 실내놀이	▪ 등원 및 실내놀이 - 신발장에 신발을 정리하고 ○○반으로 등원한다. - 부모님께 인사를 하고 헤어진다. - 교사의 도움을 받아 장갑, 모자, 목도리 등을 서랍장에 정리한다. - 선생님과 함께 손을 씻고, 영아가 원하는 놀잇감을 선택하여 놀이한다.	교사는 밝은 모습과 따뜻한 말로 영아와 학부모를 맞이한다. 영아가 아픈 곳이 없는지 학부모와 이야기를 나눈다.
9 : 30~10 : 00 화장실 사용 및 오전간식	▪ 화장실 사용 - 준비 자료: 물비누, 핸드타월 - 속옷, 바지를 내려 배변을 본다. - 비누를 사용하여 손을 씻고 핸드타월로 물기를 닦는다. ▪ 오전간식: 채소죽 - 준비자료: 개별그릇, 숟가락, 집게, 행주 - 내가 앉고 싶은 자리에 앉는다. - 스스로 포크와 숟가락을 사용해 먹는다. - 다 먹은 식판과 숟가락을 정리한다.	손을 깨끗하게 씻는 방법을 지도한다. 간식을 꼭꼭 씹어 먹고, 골고루 먹을 수 있도록 상호작용한다.
10 : 00~11 : 10 실내놀이	▪ 실내놀이 - 영아의 흥미에 따라 자유롭게 놀이를 한다. ◦ 감각・탐색 영역 : 크기별로 높이 쌓아요. ◦ 목표: 순서대로 크기를 나열해볼 수 있다. ◦ 표준보육과정 관련 내용: 자연탐구 > 수학적 탐구하기 > 차이에 관심 가지기 ◦ 방법: ① 크기가 다른 상자를 탐색해본다. ② 크기별로 상자를 쌓아본다. - 지금 뭐하고 있는 중이에요? - 그럼 한번 해볼까? 어떤 상자를 먼저 쌓아볼까? - ○○가 제일 큰 상자가 맨 아래에 놓고, 올라갈수록 작고, 좁은 상자가 위에 있구나. ○○이 키만큼 탑을 높이 쌓았네. - ○○가 상자보다 더 키가 커졌네?	또래 간의 다툼이 일어날 경우 빠르게 중재한다. 영아와 즐거운 놀이시간이 될 수 있도록 상호작용한다.

활동명	활동 내용	유의점
	작성요령: 구체물을 사용하여 주변 사물의 크기에 관심을 가질 수 있다. 교사의 적절한 발문을 통해 수 개념이 형성될 수 있기 때문에 교사의 상호작용을 관찰한 후 기록한다. - 선생님과 함께 놀잇감을 제자리에 정리한다.	
11 : 10~11 : 40 바깥놀이	▪ 바깥놀이(마당 놀이터) - 선생님의 도움을 받아 외투를 입는다. - 신발장에 가서 신발을 들고 바깥놀이 장소로 이동한다. - 선생님이 끌어주는 썰매를 탄다. 작성요령: 2세 이후부터는 1시간 이상 바깥놀이가 이루어진다. 일과 중에서 언제 바깥놀이가 이루어지는지 관찰한 후 기록한다.	안전하게 바깥놀이를 할 수 있도록 지도한다.
11 : 40~12 : 30 화장실 사용 및 점심식사	▪ 화장실 사용 - 준비 자료: 물비누, 핸드타월 - 속옷, 바지를 내려 배변을 본다. - 비누를 사용하여 손을 씻고 핸드타월로 물기를 닦는다. ▪ 점심식사 및 양치하기 - 준비 자료: 개별식판, 숟가락, 포크, 물컵, 물/칫솔, 치약, 양치 컵 - 점심 메뉴: 오뎅국, 밥, 미역볶음, 배추김치, 생선조림 - 영아의 컨디션에 따라 적절한 양을 알맞게 먹는다. - 음식을 골고루 먹어본다. - 정해진 자리에 식판과 숟가락을 정리해본다. - 선생님의 도움을 받아, 칫솔을 사용하여 양치질을 한다.	음식을 꼭꼭 씹어 먹고, 골고루 먹을 수 있도록 상호작용한다. 영아가 칫솔질을 한 후 꼼꼼하게 다시 한 번 양치를 지도한다.
12 : 30~13 : 30 실내놀이	쌓기 영역: 동물 집을 만들어요 ◦ 목표 블록에 모양을 살펴보고 구조물을 만들 수 있다. ◦ 표준보육과정 관련 내용: 자연탐구 > 수학적 탐구하기 > 공간과 도형에 관심 가지기 ◦ 방법: ① 블록을 탐색한다. ② 블록으로 동물의 집을 만들어본다. - ○○야, 무슨 놀이하고 있어요? - 정말 멋지구나! 바람이 쌩쌩, 차갑게 불어 사자가 추울 것 같았는데, ○○가 집을 만들어주니 사자는 정말 따뜻하겠다!	영아들이 블록에 흥미를 가질 수 있도록 상호작용한다.
13 : 30~15 : 30 낮잠 및 휴식	▪ 낮잠 및 휴식 - 준비 자료: 매트, 개인이불, 베개 CD플레이어, 자장가CD - 낮잠 자기 전에 화장실을 다녀온다. - 편안한 자세로 낮잠시간을 갖는다. - 먼저 깨어난 영아들은 화장실을 간다.	낮잠 자기 전에 화장실을 다녀올 수 있도록 지도한다. 블라인드, 전등 등을 차단하여 영아가 잠을 잘 수 있는 환경을 만들어 준다.

활동명	활동 내용	유의점
15 : 30~16 : 10 화장실 사용 및 오후간식	▪ 화장실 사용 - 준비 자료: 물비누, 종이수건 - 속옷, 바지를 내려 배변을 본다. - 비누를 사용하여 손을 씻고 핸드타월로 물기를 닦는다. ▪ 오후 간식 - 준비자료: 개별그릇, 숟가락, 포크, 컵, 집게, 행주 ▪ 오전간식: 간장 떡볶이, 우유 - 내가 앉고 싶은 자리에 앉는다. - 스스로 포크와 숟가락으로 간식을 먹는다. - 다 먹은 식판과 숟가락을 정리한다.	손을 깨끗하게 씻는 방법을 지도한다. 정해진 시간에 영아가 간식을 부지런히 먹을 수 있도록 긍정적인 상호작용을 해준다.
16 : 10~16 : 40 바깥놀이	▪ 바깥놀이(마당 놀이터) - 자신의 외투를 입는다. - 신발장에 가서 신발을 들고 바깥놀이 장소로 이동한다. - 선생님, 친구들과 함께 썰매를 타본다. 작성요령: 오전 바깥놀이와 연계되어 오후 바깥놀이가 이루어진다. 오전과 놀이가 어떻게 연계되고 확장되는지 관찰한 후 기록한다.	또래 간의 다툼이 일어날 시에 빠르게 중재한다. 교사는 바깥놀이를 하기 전에 간단한 율동과 체조를 통해 영아의 몸을 풀어주도록 지도한다. 안전하게 바깥놀이를 할 수 있도록 지도한다.
16 : 40~18 : 00 실내놀이	• 실내놀이 - 영아가 흥미에 따라 자유롭게 놀이를 한다. ◦ 미술 영역: 신나는 가위놀이 ◦ 목표: 가위놀이를 통해 소근육 발달을 돕는다. ◦ 표준보육과정 관련 내용: 신체운동 > 신체조절과 인식하기 > 소근육 조절하기 ◦ 방법: ① 자르고 싶은 종이를 선택한다. ② 가위 손잡이에 손가락을 끼운다. ③ 가위를 움직여 종이를 잘라본다. - 어떤 종이 잘라보고 싶니? - 그래. 그럼 ○○가 가위를 잡고 싹둑 잘라보자. - ○○야, 가위는 어떻게 사용하는 걸까? 손가락을 하나씩 끼우고~ 잘라볼까? 싹둑! ○○가 가위로 종이를 잘랐네? 작성요령: 영아들이 안전가위를 사용할 때 위험할 수 있으므로, 안전한 가위사용방법에 대한 상호작용을 잘 관찰한 후 기록한다.	또래 간의 다툼이 일어날 시에 빠르게 중재한다. 영아와 즐거운 놀이시간이 될 수 있도록 상호작용한다.

활동명	활동 내용	유의점
18 : 00~ 귀가 준비 및 귀가	▪ 귀가 준비 및 귀가 - 옷을 바르게 입고 머리를 단정하게 한다. - 부모님이 오시면, 친구들과 인사를 하고 선생님에게 '안녕히 계세요' 인사를 한다. - 하루일과 중에 있었던 일을 부모님과 함께 이야기 나누고 귀가를 한다.	교사는 하루 중에 영아들이 개인적으로 중요한 사건들이 있으면 학부모에게 알려준다.
실습생 소감	실습을 한 지 이틀 밖에 안 되었지만 보육교사가 해야 할 일들이 엄청 많다는 것을 느꼈고, 현장 보육교사들이 문제 상황에 대처하는 모습을 볼 때마다 존경스럽고 저렇게 능숙하게 대처하는 모습을 많이 배우고 싶다.	
지도교사 조언	하루일과가 바쁘게 흘러가다보니 더 그렇게 느껴지시는 것 같아요. 하루일과 안에서 보육교사의 역할에 대해 많이 배우는 시간이 되시길 바라요. 수고하셨습니다.	

표 11-5 일일 실습일지 작성의 예(5세)

○○년 ○월 ○일 ○요일 날씨: 맑음	실습생	지도교사	원 장

생활주제	우리 동네	
소주제	우리 동네 기관	
일일주제	OO에서 일하는 사람이 없다면	
활동목표	1. 다양한 기관과 직업의 필요성을 알 수 있다. 2. 친구와 협동하여 놀이에 참여할 수 있다. 3. 자신의 생각과 느낌을 말과 글로 표현해 볼 수 있다.	
활동명	**활동 내용**	**평가**
8 : 30~9 : 30 등원 및 실내 놀이	• 부모와 유아를 반갑게 맞이하고 인사한다. • 가방과 옷, 알림장을 스스로 정리한다. • 알림장과 수건을 자신의 자리에 정리한다. • 유아의 흥미에 따라 자유롭게 놀이한다.	유아들을 반갑게 맞이해주었다.
9 : 30~10 : 00 손 씻기 및 오전 간식	• 간식: 크루아상, 우유 - 화장실로 이동하여 손을 깨끗하게 씻은 후에 자리에 앉는다. - 간식을 배식하는 동안 기다린다. - 간식을 먹고 접시를 스스로 정리대에 정리한다. - 간식을 다 먹은 유아는 실내놀이을 한다.	크루아상 한 개의 양이 유아들이 먹기에 많았기에 절반으로 잘라서 간식을 먹도록 하였다.

활동명	활동 내용	평가
10 : 00~10 : 30 정리정돈 및 전이	• 교사와 함께 놀잇감을 정리한다. - '모두 제자리' 음악을 들으며 놀잇감을 정리한다.	화장실도 다녀오게 하였다.
	• <이야기 나누기> OO에서 일하는 사람이 없다면 [누리과정 관련 내용] - 의사소통 > 듣기와 말하기 > 자신의 경험, 느낌, 생각을 말한다. - 의사소통 > 듣기와 말하기 > 말이나 이야기를 관심 있게 듣는다. [활동목표] 1. 기관이나 시설에서 일하는 사람이 없다면 무슨 일이 생길지 생각해보고 말할 수 있다. 2. 직업이 있는 이유가 무엇이고 왜 필요한지 알 수 있다. [활동 내용] 1. 다양한 직업군을 보며 'OO에서 일하는 사람이 없다면' 무슨 일이 생길지 이야기를 나눈다. "이 사람은 어떤 직업을 가지고 있는 것 같니?" "만약 군인이 없다면 어떻게 될까?" 2. 직업군에 따라 일하는 사람이 있는 이유와 어떤 일을 하는지에 대해 이야기한다. "군인을 직접 본 적 있니? 군인은 어떤 일을 할까?"	기관이나 직업에서 일하는 사람이 없다면 어떨지 이야기 나누기 시간을 통하여 말해보고 생각을 나눠보았으며 직업이 왜 필요한지 알 수 있었다.
10 : 30~11 : 30 활동	• <신체/게임> 시장에 가면 [누리과정 관련 내용] - 의사소통 > 듣기와 말하기 > 바른 태도로 듣고 말한다. - 의사소통 > 듣기와 말하기 > 자신의 경험, 느낌, 생각을 말한다. - 사회관계 > 다른 사람과 더불어 생활하기 > 친구와 사이좋게 지내기 [활동목표] 1. 시장에 가면 있는 것들에 대해 말해본다. 2. 친구들과 함께 게임에 참여할 수 있다. 3. 친구들이 말한 것을 기억하고 말할 수 있다. [활동 내용] 1. 시장에 가면 무엇이 있는지에 대해 이야기해본다. "시장에 가본 적 있니? 시장에서 무엇을 봤니?" 2. '시장에 가면' OO도 있고~ OO도 있고~ 하면서 이어간다. "시장에 가면! 생선도 있고, 고기도 있고!" 3. 앞에 친구가 했던 것을 기억하고서 계속 이어나간다. **작성요령: 3세 이상 유아반의 경우 흥미에 따른 활동이 이루어지므로 교수학습방법 및 상호작용에 대해 자세히 기록한다.**	'시장에 가면'이라는 게임을 통해 유아들이 다른 친구들의 말을 주의 깊게 듣는 모습이 관찰되었다. '시장에 가면' 이라는 게임이 유아에게 흥미와 관심을 끌었으며 게임활동이 끝난 이후에도 유아들끼리 하는 모습이 보였다.

활동명	활동 내용	평가
11 : 30~12 : 30 오전 실내놀이	• 쌓기놀이 영역- 내가 일하고 싶은 곳 구성하기	
	• 역할놀이 영역- 도서관 놀이 [누리과정 관련 내용] - 사회관계 > 더불어 생활하기 > 친구와 서로 도우며 사이좋게 지낸다. - 예술경험 > 창의적으로 표현하기 > 극놀이로 경험이나 이야기를 표현한다. [활동목표] 1. 친구들과 협동하여 도서관 놀이를 할 수 있다. 2. 도서관에서의 규칙을 지킬 수 있다. 3. 친구들과 협동하여 역할을 정할 수 있다. [활동 내용] 1. 도서관에서의 역할을 정한다. 2. 도서관 관리자는 관리자 목걸이를 목에 매고 이용자들은 대출권을 챙긴다. 3. 책을 고르고 빌리고 싶은 책을 선택한다. 4. 책을 선택했으면 줄을 서서 순서를 기다리고 대출권을 내고 책을 빌린다. 5. 책을 읽고 나서 반납을 한다.	유아들이 적극적으로 도서관의 규칙을 지키며 도서관 놀이를 하는 모습이 보였다.
	• 미술 영역- 반고흐의 노란 집 그리기 [누리과정 관련 내용] - 예술경험 > 창의적으로 표현하기 > 다양한 미술 재료와 도구로 자신의 생각과 느낌을 표현한다. - 예술경험 > 예술 감상하기 > 서로 다른 예술표현을 존중한다. [활동목표] 1. 다양한 재료와 도구를 사용하여 반고흐의 노란 집을 꾸밀 수 있다. 2. 자신의 생각이나 느낌을 그림으로 표현할 수 있다. [활동 내용] 1. '반고흐'의 노란 집 위에 OHP필름을 덮는다. 2. OHP필름 위에 노란 집 주위에 동네의 모습을 떠올려 그린다.	반고흐의 노란집 그리기 활동을 모든 유아가 하였으므로 마무리가 되었다.
	• 언어 영역- 무엇을 도와드릴까요? (동시) 우리 동네 참 좋아	
	• 수 · 조작놀이 영역 - 도움을 주는 번호, 신선한 물건을 사려면 • 손가락 목도리 뜨기 [누리과정 관련 내용] - 신체운동 · 건강 > 신체조설과 기본운동하기 > 신체조절하기 > 도구를 활용하여 여러 가지 조작 운동을 한다.	- 손가락 목도리를 뜨고, 방울을 만들어 달았다.

활동명	활동 내용	평가
	[활동목표] 1. 눈과 손을 협응하여 소근육을 사용할 수 있다. 2. 실과 손을 활용하여 목도리를 짤 수 있다. [활동 내용] 1. 손가락에 실을 지그재그로 검지부터 새끼손가락까지 왕복하여 감는다. 2. 손바닥 위쪽으로 실을 올려서 손가락을 아래 실에 넣는다. 3. 이를 반복하여 손가락 목도리 뜨기를 한다.	
	• 과학 영역- 우리 동네에서 들을 수 있는 소리	
	• 음률 영역- '정다운 이웃' 노래 부르며 리듬 합주하기	
12 : 30~13 : 30 점심식사 및 이 닦기	• 메뉴: 차조밥, 모듬버섯국, 소고기청경채볶음, 오이새콤무침, 총각김치 - 손 씻기 및 점심식사를 준비한다. - 오늘의 꼬마선생님인 유아는 선생님을 도와 배식을 한다. - 점심식사 후 식판을 정리대에 정리한다. - 거울을 보면서 스스로 이를 닦는다. - 교사는 칫솔과 양치컵을 다시 한 번 씻은 후 소독기에 정리한다. - 점심식사를 마친 유아는 양치를 한다.	점심을 먹을 때에 친구들과 이야기하면서 즐겁게 먹는 것은 중요하지만, 이야기만 하는 유아에게는 점심을 먹으면서 친구들과 이야기할 수 있도록 지도해주었다.
13 : 30~14 : 30 바깥놀이	• 징검다리 건너기(실내대체활동) • 리듬놀이운동 [누리과정 관련 내용] - 신체운동,건강 > 신체활동 즐기기 > 신체 움직임을 조절한다. - 신체운동,건강 > 신체활동 즐기기 > 실내외 신체활동에 자발적으로 참여한다. [활동목표] 1. 친구들과 함께 여러 가지 기구를 이용하여 신체활동을 할 수 있다. 2. 다양한 이동운동을 할 수 있다. 3. 기본동작 및 스트레칭을 통해 균형을 유지할 수 있다. [활동 내용] 1. 걷기, 뛰기, 달리기 등의 기본동작과 스트레칭으로 몸을 푼다. 2. 물구나무서기를 한다. 작성요령: 유아반의 경우 1시간 이상 바깥놀이가 이루어지므로 실행시간 및 활동 내용에 대해 관찰한 후 기록한다.	리듬놀이운동으로 유아들의 기본동작, 스트레칭, 균형 등 다양한 신체활동을 하였다.
14 : 30~15 : 00 활동	• 실내 체육활동(특별활동) 작성요령: 연령에 적합한 특별활동을 오후 시간에 실행한다. 특별활동마다 목표에 따라 활동방법이 다르므로 관찰한 후 기록한다.	유아들이 실내 강당에서 자유롭게 체육활동을 할 수 있도록 하였다.

<table>
<tr><th>활동명</th><th colspan="2">활동 내용</th><th>평가</th></tr>
<tr><td>15 : 00~15 : 30
손 씻기 및
오후 간식</td><td colspan="2">• 간식: 바람떡, 주스
- 손 씻기 및 간식 먹을 준비를 한다.
- 간식을 먹고 정리대에 정리한다.</td><td>유아들에게 간식을 배식하였다.</td></tr>
<tr><td rowspan="3">15 : 30~17 : 00
오후
실내놀이</td><td>역할놀이 영역</td><td>도서관 놀이</td><td rowspan="3">오전 실내놀이와 비슷하게 놀이가 이루어졌다.</td></tr>
<tr><td>수·조작놀이 영역</td><td>손가락 목도리 뜨기</td></tr>
<tr><td>음률 영역</td><td>'정다운 이웃' 노래 부르며 리듬 합주하기</td></tr>
<tr><td>17 : 00~19 : 30
통합보육 및
귀가</td><td colspan="2">- 귀가 준비(소지품 챙기기/씻기)를 도와준다.
- 영아 하루일과, 상태에 대하여 부모에게 전달한다.
- 엄마, 아빠에게 반갑게 인사한다.</td><td>가정통신문이 많아서 유아의 알림장에 잘 꽂아서 귀가하도록 하였다.</td></tr>
<tr><th>실습생
평가</th><td colspan="3">실습에 임하며 일관성 있게 아이들을 대하는 것이 어렵다고 느껴진다. 유아들을 일관성 있게 보육하기 위해 노력해야겠다.</td></tr>
<tr><th>지도교사
조언</th><td colspan="3">일관성 있게 유아들과 상호작용하는 것이 어렵게 느껴지시죠. 기대되는 아이들의 긍정적인 행동을 위해서는 선생님- 부모님 간의 일관된 양육방법이 정말 중요합니다. 지금처럼만 노력해주시면 좋을 것 같아요.</td></tr>
</table>

2. 반성적 사고를 통한 실습생 자기평가

반성적 사고란 자기 스스로를 되돌아 볼 수 있는 사고를 말한다. 이는 과거나 현재 일어나고 있는 실천적 행위에 대한 사려 깊고 분석적인 사고로부터 미래 행위에 대한 방향을 결정하는 자연스러운 과정이며, 자신의 신념이나 실천 행위에 대해 그것의 원인이나 궁극적인 결과를 적극적이고 주의 깊게 고려하는 것을 뜻한다.

실습생은 6주 동안 실습기관의 원장이나 지도교사에게 지속적으로 평가를 받는다. 실습생은 실습을 통해 평가의 대상이기도 하면서 자신을 스스로 평가해볼 수 있는 기회를 갖기도 한다. 실습생이 스스로 하는 자기평가는 보육실습의 과정과 결과에 기초하여 자신을 객관적으로 평가하는 것이며, 보육교사로서 특별히 요구되는 태도, 자질, 역할, 능력 면에서 자신을 파악할 수 있다.

보육실습의 주체는 실습생 자신이므로 이러한 실습의 기회가 자신의 역량을 발견하는 데 도움을 주는 중요한 계기로 삼아야 한다. 그러므로 항상 연구하는 자세로 보육실습에 임해야 하고 실습을 완료하는 단계에 이르면 반성적 사고를 통해 자신을 스스로 평가하고 진단하는 시간이 반드시 필요하다.

자기평가의 결과에 기초하여 추후 자신에게 부족한 점을 이론과 실제 교과목 수강을 통해 향상시킬 수 있고, 가능하다면 다양한 현장에서 여러 경험을 추가하여 성공적인 보육교사로서의 진로에 한걸음 더 나아갈 수 있다.

1) 일일 자기평가

실습생은 보육실습일지를 작성하며 지도교사의 일일 평가 이외에 매일 스스로 자신을 되돌아보고 평가하여 다음날에는 좀 더 발전된 모습으로 실습과정을 수행할 수 있도록 노력해야 한다.

6주간 실습이니 다양한 부분(예: 이야기 나누기, 견학, 각 단위활동, 환경, 에피소드 등)에 대하여 골고루 평가한다. 일일평가는 유아의 반응, 자료, 그날 관찰한 것을 객관적으로 기술하고, 활동 및 하루일과에 대한 자신의 생각, 느낀 점, 배운 점, 윤리적인 점, 궁금한 점 등에 평가한 것을 기술한다. 특히, 부분활동, 연계활동, 종일활동을 했을 때 활동목표의 성취 여부와 보육활동실습을 하면서 느낀 소감을 기록하고, 예상했던 바와 다르게 전개된 내용을 진술하되 개선이 요구되는 사항을 구체적으로 진술한다. 언어적 상호작용, 활동자료, 활동진행, 자신이 준비한 활동과 그것이 유아들에게 미칠 영향, 유아들의 반응 등 여러 측면에서 자기평가를 한다.

실습활동 수행 후 실습생의 자기평가 예

이번 한 주 동안 다음 활동을 준비하고, 또 영아와 상호작용을 하며 확신을 갖지 못하고 자신감을 잃어가는 저의 모습을 보게 되었습니다. 활동을 준비하면서 '이 활동이 정말 아이들에게 좋은 경험이 될 수 있을까', '아이들이 좋아할까'라는 고민에 확신을 갖지 못하는 것 같습니다. 활동을 준비하고 진행하는 교사가 자신이 준비한 놀이에 자신감을 갖고 뚜렷한 목표와 놀이의 의도를 가지고 있는 것이 매우 중요하다고 생각합니다.

또한 영아와 상호작용을 하며 항상 질적인 상호작용, 영아의 사고를 확산시킬 수 있는 상호작용을 하고자 노력하는데, 하루일과 속에서 이러한 상호작용이 이루어지지 못하였을 때 '오늘 나는 과연 보육교사였을까? 아니면 그저 조금 돌보아주고 함께 놀이하는 친근한 이웃은 아니었을까'라는 생각을 하게 됩니다. 아마, 제가 지금 이런 고민을 하는 것은 보육교사로서의 어떤 신념과 가치관을 형성하기 위한 과정이라고 생각하지만, 현장에 계신 선생님께서도 이러한 고민을 하신 적이 있으신지, 있다면 어떻게 극복하셨는지 등 이러한 고민에 대해 조언을 받고 싶습니다.

실습을 하면서 직면하게 되는 불만 상황을 직설적이거나 감정적으로 표출하여 기록하는 오류에 주의한다. 불만이나 문제점에 대한 무조건적인 비판보다는 발전적인 내용으로 기록하고, 감정적인 표현보다는 보다 객관적으로 기술을 해야 한다. 그림 11-2 는 실습일지 내 일일평가 중 바람직하지 않은 사례와 바람직하게 작성한 예이다.

보육실습생 소 감	월요일이여서인지 아이들이 굉장히 피곤해하며 짜증을 많이 보이는 하루였다. 아이들이 힘들어하는 모습을 보니 마음이 안 좋았다. 내일은 아이들의 컨디션이 회복이 되어 씩씩하게 생활했으면 좋겠다.

보육실습생 소 감	여아든 유아든 다 사랑스럽고, 귀여운 행동들을 하겠지만 오늘은 귀엽고, 사랑스러운 행동들을 많이 보였다. 선생님한테 와서 뽀뽀도해주고, 웃으면서 노래에 맞춰 춤도 열심히 추는 모습을 보여주었다. 너무 귀엽고, 사랑스럽다. 이런 모습을 보고 있으면 정말 스트레스가 다 풀리는 것 같고 이런 행복은 다른 것과 비교할 수 없겠다. 라는 생각도 들었다. 그리고 영아들이 내가 한말을 들어주었을 때 기분은 너무 좋다. 처음에는 내말을 듣지 않은 친구들도 이제 서서히 내가하는 말에 귀기울여주고 올바르게 행동을 해준다.

비판적인 표현(짜증을 많이 부리는 하루였다)과 감정적인 표현(예쁘고 사랑스럽다.)은 지양한다.
객관적이고 발전적인 내용으로 기록을 하도록 한다!

⇩

보육실습생 소 감	등원한 2~3명의 영아들이 오전 실내놀이 때 휴식방 매트 혹은 놀이영역 매트에 누워서 놀이를 하는 모습이었다. 담임선생님께서 감기증상을 보이는 영아들이 많다고 말씀해주셨다. 선생님께서 피곤해하는 영아들을 위해 휴식공간을 평소보다 더 넓게 사용하는 것을 관찰할 수 있었다.

그림 11-2 일일평가 예

2) 저널 작성하기

실습생은 실습생활을 하는 과정 중 저널 쓰기를 통해 실습을 하며 실행한 자신의 보육활동을 분석하고 미래에 발생할 문제들에 대한 해결책을 고안하며 자신과 대화를 나누는 과정을 갖는다. 저널의 내용으로는 자신의 보육 신념에 대한 자기인식, 보육활동이나 이론에 대하여 의문이 생기는 내용에 대하여 질문하기, 이전에 써 놓은 저널에 반응하기, 문제 상황을 자신의 관점에서 재정의하기, 직면한 문제에 대한 다양한 해결책 모색하기, 자신의 감정 드러내기, 앞으로의 계획을 이야기하기 등을 선정하는 것이 바람직하다.

① 저널의 의미

저널의 의미는 자신의 개인적인 생활을 적고, 전문성을 가진 교사로서의 의견을 기록하는 데 있다. 교사 자신의 보육활동을 분석하고 미래에 발생할 문제들에 대한 해결책을 고안하며 자신과 대화를 나누는 수단이 된다.

② 저널 쓰기의 과정

저널은 그림 11-3 과 같이 주제를 선정하고, 저널 내용을 작성하며, 피드백받는 과정으로 이루어진다.

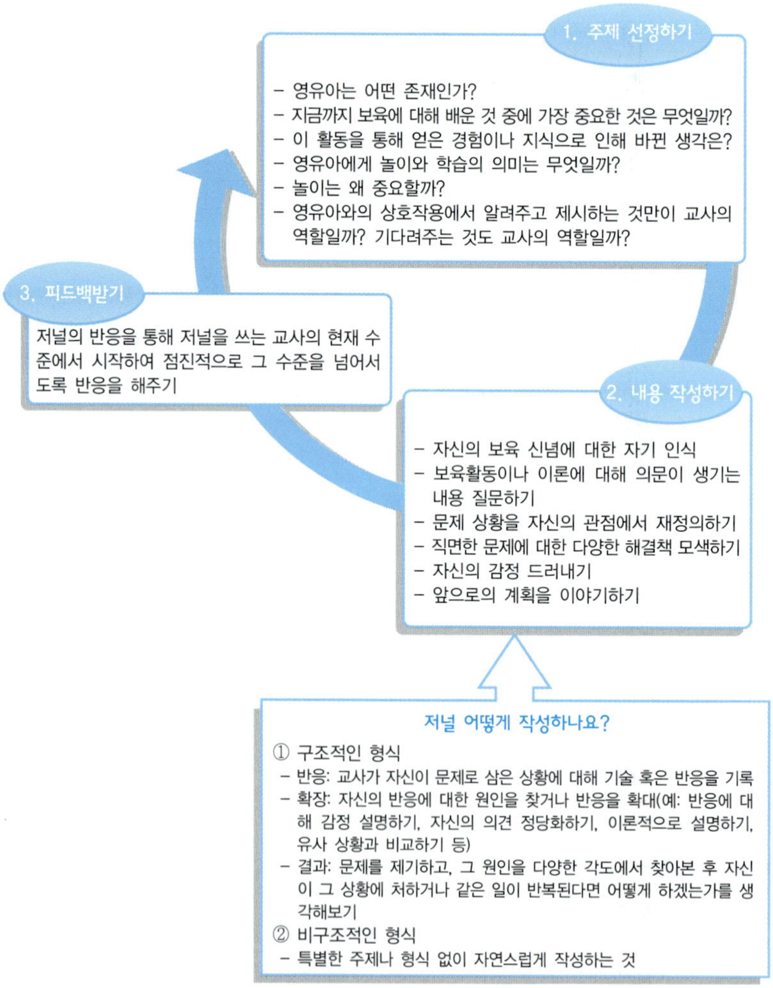

그림 11-3 저널 쓰기의 과정

③ 저널 쓰기 유의점

저널 작성 시 일기와 혼돈하여 작성하지 않도록 유의한다. 저널 쓰기는 자신의 개인적인 생각을 적는다는 점에서 일기와 비슷하지만, 일기가 전적으로 개인의 사생활에 관한 것이라면, 저널은 개인적인 차원이 아닌 전문성을 가진 교사로서의 의견을 기록한다는 점에서 차이를 가진다.

잘못 작성한 저널의 예(일기)

"오늘은 너무 힘들다. 아이들은 계속 울어대고 아직도 그 소리가 귓가에서 떠나지 않는다. 점차 두려워지기도 한다. 어떻게 해야 할까? 그래도 나중에 생각할 때 후회하고 싶지는 않은데… 내가 하는 데까지는 열심히 해야 할 것 같다. 좀 더 힘내자."

표 11-6 과 표 11-7 은 영아반과 유아반 실습생이 작성한 저널과 이에 대해 지도교사가 평가한 예이다. 실습생은 자신의 저널에 주제나 제목을 붙이면 작성할 때 수월하다. 지도교사는 실습생의 저널을 읽으며 중요하다고 생각하거나 답변을 요하는 부분에 표시를 하여 평가를 기술하도록 한다.

표 11-6 유아반 실습생 저널 쓰기 예

저널 기록

- 일 시: ○○년 ○월 ○일 ○요일
- 주 제: 활동 시 유아들의 참여
- 연 령: 4세 □□반
- 실습생: 김○○
- 실습 지도교사: 박○○ 선생님

보육실습생의 저널 기록	지도교사의 평가
활동시간에 유아들이 활동에 참여를 하면서 친구들과 이야기를 하는 모습이 많이 보이기도 하고, 활동 중인 교사에게 "재미없어요."하고 유아들이 이야기를 하기도 하여 활동진행 중간에 선생님을 봐야 하며 친구들과 이야기를 하지 않았으면 좋겠다고 말하였다. 유아들에게 활동을 진행하며 "선생님은 보세요."하며 계속 이야기를 해야 할지, 아니면 활동 진행을 중단하고 유아들이 흥미 있어 하는 쪽으로 이끌어 나가야 할지 고민스러웠다.	활동을 진행하다 "재미없어요."란 이야기를 듣고 많이 상심하셨죠? 그럼에도 다양한 방법으로 접근하기 위해 고민하는 선생님의 모습이 멋지네요! 유아들의 흥미를 고려하

보육실습생의 저널 기록	지도교사의 평가
다른 활동을 진행하며 유아들의 의견을 들어주어야 하는 것일까? 그렇다면 반대로 유아들의 의견을 존중하지 않고 교사가 계획하고 준비한 대로 그냥 진행을 해야 하는 이유는 무엇일까? (중략) 유아들이 왜 친구와 이야기를 하면 "재미없어요."이야기를 하는지이다. 왜 활동시간에 유아들이 이야기를 하며, 유아들이 왜 활동이 재미없다고 하는지에 대해 생각해 보지 않고 같은 방식으로만 수업을 진행한 것이 나의 실수였던 것 같다. (중략) 그래서 다음에는 수업을 진행할 때 다양한 매체와 방법을 연구하여 수업을 준비하여 진행을 해보아야겠다.	고 다양한 매체와 방법을 활용하여 접근을 한다면 유아들에게 좋은 피드백을 받을 수 있을 거라 생각됩니다.

표 11-7 영유아반 실습생 저널 쓰기 예

난 교사로서 어떻게 상호작용해야 하나

○○년 ○월 ○일 ○요일
1세 □□반, 실습생 김○○

요즘 실습생인 나에게 혹은 친구들에게 "메롱"을 하는 영아에게 내가 "메롱 하면 선생님하고 친구들 속상해."하고 이야기를 하면 바로 교구장에 올라가거나 탁자 위로 올라가며 교사를 바라보곤 한다. 그럴 때 영아에게 "위험하니까 내려오자." 이야기를 해주면 내 반응을 재미있어 하며 내려옴과 동시에 웃으면서 다시 바로 높은 곳으로 올라가는 행동을 반복한다. 이럴 경우 영아가 만드는 반복되는 상황에 너무 지쳐서 솔직히 메롱을 할 때 모르는 척 다른 영아와 놀이를 하고 있을 때도 있고 가만히 바라보고만 있을 때도 있었다. 여기서 교사로서 어떻게, 어떠한 상호작용을 해 주어야 좋을지 또 어떠한 모습을 영아에게 보여 주어야 할지… 많은 생각을 하게 된다.

(지도교사 평가: 영아의 반복적인 행동으로 선생님의 고민이 깊어지는 것 같아요. 영아가 '메롱'을 한 후 교구장이나 탁자 등 높은 곳에 올라가 선생님을 쳐다보는 행동은 선생님에게 관심을 받고 싶어 하는 행동인 것으로 보이네요)

또 "안 돼.", "하지 마." 보다는 "하고 싶었구나.", "이거 해볼까?"와 같은 말을 사용하면 좋을 것 같다고 하셔서 상호작용 시 많이 사용하고 있는데, 정말 위험한 상황에서도 부정적인 단어를 사용하면 안 되는지, 위험한 상황에서 영아들에게 어떻게 이야기를 해주면 좋을지 고민이 많이 된다.

(지도교사 평가: 되는 것과 안 되는 것에 대해 명확히 알려주는 것이 영아에게도 도움이 될 수 있어요. 단, "안 돼"라고 말하는 교사의 말투나 높낮이가 영아들에게 위협을 주지 않을지 한 번 정도 고민해보는 것이 좋을 것 같아요. 교구장에 올라가는 행동은 안전과도 직결이 되는 문제이기 때문에 먼저 영아의 마음을 읽어준 뒤, 안 되는 행동에 대해 단호히 알려주신 후, 대안을 제시하는 과정이 필요할 것 같네요. 영아에게 기대하는 긍정적인 행동이 관찰될 경우 구체적으로 칭찬해주시는 것 잊지 마세요)

3) 활동실행평가

실습생은 실습기간 동안 지도교사와 의논하여 놀이, 활동, 일상생활 등을 지도한다. 실습생은 자신이 계획한 보육활동지도가 끝나면 반드시 반성하는 시간을 가지고 다음 지도에 반영하도록 하는 것이 중요하다. 자신이 수행한 보육활동에 대한 평가를 할 때 다음의 질문들을 토대로 평가한다.

▣ 활동 실행 및 평가

- 계획한 활동이 영유아의 흥미에 적합하였는가?
- 계획한 활동을 위한 영역 배치와 자료가 적절하였는가?
- 계획한 활동을 위한 시간 배정은 적절하였는가?
- 계획한 활동의 전개과정과 활동 간의 연계가 적절하였는가?
- 계획한 활동에 참여한 보육교사(실습생)의 상호작용은 적절하였는가?
- 계획(실행)한 활동에서 영유아의 개인차를 고려하였는가?
- 차후 활동에 보완할 사항은 무엇인가?
- 계획한 활동에서 추가, 수정, 확장, 심화된 부분은 없는가?

▣ 일상생활활동 실행 및 평가

- 영유아의 개별적 상황과 생리적 리듬상태를 고려하였는가?
- 영유아의 일상생활활동에 민감하게 반응하였는가?
- 영유아의 일상생활활동을 지속적으로 지원하였는가?
- 영유아의 일상생활활동을 긍정적인 상호작용으로 지원하였는가?

표 11-8 과 표 11-9 는 영아반과 유아반 실습생이 보육활동 수행 후 작성한 평가서 예다. 실습생이 어떤 점에 초점을 두고 평가를 했는지 살펴볼 수 있다. 지도교사는 실습생이 작성한 평가서를 읽고 이에 대해 조언을 글로 작성한다.

표 11-8 0세반 '과일 까꿍 판' 보육활동 후 평가서 예

자기 평가	까꿍 과일 판을 벽면에 붙인 후 놀이 활동을 진행하려 하는데, 과일 까꿍판을 들었을 때 영아들의 얼굴 위치가 아닌 목과 턱 사이에 거울이 위치해 영아들이 놀이 참여 시 비스듬히 서서 놀이 하는 등의 불편함이 있었다. (활동자료 위치 적절성에 대한 평가) 낮잠시간에 지도 선생님 조언을 구해 위치 조정을 하니 영아들이 자발적으로 놀이에 참여를 하는 적극적인 모습을 보였다. 놀이 중 한 영아가 다가와 그림책을 내밀었다. "그림책 보고 싶어?"라고 물어보며 그림책을 보니 과일 까꿍 판 안의 수박, 사과가 나오는 과일 그림책이었다. 놀이를 마무리하며 과일 그림책 보기 활동으로 연계가 되었던 것 같다. (계획된 활동에서 추가, 수정, 확장, 심화된 부분에 대한 평가)

표 11-9 4세반 종일 보육활동 후 평가서 예

<table>
<tr><th colspan="6">보육활동실습에 대한 지도교사의 조언 및 평가</th></tr>
<tr><td rowspan="2">작성일</td><td rowspan="2">○○년 ○월 ○일 ○요일</td><td rowspan="2">결재</td><td>실습생</td><td>지도교사</td><td>원장</td></tr>
<tr><td></td><td></td><td></td></tr>
<tr><td>실습생</td><td>○○○</td><td>지도교사</td><td colspan="3">○○○선생님</td></tr>
<tr><td>반명</td><td>4세 ○○반</td><td>일시</td><td colspan="3">○월 ○일 ○요일</td></tr>
<tr><th colspan="6">활동 내용</th></tr>
<tr><td>자기 평가</td><td colspan="5">오늘 일일활동을 진행했다. 계획했던 것만큼 하루일과나 흥미 영역별 활동을 이끌지 못해 아쉬움이 많이 남았다. 지난 흥미 영역별 활동 진행 후 느끼고 개선해야겠다고 생각한 점인 자료에 대한 유아들의 왕성한 호기심을 적절히 받아주고, 이를 활동으로 이끌지 못한 것 같다. 또한 유아와의 상호작용이 충분히 이루어지지 않은 점이 아쉬웠다. (활동시간의 적절성 및 실습생의 상호작용 적절성 평가) 흥미영역별로 3번의 활동을 진행해 보고 그동안 선생님들의 상호작용을 관찰하면서 조금은 연습이 되었다고 생각했는데, 계획하지 않은 새로운 상황이 나타났을 때 이에 대처하는 측면이 아직 매우 부족한 것을 많이 느낄 수 있었다. 오늘 진행 중 가장 큰 실수는 내가 계획한 활동을 하고 있던 영아가 그 활동을 하다가 다른 활동으로 옮겨갔을 때 그 유아를 쫓아가며 상호작용을 하려고 한 점이다. (진행한 활동이 영유아의 심리적 상태를 고려했는지에 대한 평가) 그래서 정작 내 활동에 참여하는 다른 유아들과 충분히 상호작용을 하지 못했다. 내가 만들었던 자료에 대한 집착으로부터 이런 행동이 나온 것 같다. 마치 교구가 유아의 흥미를 이끌어 내도록 행동한 것이다.</td></tr>
<tr><td>지도 교사 조언</td><td colspan="5">열심히 준비한 만큼 관심을 보인 유아와 활동을 진행하고 싶었을 것이라 생각합니다. 다른 영역으로 이동하는 유아는 그 활동에 흥미를 잃었다기보다는 이미 자기 나름의 호기심이 충족된 것이라 생각되므로, 그리 마음을 쓰지 않으셔도 됩니다. 선생님 곁에서 활동에 몰입하고 있는 유아는 좀 더 상위수준의 상호작용이 필요하거나, 새롭게 활동에 관심을 보이는 유아는 좀 더 흥미를 이끌도록 해야 하기 때문에 이들에게 집중하여 상호작용해주시는 것이 필요합니다.</td></tr>
</table>

4) 주별 자기평가

실습생은 실습기간 중 일일 평가와 함께 주별 평가를 진행한다. 일일평가는 하루일과에 대한 평가이지만 주별 평가는 5~6일간의 자신의 모습을 연속적으로 평가해 볼 수 있는 좋은 기회이다.

특히, 실습의 첫 주는 실습기관에 적응하고 참관하는 기간으로 실습기관의 전체적인 운영방침을 이해하고 지도교사와 영유아와의 관계를 형성하며 앞으로 있을 보육활동을 지도교사와 협의하는 주이다.

실습 첫 주는 실습생에게는 생존기로서 긴 시간처럼 느껴질 수 있으나, 실습생활의 주기를 파악할 수 있는 매우 중요한 시간이다. 그러므로 실습생이 첫 주를 반성하는 평가의 시간은 향후 주간의 성공을 위한 토대가 된다. 표 11-10 표 11-11 은 주별 자기평가를 저널로 작성한 예이다.

표 11-10 1주차 실습생 자기평가의 예

<table>
<tr><th colspan="2">1주 저널 기록</th></tr>
<tr><td colspan="2">○○년 ○월 ○일 ○요일
1세 □□반 실습생 임○○</td></tr>
<tr><td>처음 1세반에 들어갔을 때 보이는 눈빛은 몇몇은 낯선 사람을 보듯 경계하는 눈빛, 몇몇은 호기심이 가득한 눈빛이었다. 예상한 반응은 아니었지만 영아들과 함께 놀이해 달라는 지도 선생님의 요청에 아이들에게 다가가자 익숙한 지도 선생님과 놀이를 하고 싶은지 영아들이 나에게 좀처럼 다가오지 않았다. 그런 영아들의 모습을 보며 서운하기도 하고, 의욕이 한 풀 꺾이기도 하며 그 누구도 반겨주는 이가 없는 느낌이 들었다. 하지만 포기하지 않고 영아들의 이름을 외우기부터 시작했다. 이름을 부르며 친근하게 다가가자 영아들이 나에게 조금씩 관심을 가지며 함께 놀이하기 시작했다. 놀이를 하며 학교에서 배운 모든 이론적 지식은 떠오르지 않고 어물어물 말하는 영아들의 말을 이해하지 못할뿐더러 상호작용도 매끄럽지 못하였다. (중략)
배변훈련 중인 영아의 화장실 신호를 알아채지 못해 바지에 실수를 하게 해버리거나(영유아의 개별적 상황과 생리적 리듬상태를 고려하는지에 대한 평가) 여러 영아의 말을 들어주다보니 소외된 영아가 울음을 터뜨리는 등의 실수들이 있었다.(영유아의 심리적 상태를 고려했는지에 대한 평가)</td><td>낯을 가리는 아이들의 모습에 적잖이 당황하셨겠어요. 낯선 선생님보다는 애착을 형성한 담임선생님과의 놀이가 영아들에게 편안함을 줄 수 있어요. 영아들을 존중하며 영아들과의 친밀감을 형성하는 첫 번째는 이름 불러주기라고 생각되네요. 멋진 생각이에요.

영아의 표정이나 몸짓으로 배변 신호를 체크할 수도 있답니다. 많은 영아들이 선생님 주변에 있을 때 아이들이 하는 이야기를 모두 다 들어야겠다. 라는 생각보다 주변에 있는 영아들에게 먼저 양해를 구한 후 눈맞춤, 고개 끄덕임</td></tr>
</table>

하지만 대체로 1세반에 적응하여 어느 정도 실습생의 업무를 척척 해내었다. 영아들과 생활하며 뿌듯함을 느끼기도 하고 내 자신의 부족함도 느끼며 보육교사로서의 일이 열정으로만 될 것이 아니라는 것을 깨닫게 되었다.	등으로 기다리는 영아들에 대한 존중을 표현할 수도 있답니다.

표 11-11 4주차 실습생 자기평가의 예

4주 저널 기록	
○○년 ○월 ○일 ○요일 0세 □□반 실습생 조○○	
이번 주에 감각·탐색과 쌓기·역할놀이에 영아들이 흥미를 많이 보였다. 스스로 놀잇감을 탐색하고, 나에게 가져와 같이 놀이하자고 표현을 많이 하며, 부모와 교사의 모습을 흉내 내듯 인형에게 밥을 먹여주기도, 자장해주기도, 분유통 북을 앞에 가져다 놓고 북을 치며 몸을 흔들기도 하며 즐거워하였다. 그런데 벽돌블록으로 높이 쌓는 영아가 있는가 하면 무너뜨리기를 즐겨하는 영아가 있어, 영아들이 놀이도중 일어나는 부딪힘 속에서 교사의 개입이란 너무 어려웠다. (계획한 활동 목표가 성취되지 못한 원인에 대한 평가) 초반에는 무너뜨린 영아에게 먼저 "친구 속상하대. 미안해 해볼까?" 하며 다툼을 중재하기 바빠 블록을 높이 쌓았던 영아의 마음을 읽어주지는 못하고 넘어갔다. (중략) 실습지도 선생님의 조언을 구해 마음을 한 번씩 읽어주며 같이 해볼 수 있도록 기회를 주었고, 다른 놀잇감들을 제시해주기도, 서로 박수치고 응원해주며 영아들의 시선을 다른 놀잇감으로 유도하여 같이 놀이할 수 있도록 하니 영아들이 손에 들고 있던 놀잇감을 다른 친구에게 건네기도 하는 모습을 보이기도 하였다. (보육활동운영 중 수정 및 보완 된 부분에 대한 평가) (중략) 이번 주 나는 놀이 도중 교사의 판단으로 활동, 문제행동들을 해결하는 모습을 많이 보였었다. 그러나 영아의 관점에서 조금만 바꾸어 바라보니 '이런 상황에서는 이렇게 할 수도 있었겠구나.' 라고 반성하게 되는 부분이 많이 있었다. 앞으로는 교사의 주도가 아닌 영아가 스스로 행동해 볼 수 있도록, 문제행동을 보일 때에는 먼저 개입하여 제지하기보다는 기다려주었다가 서로의 마음을 읽어주며 더 나은 방법으로 해결할 수 있도록 도움을 줄 수 있도록 노력해야겠다. (차후 활동에 보완할 사항)	바쁜 하루일과 속에서 영아들의 마음을 읽어주는 것이 참 어렵지요? 0~1세 영아들의 경우 발달 특성 상 담고 쏟기, 쌓고 무너뜨리기 등의 반복적인 놀이를 즐겨 하다 보니 또래 간의 갈등 상황이 종종 발생하곤 합니다. 똑같은 놀잇감을 여러 개 준비하여 영아가 몰입해서 하는 놀이를 다른 영아가 방해하지 않도록 잘 관찰해보시면 좋을 것 같아요. 영아들의 행동 기다려주기, 마음 읽어주기는 정말 멋진 생각인 것 같아요! 지금처럼만 노력하셔서 우리 아이들에게 '내 이야기를 잘 들어주는 좋은 선생님'이 되어주셨으면 좋겠어요.

Chapter 12 관찰기록 작성

보육현장실습을 위해 실습생이 하게 되는 가장 첫 번째 일은 관찰이다. 관찰을 통하여 영유아들의 흥미, 특성, 요구를 파악할 수 있으며, 영유아가 각 발달 영역에서 어느 정도 발달하고 있는지를 알 수 있다. 본 장에서는 관찰 기록의 가치, 관찰 기록의 종류 및 유의점 등에 대해 알아보도록 한다.

1. 관찰기록의 가치

실습을 하게 되는 어린이집에 대한 관찰, 실습을 하게 되는 학급에 대한 관찰, 지도교사와 영유아 간 상호작용에 대한 관찰, 보육활동에 대한 관찰 그리고 실습이 이루어지는 유아들에 대한 관찰 등이 이루어진다. 의도하든 의도하지 않든 주변의 것들을 살피고 관찰하며 실습생은 어린이집이라는 낯선 환경 속에서 적응해 나가고 성장해 나갈 것이다.

영유아관찰은 보육교사가 학급을 운영하는 데에 있어서 조금 더 효율적으로 보육과정을 운영하고 보다 효과적으로 교사의 역할을 수행하기 위해서 가장 기본적이면서도 매우 중요한 일이다. 발달상태, 놀이의 특성, 행동특성 등을 파악하고 보육교사가 영유아를 관찰한 내용에 따라 보육활동 및 지원방법을 분석하고 보완해 갈 수 있다.

2. 관찰의 종류와 내용

실습생은 보육교사와 영유아를 대상으로 관찰하게 된다. 보육교사의 경우 하루일과 속에서 교사가 어떠한 역할을 하며, 하루일과 구성원리에 따라 교사가 이를 어떻게 적용하고 영유아와 어떻게 상호작용하는지를 관찰하여 기록한다. 영유아의 경우, 일화기록법, 평정척도법, 행동목록법 등이 자주 활용되는 관찰방법이므로 실습생은 '아동관찰 및 행동연구' 교과목과 연계하여 관찰하고 기록하는 것을 충분히 연습하도록 한다.

1) 보육교사관찰

(1) 하루일과 속 교사역할에 대한 관찰

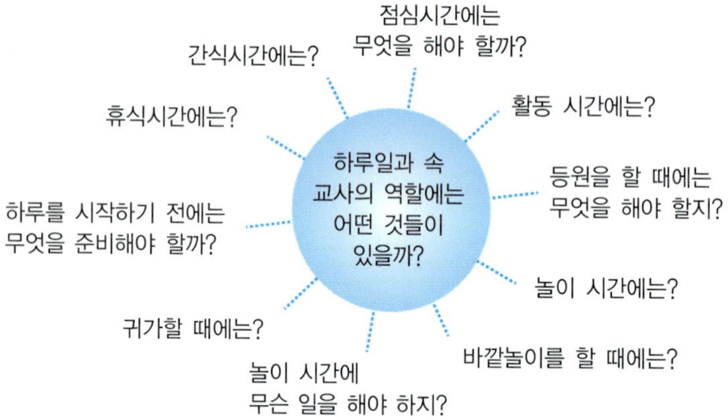

그림 12-1 하루일과 속 교사의 역할

정규실습이 이루어지는 첫 주는 주로 관찰을 통한 실습이 이루어지게 된다. 이 기간 동안에 실습생은 영유아의 하루일과와 보육교사의 생활을 전반적으로 이해하게 된다. 특히 영유아를 오랜 시간동안 보육하는 보육교사가 해야 하는 많은 역할과 업무를 이해하고 하루일과에 따라 적절히 수행하는 것은 매우 중요하다. 실습생은 하루일과 속 교사의 역할에 대한 관찰을 통해 일과에 따라 해야 하는 업무와 준비해야 하는 사항들에 대해 알고 그에 적합한 보조교사의 업무를 시행하도록 한다. 또한 이러한 하루일과에 따른 교사의 역할 관찰과 평가를 통해 실습생은 양성교육기관에서 배운 이론이 현장에서 어떻게 적용되는지를 알 수 있다.

표 12-1 4세반 하루일과 속 교사의 역할관찰 예시

[정리정돈]
- 실내 놀이가 끝난 후 정리정돈을 시작하기 전 남은 시간이 5~10분쯤 남았다는 것을 모든 유아들에게 미리 알리기
- 정리정돈시간임을 알릴 때 신호음악(정리음악) 사용하기
- 정리정돈에 시간이 많이 필요한 영역에 가서 함께 도움 주기
- 보육실의 정리정돈이 되어가는 상황을 수시로 체크하여 손이 더 필요한 영역으로 유아들을 보내 서로 도울 수 있도록 격려하기

[실내 놀이]
- 영역별로 다니며 놀이가 확장될 수 있도록 상호작용하기
- 함께 활동하며 유아의 놀이활동관찰하기
- 유아 전체를 볼 수 있도록 시야를 확보하여 앉기
- 함께 활동하고 있는 유아 외에도 다른 영역에서 활동하고 있는 유아들을 지속적으로 살피며 미소, 손짓 등으로 격려하기

[활동]
- 활동 진행하기
- 필요 시 적절히 자리 배치하기
- 주의집중에 너무 많은 시간이 걸리지 않도록 하되 흥미로운 시작이 될 수 있도록 수수께끼나말 잇기, 간단한 게임, 손유희, 노래 부르기 등을 하기
- 유아의 흥미와 요구에 따라 융통성 있게 진행하기
- 유아 주도적으로 활동이 진행될 수 있도록 하기

표 12-2 하루일과 구성원리를 토대로 한 교사행동관찰기록의 예

하루일과 구성 원리	교사행동관찰 내용
① 활동운영에 영향을 주는 요인들을 고려하여, 상황에 적절한 계획을 세운다.	신체활동을 하고 난 후 유아들의 기분이 많이 상기되어 교사가 다음 활동을 하기 위해 책을 읽어 주며 마음을 차분히 할 수 있도록 했다.

하루일과 구성 원리	교사행동관찰 내용
② 일관성이 있어야 한다.	오전 간식을 먹고 인사 나누기를 한 후 실내놀이를 하고 활동을 한 다음 점심을 먹고 바깥놀이를 하는 등의 하루의 전체적인 흐름이 일관성 있게 이루어졌다.
③ 유아의 신체적 욕구나 리듬을 반영하여 준다.	휴식시간에 개별성을 고려하여 잠이 오지 않는 유아는 교사와 함께 그림을 그리며 정적인 활동을 했다.
④ 유아의 흥미와 요구를 반영한다.	활동 시 유아의 흥미와 요구를 반영하여 새노래를 배운 후 동작을 만들어 보았다.
⑤ 교육적 활동을 균형적으로 계획한다.	일과진행이 놀이, 활동, 일상생활 등이 골고루 포함되어 이러한 활동들이 서로 균형을 이루도록 하였다.
⑥ 여러 유형의 상호작용이 일어날 수 있도록 계획한다.	놀이, 활동 등 활동에 따른 적절한 상호작용이 이루어졌다.
⑦ 주간 보육계획안이 작성되어 있다 하더라도 개별 유아의 건강이나 심리상태, 그날의 날씨, 특별 행사, 교실 분위기 등에 따라서 일과를 융통성 있게 운영한다.	바깥놀이가 계획되어 있었지만 미세먼지 농도 나쁨으로 인해 우천 시 대체활동을 유희실에서 실시하였다.
⑧ 활동의 계획과 실행에 대한 평가를 한다.	활동에 대한 평가를 유아들과 충분히 나누어 이를 반영할 수 있는 것들은 곧바로 반영하였다.

(2) 교사와 영유아의 상호작용에 대한 관찰

보육교사와 영유아의 상호작용은 보육의 질을 결정하는 가장 중요한 요소 중 하나이다. 실습생은 보육교사로서 긍정적이고 수용적인 상호작용능력을 갖추기 위해, 교사와 영유아의 바람직한 상호작용을 먼저 관찰할 필요가 있다. 실습생은 다양한 놀이, 보육활동 진행, 일상적 양육활동 수행, 문제행동지도와 같은 다양한 상황에서 교사와 영유아의 상호작용을 관찰하도록 한다.

표 12-3 4세반 지도교사의 상호작용관찰 예시

[화장실 지도 시] - 물을 틀어서 손을 씻어볼까? - 깨끗하게 씻으려면 어떤 방법이 있을까? - 그렇구나. 두 손을 깍지를 껴서 비빌 수가 있구나. - 손등도 문질러 볼까? - 비누에 손을 문질러보니 어떤 느낌이 드니? - 비누에서는 어떤 향이 나니? - 얼마나 깨끗해졌는지 흐르는 물에 손을 헹구어 볼까? - 흐르는 물에 손을 넣어서 문지르니까 어떤 소리가 나니? - 우와 굉장히 깨끗해졌네~ 손이 깨끗해지니 ○○ 기분도 참 좋겠구나. [유아 간 갈등 상황 중재 시] - 많이 속상해 보이는 구나. 무슨 일인지 이야기해줄 수 있겠니? - ○○는 그래서 화가 났구나. 그래 많이 속상했겠다. 어떻게 하면 좋았을까? - ○○는 △△가 하는 말을 들었지? △△도 어떤 생각을 하는지 ○○에게 말해줄 수 있겠니? - ○○가 만약에 △△가 되었다고 생각해보자. 그러면 △△는 어떤 느낌일까?

2) 영유아관찰

(1) 일화기록법

실습기간에 주로 이루어지는 관찰법으로는 일화기록이 있다. 일화기록법은 어떤 한 가지 상황이나 행동에 초점을 둔 사실적이고 객관적인 기록으로, 직접적인 관찰방법 중 어린이집에서 가장 실시하기 쉬운 방법이다. 짧은 내용의 사건이나 행동에 대한 사실적인 기록으로 개인의 특성을 이해하기 위하여 그 개인이 나타낸 구체적인 행동사례나 어떤 사건에 관련된 관찰일지를 상세히 기록하는 방법이다. 일화기록방법과 유의점을 정리하면 표 12-4 와 같다.

표 12-4 일화기록방법과 유의점

• 매일 1명의 집중관찰대상 영유아를 선정한다. • 일과 시간대별의 행동이 모두 포함되도록 관찰한다. • 언제든지 관찰기록이 가능하도록 작은 메모지와 필기구를 항시 소지한다. • 일과 중에 자세한 일화기록이 어려우므로 중요사항 중심으로 약식 기록을 하고 일과 종료 후 곧바로 약식 기록 내용에 기초해서 구체적으로 작성한다.

- 사건이 일어난 장소, 일어난 사건에 대한 간단한 요약, 유아가 어떠한 말을 했고, 어떤 행동을 했는지 구체적이고 간단명료하게 적는다. 그 현장에 없었던 사람이 읽어보아도 그 사건이나 상황을 확실히 알 수 있도록 사실을 구체적으로 기록한다.
- 일화기록을 할 때 유의할 점은 사건을 구체적으로 기록하기, 한 사건에만 초점이 맞추어져 간결하게 집중적으로 기록하기, 영유아가 사용한 말을 그대로 직접화법으로 인용하기, 실제로 행동한 것만 그대로 기록하기, 영유아의 말이나 행동에 대한 관찰자의 판단을 적지 말고 객관적으로 기록하기, 적절한 자료를 얻기 전에 성급한 해석을 하지 말기 등이다.

표 12-5 일화기록법을 활용한 관찰의 예

일화기록법의 관찰양식

관찰아동 : 서○○	생년월일: 년 월 일(남 · 여)
관 찰 자: 이○○	관찰일 : ○○년 ○월 ○○일
관찰시간: 11 : 00~11 : 05(5분)	관찰일 현재 유아의 연령: 4년 10개월
관찰장면 : 쌓기놀이 영역	

기록: 실내 놀이시간에 ○○이가 쌓기놀이를 하고 있는 4명의 여자아이들에게 다가간다. ○○이가 그 옆에서 쪼그려 앉아 카프라 블록들을 쌓는다. 양손을 펴서 블록들을 무너뜨린다. ○○이는 바닥에 배를 대고 누운 채로, 바닥에 흩어진 카프라 블록 한 개를 집어서 위로 던져 나머지 블록들을 맞추려고 한다. 쌓기놀이를 하고 있는 여자 아이들에게까지 카프라 블록이 튕겨 간다. **이가 "하지 마!"라고 말하자 □□, ✡✡, △△도 "그래, 하지 마!"라고 큰 소리로 말한다. ○○이는 여자아이들을 힐끔 보더니 그 자리를 떠난다.

표준보육과정 영역(발달 영역): 사회관계(사회성발달)

해석 : 블록을 친구에게 던지는 공격적인 행동을 보이므로 친구에게 그런 행동을 하면 안 되며, 그런 행동을 한 후에는 친구들에게 사과해야 한다는 것을 지도할 필요가 있다. 그리고 ○○이가 왜 그런 행동을 하게 되었는지의 원인을 살펴볼 필요가 있다. 만약 ○○이가 여자 친구들과 같이 놀이를 하고 싶어서 그런 행동을 한 것이라면 그럴 때는 어떻게 표현해야 하는지 지도할 필요가 있다.

(2) 사건표집법

이 관찰법은 행동과 행동이 일어난 맥락에 대한 자세한 기술을 할 수 있어서 실용적이며, 관찰현장을 행동과 상황의 자연적 단위로 구조화시킬 수 있고, 서술, 부호화 기법을 동시에 적용하여 자료 수집을 할 수 있다는 장점을 가지고 있다. 그러나 전체적인 행동의 일화에 초점을 맞춘다고는 하지만 여전히 그 일화를 과거에 생겼던 사건과 관련된 조건이나 상황으로부터 분리시킬 가능성이 존재한다는 단점이 있다. 표 12-6 은 5세 유아가 친구들과 갈등 상황이 지속적으로 일어나 화가 났을 때 보이는 문제행동에 대한 사건표집법 관찰 예시이다.

표 12-6 사건표집법을 활용한 관찰의 예

관찰원아(성별)	○○○(남/여)		생년월일	○○○○년 ○월 ○일
관찰일	○○○○년 ○월 ○일 ○시		관찰대상	○○반 (5세)
관찰 장소	○○영역		관찰자	김○○
관찰 장면	오전 실내놀이(쌓기 영역)		관찰 행동	친구와의 갈등 상황
시간	사건 전	사건		사건 후
10 : 52	쌓기 영역으로 가서 놀이를 하고 있는 친구들을 바라본 후 뒤돌아 친구가 없는 벽을 바라보며 “나랑 놀자. 나랑 같이 놀자고.” 라고 말을 한다.	10초 후 쌓기 영역에서 놀이를 하고 있는 친구들에게 다가가 오른쪽 주먹으로 친구들이 만든 블록을 치며 “왜 내 말을 들어주지 않는 거야!”라고 큰 목소리로 말한다.		친구들이 선생님을 불렀다.
11 : 30	미술 영역에서 가위를 사용하고 있는 친구를 바라본 후 고개를 숙여서 “가위 좀 빌려줘”라고 작은 소리로 말한다.	10초 후 친구에게 다가가 친구가 종이로 만든 책을 찢는다.		친구가 “왜 그러는거야!” 하며 큰 소리로 운다.
요약	친구에게 말을 걸 때 작은 소리로 말을 하거나 친구를 바라보며 이야기를 하지 않아 이야기 전달이 잘 되지 않는다. 속상한 마음을 말이 아닌 친구의 물건을 망가뜨리며 표현한다.			
교사의 지노방안	언어적 표현이 부족하고 쑥스러움이 많아 친구에게 다가가는 것을 어려워한다. 상대방에게 자신의 생각과 감정을 전달하는 방법을 알려주고, 친구들에게 다가가는 적절한 방법을 알려주며 도움을 주어야겠다. 친구들과 함께하며 사이좋게 지낼 수 있도록 하는 전략적인 방법이 필요하다. 교사가 모르고 지나간 부분이나 놓친 부분이 많이 보이므로, 쑥스러움이 많은 ○○에 대한 각별한 관찰이 필요하겠다.			

(3) 시간표집법

하나의 대상에 대한 관찰을 계속적으로 진행하지 않고 관찰할 기간을 선정하여 주기적으로 기록하는 방법이다. 관찰대상을 정해진 짧은 시간 동안 관찰하고 그 시간에 관찰한 행동을 평상시 행동으로 간주하는 방법이므로 대상행동에 대한 분명한 정의가 사전에 이루어져야 한다. 사용하는 대상행동은 자주 일어나는 대표적 행동이어야 한다. 표 12-7 은 쌓기놀이 영역에서 4세 유아가 구성물을 만들 때 빠르게 일어나는 행동을 관찰하기 위한 시간표집법 관찰 예시이다.

표 12-7 시간표집법을 활용한 관찰의 예

관찰원아(성별)	○○○(남/여)	생년월일	○년 ○월 ○일
관 찰 일	○년 ○월 ○일 ○시	관찰대상	○○반 (4세)
관찰 장소	쌓기놀이 영역	관찰자	김○○

쌓기놀이 영역에서 15초마다 관찰되는 유아의 행동이 어느 단계에 해당하는지 ○표시하시오.

단계 / 시간	1단계 나르기	2단계 쌓기	3단계 다리 구성	4단계 울타리 만들기	5단계 설계	6단계 이름 붙이기	7단계 구성물 만들기	메모
15초	○							
15초	○							
15초		○						
15초(1분)		○						
15초	○							
15초							○	
15초	○							
15초(2분)	○							
15초		○						
15초	○							
15초		○						
15초(3분)		○					○	
15초					○			
15초						○		

시간 \ 단계	1단계 나르기	2단계 쌓기	3단계 다리구성	4단계 울타리 만들기	5단계 설계	6단계 이름 붙이기	7단계 구성물 만들기	메모
15초	○							
15초(4분)		○						
15초			○					
15초	○							
15초			○					
15초							○	
합계	8	6	2	0	1	1	3	

출처: 이정환·박은혜(1995). 유아관찰워크북. 한국어린이육영회. p. 65.

(4) 행동목록법

행동목록법은 특정 행동이 존재하는지 아닌지를 표시하는 기록방법이다. 사전에 유아발달이나 행동특성의 목록을 미리 작성하여 행동의 출현 유무를 '예/아니오', 또는 '그렇다/그렇지 않다'로 표시하기 때문에 체크리스트라고도 한다. 행동목록을 작성할 때 유의할 점은 관찰 가능한 구체적인 행동으로 문항을 기술하고, 서로 중복되는 문항이 없게 하며, 체크리스트의 순서를 논리적으로 조직하여 관찰자가 보다 쉽게 기록할 수 있도록 한다는 점이다. 표 12-8 은 유아의 주도성에 대한 행동목록법 예시다.

표 12-8 행동목록을 활용한 관찰의 예

관찰아동	(남, 녀)	생년월일	년 월 일
관찰자			

※ 관찰한 장면에 √표 해주세요.

관찰일자		1회	2회	3회
주도성에 관한 문항		/	/	/
선택하기	하고 싶은 놀이를 인식하지 못한다.			
	아직은 자신이 선택한 것을 다른 사람에게 표현하지 않는다.			
	자신이 하고 싶은 활동이나 흥미영역을 한 단어로 말하거나, 손가락으로 가리키거나 혹은 다른 동작으로 표시한다.			

관찰일자		1회	2회	3회
	하고 싶은 활동, 영역, 놀잇감, 혹은 놀이친구 등을 짧은 문장으로 나타낸다.			
	자신이 계획한 놀이를 어떻게 실행할 것인지를 짧은 문장으로 말한다.			
문제 해결 하기	아직 문제로 인식하지 못한다.			
	문제를 인식하고 있으나 해결하려고 노력하지 않고, 그 대신 다른 활동으로 돌아선다.			
	문제를 해결하기 위해 한 가지 방법을 사용하다가 실패할 경우, 한두 번 시도해본 후에 포기한다.			
	몇 개의 대안적인 방법으로 문제를 해결하면서 약간의 지속성을 보인다.			
	대안적인 방법들을 시도하면서 문제를 해결하기 위해 지속적으로 노력한다.			
복잡한 놀이에 참여하기	아직은 주도적으로 교구나 활동들을 선택하지 않는다.			
	단순한 교구를 사용하거나 단순한 활동에 참여한다.			
	교구를 사용하거나 두 가지 단계 혹은 그 이상의 단계가 포함된 활동적인 놀이를 혼자서 구성한다.			
	혼자서 일련의 복잡하고 다양한 활동을 한다.			
	다른 유아들과 함께 일련의 복잡하고 다양한 활동을 한다.			

(5) 평정척도법

평정척도법은 특정 행동의 출현 유무만을 표시하는 데 그치지 않고 관찰된 행동의 질적 특성을 몇 등급으로 구분해서 알고자 할 때 유용하게 사용된다. 평가자들이 속성의 강도에 따라 일정 척도점을 부여하거나 범주에 수치를 부여하여 그 결과를 통계처리하기에 용이하다. 또한 속성의 평정단계의 양과 질을 정의할 때 짧은 문장으로 표현하는 방법도 있다. 그리고 일정 도표에 기술이 부가된 형태로 5점 척도로 표시하는 방법도 있다. 표 12-9 는 여러 발달 영역을 한꺼번에 평가하기 위해 평정척도법을 사용한 관찰 예시이다.

표 12-9 평정척도법을 활용한 관찰의 예

<table>
<tr><td>관찰원아(성별)</td><td>○○○(남/여)</td><td colspan="2">생년월일</td><td colspan="3">○년 ○월 ○일</td></tr>
<tr><td>관찰일</td><td>○년 ○월 ○일 ○시</td><td colspan="2">관찰대상</td><td colspan="3">○○반 (4세)</td></tr>
<tr><td>관찰 장소</td><td>○○영역</td><td colspan="2">관찰자</td><td colspan="3">김○○</td></tr>
<tr><td colspan="2">문항</td><td>아주 못함</td><td>못함</td><td>보통</td><td>잘함</td><td>아주 잘함</td></tr>
<tr><td colspan="2">스스로 옷을 입고 벗는다.</td><td></td><td></td><td>V</td><td></td><td></td></tr>
<tr><td colspan="2">오른쪽, 왼쪽 신발을 구별하며, 스스로 신발을 신고 벗는다.</td><td></td><td>V</td><td></td><td></td><td></td></tr>
<tr><td colspan="2">화장실에서 용변을 보고 뒤처리를 스스로 한다.</td><td></td><td>V</td><td></td><td></td><td></td></tr>
<tr><td colspan="2">급, 간식 전에 손을 씻는다.</td><td></td><td></td><td></td><td>V</td><td></td></tr>
<tr><td colspan="2">물건을 아끼고 소중하게 다룬다.</td><td></td><td></td><td>V</td><td></td><td></td></tr>
<tr><td colspan="2">장난감 사용 후에 정리, 정돈한다.</td><td></td><td></td><td>V</td><td></td><td></td></tr>
<tr><td colspan="2">미술작업 후에 책상 정리를 한다.</td><td></td><td></td><td>V</td><td></td><td></td></tr>
<tr><td colspan="2">놀이활동을 스스로 선택한다.</td><td></td><td></td><td></td><td>V</td><td></td></tr>
<tr><td colspan="2">놀이나 활동시간 중에 친구에게 양보를 구한다.</td><td></td><td></td><td></td><td>V</td><td></td></tr>
<tr><td colspan="2">낮잠을 잔다.</td><td></td><td></td><td></td><td>V</td><td></td></tr>
<tr><td colspan="2">자기 이부자리는 스스로 정리, 정돈한다.</td><td></td><td></td><td>V</td><td></td><td></td></tr>
<tr><td colspan="2">자신의 생각과 의사를 표현한다.</td><td></td><td></td><td></td><td></td><td>V</td></tr>
<tr><td colspan="2">미안해, 고마워 등의 말을 적절히 사용한다.</td><td></td><td></td><td>V</td><td></td><td></td></tr>
<tr><td colspan="2">자기의 실수를 스스로 해결하려고 노력한다.</td><td></td><td></td><td>V</td><td></td><td></td></tr>
<tr><td colspan="2">교사의 지시를 이해하고 따른다.</td><td></td><td></td><td></td><td>V</td><td></td></tr>
<tr><td colspan="2">어른에게 존대어를 사용한다.</td><td></td><td>V</td><td></td><td></td><td></td></tr>
</table>

요약 및 교사 지도방안

- 어른에게 존대어를 사용하는 것을 어려워하는 모습이다. → 가정과 연계하여 부모, 교사가 존대어를 사용하는 본보기를 보여 주도록 한다.
- 오른쪽과 왼쪽을 구분하는 것을 헷갈려한다. → 일상생활 속에서 오른쪽과 왼쪽을 익힐 수 있도록 자주 이야기를 해주어야겠다.
- 화장실에서 용변을 보고 난 후 손이 엉덩이에 잘 닿지 않아 뒤처리하는 것을 힘들어한다. → 뒤처리 시 도움을 주고 손이 닿을 때 스스로 뒤처리할 수 있는 방법을 알려주어야겠다.

위와 같이 영유아를 관찰하여 기록할 때 몇 가지 유의할 점이 있다.

- 영유아가 했던 행동이나 말을 객관적이고 사실적으로 기술한다.
- 관찰 장면, 시간, 활동 등 상황적인 자료를 기록에 포함한다.
- 영유아가 한 말 그대로 인용부호 안에 적는다.
- 다양한 상황과 장소에서 영유아관찰을 실시한다.
- 일회성이 아닌 지속적인 관찰을 실시한다.
- 관찰한 내용은 일정한 형식에 따라 일관성 있게 기록한다.

PART_ 04

보육실습의 평가와 관리

6주 동안의 보육실습을 무사히 마치니 새로운 사람으로 거듭 난 것 같다. 스스로 보육실습의 과정을 평가하고 지도교수 및 다른 친구들의 평가를 들어보며, 보육교사로서 자신의 강점과 약점을 인식하게 된다.
"나! 정말 좋은 보육교사가 되고 싶다!"

학습목표

지식	1. 보육실습평가의 의미와 목적을 설명할 수 있다. 2. 보육실습평가의 내용과 방법을 설명할 수 있다. 3. 보육실습평가의 전반적인 과정을 이해할 수 있다.
기술	1. 평가척도나 보육실습 소감지를 기록하여 실습생의 자기평가를 수행할 수 있다. 2. 보육실습과 관련된 서류를 관리할 수 있다. 3. 예비보육교사로서의 역할을 수행할 수 있다.
태도	1. 보육실습에 성실히 임하는 자세를 기를 수 있다. 2. 보육실습평가를 통해 보육교사로서의 전문성 향상을 위해 노력할 수 있다.

Chapter 13 보육실습의 평가 및 사후관리

본 장에서는 보육실습에 대한 평가와 분석을 통해 보육에 대한 실천적 관점을 형성하도록 한다. 이를 위해 보육실습평가의 의미와 목적, 보육실습평가의 내용 및 방법, 보육실습 후 사후관리에 대해 알아보도록 한다.

1. 보육실습평가의 의미와 목적

보육실습의 평가란 보육실습의 목표, 내용, 방법 및 과정을 객관적이고 과학적으로 점검하는 과정이다. 이러한 평가활동을 통해 실습생들은 보육교사 양성과정에서 습득한 지식, 기술, 태도를 현장에 적합하게 적용하였는지 그 전문적 자질과 성취도를 파악할 수 있으며, 지도교수나 지도교사는 다음 실습을 보다 효율적이고 성공적으로 수행할 수 있는 개선방안을 모색할 수 있다. 따라서 보육실습에 대한 평가는 양성교육기관은 물론, 실습기관 측이나 실습생 자신에게 있어서도 매우 중요한 의미를 지닌다.

보육실습 평가는 다음과 같은 목적과 목표를 갖는다.

보육실습 평가의 목적

- 보육실습의 진행 정도를 파악하여 실습의 질을 진단한다.
- 실습생의 보육 역량을 강화하여 전문성을 확보한다.
- 예비보육교사의 발달과정을 이해하며 반성적 사고를 촉진한다.
- 보육교사의 역할 수행에 대해 긍정적 태도를 기른다.

보육실습 평가의 목표

- 보육실습의 목표달성 여부를 확인한다.
- 실습생의 보육실습 성취도를 구체화한다.
- 실습생에게 보육교사로서의 취업 가능성에 도움을 준다.
- 실습생에게 보육교사로서의 역량 여부에 대한 자기 이해를 돕는다.
- 보육실습 결과를 확인하여 보완점을 파악한다.
- 국가자격증 부여의 조건인 학과목 이수 인정의 근거자료가 된다.

2. 보육실습평가의 내용 및 방법

일반적으로 보육실습에 대한 평가는 실습생 개인에 대한 평가와 실습운영과정 전반에 대한 평가로 구분된다.

1) 보육실습생평가

(1) 실습생의 자기평가

실습생은 6주 동안 실습기관의 원장이나 지도교사에게 지속적으로 평가를 받기도 하지만, 실습을 통해 자기 스스로 평가해볼 수 있는 기회를 갖기도 한다. 실습생의 자기평가는 보육실습의 과정과 결과에 기초한 자신을 객관화하는 것으로, 보육교사로서 요구되는 태도, 자질, 역할, 능력 측면에서 자신을 점검해본다. 자기평가는 실습생이 결과를 기초로 추후 자신에게 부족한 점을 이론과 실제 과목을 통해 향상시키고, 다양한 현장 경험을 더해 전문성이 있는 보육교사로서 성장하도록 해준다.

① 실습생의 자기평가 내용

실습생의 자기평가는 5개 영역으로 이루어지며 각 영역별 평가 내용은 표 13-1 과 같다.

표 13-1 실습생 자기평가 영역과 내용

자기평가 영역	평가 내용
근무태도	근무사항(출석, 결석, 지각, 조퇴 등), 성실성(근면성)
보육교사로서의 일반자질	직무에 대한 책임감과 열의, 용모, 영유아에 대한 언행과 태도, 인성, 보육에 대한 신념 등
보육활동 지도능력	보육활동계획 및 준비, 보육계획안 작성, 보육활동 지도기술, 교재 제작 및 활용기술, 교재 연구 등
연구조사활동	연구태도 및 자세, 연구능력, 자료수집 및 분석, 영유아 관찰태도, 보육실습일지 작성, 보육이론의 적용
학급경영 및 사무처리능력	환경 구성능력, 영유아의 관리 및 지도력, 시설 및 학급 사무처리능력(신속성, 정확성), 생활지도 등

실습생 자기평가 영역별 세부 내용은 다음과 같다.

근무 태도

- 근무시간을 잘 지켰는가?
- 실습생으로 성실하게 보육활동에 참여하는가?
- 보육실습일지, 보육계획안, 과제 등을 기간 내에 잘 제출하였는가?

보육교사로서의 자질

- 보육교사에 대해 긍정적인 신념을 가지고 있는가?
- 보육교사로서 용모와 복장이 단정하고, 분명한 음성을 가지고 있는가?
- 영유아를 존중하는 말과 행동을 하는가?
- 영유아에게 민감하게 반응하고 수용하는가?

보육활동 지도능력

- 보육목표를 달성할 수 있는 보육 내용을 영유아의 흥미, 수준에 근거하여 적합하게 선정하였는가?
- 영유아의 흥미와 발달, 사전경험 등을 고려하여 보육계획안을 작성하였는가?
- 보육활동계획에 따라 사전에 준비를 충실히 하였는가?
- 영유아의 흥미와 요구에 따라 활동을 융통성 있게 진행하였는가?
- 영유아가 스스로 탐색하고 호기심을 발휘하도록 동기유발을 적절히 하였는가?
- 영유아의 기본생활습관이 향상되도록 적절한 상황에서 영유아의 수준에 맞는 지도를 하였는가?
- 다양한 교수방법을 활용하여 효과적으로 활동을 이끌어 갔는가?

- 활동에 적합한 교재교구를 제작하고, 효과적으로 활용하였는가?
- 영유아의 활동에 대한 관찰이나 평가가 적절하였는가?
- 보육활동을 전개하며 교사는 긍정적이고 절적한 상호작용을 하였는가?
- 영유아의 안전, 건강, 위생에 각별히 신경을 썼는가?

연구조사 활동

- 영유아의 수준과 흥미에 적합한 활동을 계획하고 지도하고자 관련 문헌이나 전문 서적을 찾아보고자 노력하였는가?
- 영유아 관찰 및 활동 계획에 대한 연구를 충실히 하였는가?
- 보육교사의 역할과 직무에 대한 제반 사항을 스스로 알려고 노력하였는가?
- 알고 있는 이론을 적절히 보육현장에 적용한 후, 이를 다시 이론적으로 검토하고자 노력하였는가?

학급 경영 및 사무처리 능력

- 보육실을 합리적으로 운영하고자 하는 노력을 하였는가?
- 보육환경을 주제나 계절에 맞게 적절히 운영하고자 노력하였는가?
- 보육실습 지도교사의 제반 지시 및 사무처리 사항을 기간 내에 신속하고 정확하게 수행하였는가?

② 평가방법

실습생의 자기평가방법에는 평가척도에 의한 자기평가와 보육실습 소감지를 기록하는 방법이 있다.

- 평가척도에 의한 자기평가 : 평가 항목에 관한 세부 내용을 토대로 체크리스트를 만들어 평가할 수 있다.

표 13-2 평가척도에 의한 자기평가 예시

보육실습생의 자기평가표

보육실습생: ○○○

평가요령	1-아주 못함, 2-못함, 3-보통, 4-잘함, 5-아주 잘함					
평가 영역	평가항목	척도				
		1	2	3	4	5
근무태도	근무 시간을 잘 지켰는가?				V	
	보육실습일지, 보육계획안, 과제 등을 기간 내에 제출하였는가?				V	

평가 영역	평가항목	척도				
		1	2	3	4	5
보육교사로서의 자질	보육교사에 대한 긍정적인 신념을 지니고 있었는가?					V
	영유아에 대해 민감하고 존중하는 태도를 지녔는가?				V	
	용모, 복장이 단정하고 언행이 바람직했는가?				V	
보육활동 지도능력	보육활동 지도 내용에 대해 이해를 잘하고 있었는가?				V	
	준비성이 있었고 계획을 잘 하였는가?				V	
	영유아 중심적이고 자율적 분위기에서 활동을 진행하였는가?			V		
	영유아가 스스로 탐색하고 호기심을 발휘하도록 동기유발을 적절히 하였는가?				V	
	영유아의 기본생활습관이 향상되도록 적절한 상황에서 영유아의 수준에 맞는 지도를 하였는가?				V	
	활동자료 제시가 적절하고 융통적이었나?				V	
	영유아와 상호작용은 질적으로 우수하게 효과적이었는가?				V	
	보육실에서의 행동이나 활동 진행, 놀이참여가 적극적이고 융통적이었는가?				V	
	영유아를 지도함에 있어 자신 있게 임하였는가?				V	
	영유아의 활동에 대한 관찰이나 평가가 적절하였는가?			V		
연구조사 활동	관찰활동과 활동계획에 대한 연구를 충실히 하였는가?			V		
	보육교사의 역할과 직무에 대한 제반 사항을 스스로 알려고 노력하였는가?				V	
	알고 있는 이론을 적절히 보육현장에 적용한 후, 이를 다시 이론적으로 검토하고자 애를 썼는가?				V	
학급경영 및 사무처리 능력	보육실을 합리적으로 운영하고자 하는 노력을 다하였는가?				V	
	보육실습 지도교사의 제반 지시 및 사무처리사항을 기간 내에 성실히 수행하였는가?				V	
전체평가	*정해진 일들은 열심히 하려했지만 순식간에 일어나는 일들은 잘 보지 못하였다. 앞으로는 더욱 시야를 넓게 보고, 아이들이 능동적으로 활동에 임할 수 있도록 긍정적인 상호작용을 통해 지도, 노력해보아야겠다. 관찰 및 평가부분에서 많이 배울 수 있어 보람 있고 값진 실습기간이었다.*					

• 보육실습 소감지 기록: 보육실습이 끝난 후 6주 간의 실습을 되돌아보며 보육교사로서 요구되는 태도, 자질, 역할, 능력 등 자신을 점검해 보고, 앞으로의

실습을 위해 개선되거나 보완되었으면 하는 내용을 소감지에 기록하도록 한다.

표 13-3 0세반 실습생 보육실습 소감지 예시

• 한 달 동안 어떤 것을 배우셨나요?
영아반의 하루일과가 전체적으로 어떻게 흘러가는지 익히게 되었고, 또한 하루일과 속의 상호작용들과 영아 흥미에 따라 진행되는 활동들, 안전생활, 영아들의 문제 상황에 따른 대처방법 등 많은 것을 보고 배울 수 있었습니다. 또한 이론으로만 배우던 영아의 각 월령의 특징과 발달을 알 수 있었고, 그에 따른 상호작용과 교사의 역할에 대해 배울 수 있었습니다.

• 영유아들을 보육·교육함에 있어 가장 중요한 것은 무엇이라고 생각하나요?
- 영아: 실습을 하면서 교사와 영아가 애착을 형성하는 것이 중요하다고 느껴졌습니다. 또한 어린 영아일수록 각 월령의 차이가 크기 때문에 활동을 계획할 때 수준을 나누어 계획하고, 그에 적합한 상호작용을 시도하는 것이 중요하다고 생각합니다.
- 유아: 어린이집에서 선생님들의 모습을 보며 유아들을 존중하고 작은 것 하나까지도 권리를 존중하는 것이 중요하다는 생각이 듭니다. 또한 기본생활습관을 기르는 것이 중요합니다.

• 실습 전에 학교에서 또는 내가 준비해야 할 것이 있다면?
실습을 하기 전에 각 연령별로 발달특성에 대한 공부가 이루어져야 할 것이고, 특히 내가 맡은 연령의 표준보육과정(누리과정)에 대해 아는 것이 도움이 될 것입니다. 개인적으로는 가장 먼저 '지치지 않는 체력'을 준비하여 건강한 몸과 마음으로 실습에 임하는 것이 가장 필요하다고 생각됩니다.

(2) 실습기관의 원장 및 지도교사평가

실습기관에서는 양성교육기관 지도교수와의 긴밀한 협조를 바탕으로 자신의 기관에 배정된 실습생의 실습과정을 철저히 지도하고 관리하도록 하며, 원장 및 지도교사가 협의하는 과정을 통해 평가하여 실습생의 실습평가서 및 결과보고서를 작성한다.

① 실습기관의 원장평가

• 실습기관의 원장은 실습생과 실습지도교사의 실습지도에 대해 객관적 평가를 하고 바람직한 보육실습의 방향을 제시한다.
• 원장은 실습지도가 적합하게 이루어지고 있는지 보육실습의 전 과정을 관리 및 감독한다.

- 원장은 실습지도교사가 열의를 가지고 실습생을 지도할 수 있도록 지도교사를 지지해주며 업무상 어려운 점을 파악하여 조언해준다.
- 원장은 실습일지 점검이나 실습생과의 면담을 통해 실습생의 어려움을 경청하고 해결방안을 찾도록 도와준다.
- 원장은 실습지도교사와의 협의를 통해 실습에 대한 전반적인 평가를 한다.

② 실습지도교사의 평가

- 실습지도교사는 실습생의 행동과 태도를 관찰하여 기록 및 평가하고 실습생으로서의 역할 수행을 잘할 수 있도록 지도한다.
- 실습생의 바른 언어 사용, 영유아를 존중하는 태도, 성실성, 책임감 등을 관찰하여 미숙한 점과 부족한 점을 평가하고 성심껏 조언한다.
- 실습생의 보육계획안을 검토하여 보육교사로서의 전문성 향상에 초점을 맞추어 구체적으로 제안해 준다.
- 보육실습을 진행하는 동안 실습생의 언어, 자세와 태도, 직접 작성한 자료와 보육일지 등을 세심하고 충실히 검토하여 타당하고 신뢰성 있는 평가를 실시한다.
- 실습생의 보육활동 실습에 대해 계획 및 준비부터 결과까지 구체적인 평가를 시행한다.
- 지도교사의 주관성이 아니라 객관적인 평가를 통해 실습생의 자기 반성적 사고에 도움을 줄 수 있는 합리적인 평가가 이루어지도록 한다.
- 보육실습을 시작할 때부터 마칠 때까지 꾸준하고 지속적인 평가가 이루어질 수 있도록 다양한 평가보조도구를 활용한다.
- 지도교사는 보육실습 평가서 및 결과보고서를 객관적으로 정확히 작성한다.

실습기관에서 작성한 결과보고서와 평가서는 추후 보육실습 성적의 50~60%의 비중을 차지한다. 실습생은 보육실습을 하기 전에 실습기관에서의 평가서 및 결과보고서의 비중과 표 13-4 의 관련 세부 내용을 파악하는 것이 중요하다.

그림 13-1 은 보육실습 평가 내용의 영역과 비중을 나타낸 것이다.

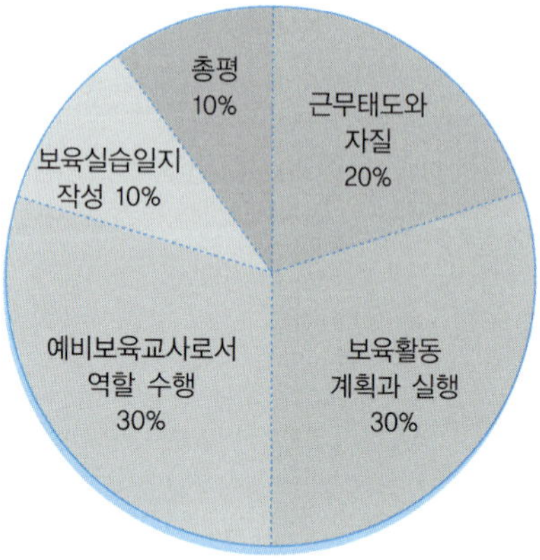

그림 13-1 보육실습평가 영역과 비중

표 13-4 보육실습평가서 세부 내용

[근무 태도와 자질]
- 결석, 지각, 조퇴가 없이 성실하게 정해진 실습시간을 잘 준수하였는가?
- 복장과 용모가 깨끗하고 단정한가? (옷차림, 화장, 헤어, 손톱관리 등)
- 예절 바른 태도로 친절하게 대하는가?
- 실습생으로 보육활동에 긍정적이고 적극적인 자세로 참여하는가?
- 영유아를 존중하는 태도로 애정을 가지고 대하는가? (조롱하거나 비난하지 않기, 편견 없이 대하기, 의견 수용하기, 눈 맞추며 주의 깊게 듣기 등)
- 어린이집 교직원과 소통하며 배려, 협동의 태도를 보이고 긍정적인 관계를 형성하는가?

[보육활동계획과 실행]
- 영유아의 연령별 발달수준과 흥미, 집중시간, 사전경험 등을 고려한 보육활동을 계획하고 실행하였는가?
- 보육활동에 적합한 교재교구 및 자료를 충실하게 준비하고, 효과적으로 활용하였는가?
- 보육활동 시 영유아가 주도적으로 참여하고 흥미를 유지하며 확장할 수 있도록 지원하였는가?
- 다양한 교수방법을 활용하여 효과적으로 활동을 이끌었는가?
- 영유아의 다양한 사고 확장을 위하여 적절한 개방적 질문과 상호작용을 하였는가?
- 영유아의 흥미에 따라 융통성 있게 활동을 전개하였는가?

[예비보육교사로서 역할 수행]
- 영유아의 행동 및 놀이를 지속적으로 관찰하고 평가하였는가?
- 보육환경을 관찰하여 영유아발달에 적합한 환경을 제공하도록 노력하였는가?
- 영유아의 기본생활습관이 향상되도록 적절한 상황에서 영유아의 수준에 맞는 지도를 하였는가?
- 영유아의 안전, 건강, 위생에 각별히 신경을 썼는가?
- 일과 중에서 보육교사의 역할에 대해 알고 도움이 필요할 때 적절히 수행하였는가?
- 영유아의 다양한 요구나 질문에 민감하게 반응하며 상호작용하였는가?
- 영유아의 행동지도에 긍정적인 방법과 언어를 사용하며 지원하였는가?

- 놀이활동에 참여하며 영유아의 발달과 흥미에 적합한 상호작용을 통해 놀이를 유지, 확장, 지원, 격려하였는가?

[보육실습일지 작성]
- 구체적이고 충실하게 보육실습일지를 작성하였는가?
- 지속적인 자기평가를 통해 반성적 사고를 하였는가?
- 자기평가 및 지도교사평가를 다음 계획 및 보육활동에 반영하였는가?

[총평]
- 실습기간 동안 자기 발전을 위해 꾸준히 노력하고 발전하는 모습을 보였는가?

보 육 실 습 평 가 서 1

평가영역(배점)	평가항목		배점	점수
근무태도와 자질 (20점)	근무사항	출석, 결석, 지각, 조퇴 등	5	
	태도	성실성, 근면성, 친절, 적극성, 복장 및 용모, 예절	5	
	자질	영유아 존중, 책임감, 인성, 열의	5	
	관계형성	실습지도교사와의 관계 동료실습생과의 관계	5	
보육활동 계획과 실행 (30점)	보육활동 계획	영역별, 반일(일일)보육활동 계획의 적합성과 충실한 준비	15	
	보육활동 실행	영역별, 반일(일일)보육활동의 효과적이고 적절한 실행 정도	15	
예비보육 교사로서 역할수행(30점)	영유아 행동 및 놀이 관찰, 보육환경 관찰		5	
	보육일과 진행 보조와 일상생활지도		10	
	영유아 상호작용과 놀이 참여		15	
보육실습일지 작성 (10점)	구체적이고 충실한 보육실습일지 작성과 일일자기평가 및 지도교사 평가 반영		10	
총평 (10점)	실습기간동안 예비보육교사로서 향상 정도		10	
총 점			100	

보 육 실 습 결 과 보 고 서

1. 보육실습생과 실습기관 정보

실습생 정보				
성명		학교/학과		
보육 실습기간	20 년 월 일 ~ 20 년 월 일 (연속 6주 240시간 이상)			
학 번		주민등록번호		
주 소		연락처	전화번호	
			메일주소	

보육실습기관 정보				
기관명		기관유형		
주 소		연락처	전화번호	
			메일주소	

2. 보육실습 평가 결과

근무태도와 자질 (20점)	보육활동 계획과 실행 (30점)	예비 보육교사로서 역할 수행 (30점)	보육실습 일지작성 (10점)	총평 (10점)	총점 (100)

년 월 일

______________ 원장 직인

그림 13-2 보육실습평가서와 결과보고서 예시

2) 보육실습과정 종합평가

(1) 지도교수의 방문평가

보육실습이 시작된 후 3, 4주가 되면 양성교육기관에서 실습담당 지도교수가 실습기관을 방문하여 평가를 한다.

지도교수는 사전에 기관장과 통화한 후 방문일자를 정한다. 지도교수는 기관을 방문하여 기관장과 인사를 나눈다. 원장(또는 지도교사)으로부터 실습생의 근무태도 및 자질, 보육활동의 계획 및 실행, 반 운영에서 예비보육교사의 역할 수행 정도 등에 대한 내용을 전달받는다. 방문한 당일 실습생이 보육활동을 수행할 경우 참관할 수 있다.

기관 측에서 마련해주는 독립된 공간에서(원장실, 교사실, 빈 보육실 등) 실습생과 지도교수는 대화를 나눈다. 실습기관에서 실습기간 동안에 향상된 점, 애로점, 앞으로 진행될 보육활동에 대한 조언 등 대화를 나눈다.

지도교수는 기관에 직접 방문하여 평가를 함으로써 보육실습기관의 협조 정도와 기관의 인적·물리적 환경을 파악하고, 보육실습지도에 적합한 시설 규모와 운영특성을 갖추었는지 확인한다. 양성교육기관과 실습기관 간 지속적인 협력을 요청하고 유대관계를 유지하도록 한다.

양성교육기관의 실습지도교수가 실습기관을 방문할 때 주의할 사항과 기관을 방문하여 해야 할 일을 정리하면 표 13-5 와 같다.

표 13-5 실습지도교수의 실습기간 방문

학교 실습담당교수의 보육실습기관 방문 시 주의할 사항
• 모든 보육실습기관을 방문하도록 함 • 부득이 방문지도가 어려운 경우 전화, 서면, 온라인 등을 통해 지도 • 방문일정 수립 • 방문할 보육실습기관에 전화 연락을 통해 사전 약속 후 방문을 함
방문 시 할 일
• 보육실습생의 보육실습 관찰 • 보육실습생에 대한 정서적 지원 • 보육기관 원장이나 보육실습 지도교사와 보육실습 관련 협의 • 보육실습 지도교사로부터 보육실습생의 보육실습 현황과 지도상의 어려움 경청 • 향후 보육실습기관으로서의 지속적인 협력 요청 • 보육실습생으로부터 애로사항 청취 • 보육실습기관의 협조 정도와 보육실습기관의 인적·물리적 환경 파악 • 보육실습기관으로서의 적합성 파악

▸▸ 실습생과의 대화

- 몇 세 반에서 실습하고 있니?
- 지금 어떤 실습과정을 하고 있니?
- 실습을 하며 어떤 점이 힘드니?
- 지도교사와의 의사소통 및 의견조율은 잘 이루어지고 있니? 피드백은 잘 이루어지고 있니?
- 개선되었으면 하고 생각하는 부분이 있니?

▸▸ 원장(지도교사)과의 대화

- 보육실습을 지도하며 어려운 점이나 개선했으면 하는 사항이 있으신가요?
- 보육실습 하기 전 양성교육기관에서 이루어졌으면 하는 과목이나 교육과정은 무엇인가요?

보육실습기관 방문 후에 지도교수는 기관에 대한 인상과 느낌, 방문 소감, 실습지도 교사나 원장과의 면담 내용, 실습생의 보육실습과정 및 참여태도, 보육실습조건의 적합성, 어린이집 요구사항, 취업상담 등을 종합 정리하여 평가한 내용을 표 13-6 과 같이 보육실습지도 결과보고서에 기술한다.

표 13-6 보육실습기관 방문 결과보고서

보육실습지도 결과보고서

1. 방문기관명 : 어린이집
2. 방문기간 : 년 월 일~ 월 일(1일간)
3. 현장실습기관 : ○○어린이집
4. 실습생

학과	학년	학번	성명	평가란		
				적응상태	실습성과	실습지도 담당자 의견

5. 지도사항 및 소견 :

상기와 같이 보육실습지도 결과를 보고합니다.

년 월 일

학과명: 지도교수 : (인)

○○ 대학교 총장 귀하

(2) 보육실습기관에서의 보육실습평가회

보육실습의 과정이나 보육실습이 모두 종결한 후, 보육교직원과 실습생이 함께 참여하여 실습에 대한 평가회를 갖는다. 평가회는 실습생에게 반성적 사고의 기회를 제공하여 예비보육교사의 역할을 수행할 수 있었던 경험을 되돌아보고, 자신의 장점과 단점을 파악하여 향후 보육교사로서의 진로에 확신을 갖도록 도와줄 수 있다. 보육실습을 2회로 나누어 진행할 경우 보육활동 운영 실습을 경험한 기관에서 최종 실습평가회를 하도록 계획한다.

① 평가회 내용

- 보육활동운영에 대한 경험
- 보육실습 전·후의 변화
- 실습생 간의 보육일지 및 교재교구 평가
- 보육실습운영에 대한 의견
- 보육실습 시 어려웠던 점
- 보육실습을 마치고 느낀 점
- 지도교사와의 관계
- 실습기관에 대한 평가

보육실습기관에서 이루어진 평가회 내용

◦ 보육실습을 하며 어려웠던 점
- 아이들이 다투거나 싸울 때 교사가 어떻게 이야기해주고, 중재해야 하는지가 어려웠어요.
- 첫 주에는 적응도 안 되고 일지를 매일매일 쓰는 것이 너무 힘들었어요.
- 저는 영아들이 처음에는 너무 낯을 가려서 오지 않아 무엇을 해야 할지 몰라 힘들었는데, 선생님들이 하나하나 알려주시고 아이들과 친해지면서 배울 수 있었어요.

◦ 실습생들 간의 보육일지를 살펴보며 이야기 나누기
- 영아와 유아 하루일과의 차이점에 대해 나누기 : 유아반에 비해 영아반의 경우 일상생활의 비중이 커서 교사가 개별요구에 맞게 일과계획을 하는 것이 중요한 거 같아요. 3~5세의 경우 낮잠시간은 없지만 유아들이 개별적으로 휴식을 취하며 조절해요.

◦ 보육실습을 하고 나서의 소감
- 보육교사는 정말 체력적으로 건강해야 되겠다는 것을 느꼈어요. 한 달 동안 아프지 않고 잘 마칠 수 있어서 다행입니다.
- 선생님들이 하는 모습을 보며 아이들을 존중하고 기다려주는 태도를 배울 수 있었습니다. 저도 아이들의 의견을 존중해 주고, 마음이 따뜻한 교사가 되어야겠다고 생각했습니다.

◦ 다음 실습을 위해 어린이집이 반영하거나 개선되었으면 하는 점
- 교사 휴가기간에 실습이 이루어져서 보육활동을 많이 보지 못한 부분이 아쉽고, 지도교사가 교실을 오랜 시간 비우는 경우 부담감이 있었습니다.
- 실습생 오리엔테이션 때 미리 반배정이 되어 계획안을 주시면 실습 시 많은 도움이 될 것 같습니다.
- 반 내 교사들 간의 역할분담과 실습생이 해야 하는 업무를 미리 알려주시면 일과 적응에 도움이 될 것 같습니다.

(3) 양성교육기관에서의 실습평가회

6주간의 보육실습을 마치고 양성교육기관에서는 전체 실습생과 학과교수가 모여 보육실습평가회를 개최한다. 평가회에서 다루어질 내용은 실습기관 현황, 보육 프로그램 소개, 실습했던 어린이집의 특색 있는 점, 보육실습 전·후의 변화, 실습기관에서 가장 좋았던 점, 보육실습 시 어려웠던 점, 원장과 실습지도교사와의 인간관계, 보육실습운영에 대한 개선점 및 요구사항 등이다. 실습기관별로 실습생은 평가회 내용을 중심으로 작성한 PPT자료를 준비해와서 발표한다.

보육실습 평가회를 할 때 실습생들은 다음과 같은 사항을 유의한다.

- 보육실습 시 실습기관이나 실습지도교사의 잘못된 점보다는 현장에서 이론을 접목한 점, 지도교사의 적절한 조언이나 평가, 현장에서 배울 점 등에 대해 열린 자세를 가지고 실습생으로서의 자신을 평가한다.
- 어떤 지속적인 개선 노력을 통해 보육교사로서의 전문성을 확보할 수 있는지 다각적인 해결방안에 중점을 두고 다른 학생과 의견을 나눈다.
- 6주 동안 진행된 보육실습의 내용에 중점을 두어 스스로 자신의 자질을 평가하고 예비교사로서 성장할 수 있는 장점과 강점을 평가해 본다.
- 영유아를 상세히 관찰하고 직접 지도한 보육활동의 경험을 바탕으로 자신의 지도법에 대해서 평가하고 다른 학생들과 비교해 본다.
- 동료학생들의 실습일지를 서로 나누어 읽고 서로에게 조언을 주는 상호 보완적 평가의 시간을 갖는다.

이와 같은 실습평가회를 통해 보육실습에 대한 구체적이고 실제적인 문제점을 찾아 보육실습교과목 운영 및 실습지도에 있어서의 개선방안을 모색한다.

그림 13-3 보육실습평가회

양성교육기관에서 이루어진 평가회 내용

◦ 보육실습을 하며 변화된 모습이나 느낀 점

- 처음에는 몇 명의 아이들만 눈에 들어왔는데, 점차 반 전체를 두루 볼 수 있도록 하며 아이들의 안전에 더욱 신경 쓰는 제 모습을 느꼈어요.
- 학교에서 했던 모의활동과는 달리 아이들과 실제 활동을 하면서 교수법이나 상호작용에 대해 많이 배울 수 있었어요. 유아들의 흥미에 따라 융통성 있게 진행하는 것이 어려웠으나 조금씩 융통성이 생긴 것 같아요.
- 영유아의 마음을 읽어주고 공감해주는 능력이 중요하다는 것을 배웠습니다.

◦ 실습기관 환경 및 보육 프로그램

- S어린이집은 바깥놀이터가 다양하게 구성되어 있어서 아이들이 놀이하기 적합했어요.
- A어린이집에서는 가정과의 연계가 잘 이루어져서 정기적으로 부모님들께서 급식 도우미, 바깥놀이 도우미 활동을 하는 것이 좋았어요.
- M어린이집에서는 두 달에 한번씩 '마음대로의 날' 행사를 진행하며 유아들의 의견에 따라 일과를 계획하고 창의적으로 놀이활동이 이루어지는 프로그램을 하였는데, 아이들이 너무 즐거워하였고, 아동권리를 존중하려는 선생님들의 모습에서 많은 것을 배웠습니다.

◦ 실습 전 학교에서 준비해야 할 것

- 배정 학급 영유아 연령의 하루일과나 발달특성, 표준보육과정(누리과정)에 대한 공부를 미리 하면 좋겠어요.
- 영유아에게 옮길 수 있는 전염병은 어떤 것이 있는지 알고 건강관리하는 것이 필요해요.
- 아동관찰, 실습일지 쓰는 방법에 대해 연습을 많이 하면 좋겠어요.

◦ 실습을 하며 가장 도움이 된 과목과 필요한 교과 내용

- 여러 활동에 대한 계획안을 작성하고 모의활동을 진행했던 것이 도움이 많이 되었습니다.
- 아동관찰, 실습일지 쓰는 방법에 대해 연습을 많이 하면 좋겠어요.
- 영유아 연령에 따른 놀이지원방법과 구체적인 상호작용에 대해 배웠으면 좋겠어요.

(4) 보육실습 산업체 만족도 조사

6주간의 보육실습이 끝난 후 양성교육기관에서는 어린이집 측에 표 13-7 과 같이 보육실습 산업체 만족도 조사지를 발송하여 수합한 후 차기 실습활동을 개선하는 데 구체적인 자료로 활용한다.

표 13-7 보육실습 산업체 현장실습 만족도 조사

현장실습 만족도 조사(현장실습기관용)

이 설문조사는 현장실습을 운영하시면서 느꼈던 점이나 의견을 묻는 것으로 향후 보다 효과적인 현장실습으로 개선하기 위한 목적으로 실시하고 있습니다. 귀하의 소중한 의견이 현장실습의 향후 개선에 도움이 될 수 있도록 솔직하고 성의 있는 답변을 하여 주시기 바랍니다.

실습기관명		직 책		성 명	

① 전혀 그렇지 않다 ② 그렇지 않다 ③ 보통이다 ④ 그렇다 ⑤ 매우 그렇다.

항목	항목번호	질문	평가				
현장실습 내용의 실효성	1	현장실습에 대해 전반적으로 만족한다.	①	②	③	④	⑤
	2	현장실습에 참여한 학생들은 전공과 관련된 지식, 능력을 보유하고 있었다.	①	②	③	④	⑤
	3	현장실습에 참여한 학생들은 현장실습에 높은 관심을 보였고, 적극적으로 실습에 참여하였다.	①	②	③	④	⑤
	4	현장실습에 참여한 학생을 통하여 새로운 아이디어와 분위기 도출에 도움이 되었다.	①	②	③	④	⑤
	5	현장실습에 참여한 학생 중 우수한 학생에 대해서는 취업을 제의할 의사가 있다.	①	②	③	④	⑤
현장실습 운영의 적절성	6	대학의 현장실습계획 및 일정은 적절하게 구성되었고, 계획에 따라 진행되었다.	①	②	③	④	⑤
	7	대학에서는 실습과 관련된 실습기관의 요구 및 의견을 충분히 반영한 편이다.	①	②	③	④	⑤
	8	지도교수의 현장방문지도로 실습기관의 요구 및 학생들이 현장실습 내용을 이해하는 데 도움이 되었다.	①	②	③	④	⑤
	9	현장실습을 통해 향후 대학과의 산학협력 및 교류 진행에 도움이 될 것으로 기대한다.	①	②	③	④	⑤
기타 향후 현장실습을 위한 제안	10	귀 기관에서는 현장실습 참여 학생 인원이 어느 정도가 적합하다고 생각하십니까? ① 1명 ② 2명 ③ 3명 ④ 4명 이상					
	11	위 사항 외에 현장실습에 참여하면서 개선이 필요한 추가적인 사항이 있으면 서술하여 주십시오.					

3. 보육실습의 성적처리방법

보육교사 양성교육기관에서 실습기관과 동일한 평가기준을 사용할 수 있으나 다양한 평가도구나 준거를 활용하여 종합적인 평가를 실시하는 것이 바람직하다. 양성교육기관은 실습생의 보육실습 결과를 최종적으로 평가한다.

1) 보육실습 성적처리방법

양성교육기관에서는 실습기관에서 평가하여 송부한 보육실습평가표와 보육실습 결과보고서, 실습기관 방문을 통해 확보한 원장과의 면담자료, 실습기관의 현황과 실태, 실습생의 관찰기록, 실습생이 작성 완료한 보육실습일지, 보육계획안, 교구 제작계획안, 사진자료 등과 같은 각종 자료 등에 근거하여 종합적으로 평가한다.

실습기관에서 송부된 보육실습평가표의 평가 내용에 대해서는 학생들과 함께 공유할 수 있다. 평가 총 점수보다는 영역별로 자신이 생각했던 실습평가 정도와 지도교사가 평가한 내용을 비교하며 좀 더 구체적으로 자신의 장단점을 파악할 수 있는 시간이 되도록 지도한다.

2) 보육실습 성적처리 관련 서류 및 내용

- 실습기관에서 송부된 보육실습평가서
- 실습기관에서 송부된 보육실습 결과보고서
- 작성이 완료된 보육실습일지
- 실습생이 제출한 각종 자료(포트폴리오, 사진자료, 계획안 등)
- 실습생의 자기평가표
- 지도교수와의 면담
- 실습평가회에서의 참여 정도

실습기관에서 보내야 하는 서류

- 보육실습 확인서(어린이집 지원시스템에서 보육실습 확인서 출력)
- 보육실습평가서
- 보육실습비 영수증
- 보육실습생 출근부

※ 어린이집 지원시스템에서 출력하지 않을 경우 지도교사 자격증 사본, 어린이집 인가증 필요함

3) 실습평가 점수 반영

① 보육실습 교과목의 점수 부여

현행 영유아보육법 시행규칙 개정(2016. 8. 1 시행, 보건복지부령 제392호)에 따르면 보육실습의 평가는 보건복지부장관이 정하는 보육실습일지와 보육실습평가서에 근거하여 하되, 평가점수가 80점 이상인 경우에만 보육실습을 이수한 것으로 인정한다. 따라서 보육교사의 자격 취득을 위해서는 보육실습기관에서의 실습점수와 보육실습 교과목의 이론 점수의 합이 80점 이상이어야 한다. 따라서 보육실습의 15~16주 교과목의 점수를 어떻게 부여할지 양성기관의 학칙에 따라 점수를 부여하고 강의계획서에 안내되어야 한다.

- A 대학교의 사례
  보육실습 교과목 점수 = 교과목 담당교수의 평가 50%(출석 10%, 과제 10%, 이론평가 30%), 보육실습기관에서의 실습 점수 50%

- B 양성기관의 사례
  보육실습 교과목 점수 = 교과목 담당교수의 평가 40%(출석 10%, 과제 30%), 보육실습기관에서의 실습 점수 60%

※ 보육실습 이론수업 점수가 40~50% 내외로 환산될 수 있도록 지도하되, 보육실습 교과목이 2개로 분리 운영될 경우는 시간 수에 따라 양성기관의 내규에 따라 비율을 조정해 운영한다.

※ 보육실습이 2회에 걸쳐 신행될 때에는 「보육실습생 평가 영역 및 배점」기준에 따라 평가하되, 참여실습이 주가 되는 2주차 실습에 대해서는 '보육활동과 계획(30점)'은 제외하고 70점을 만점으로 하며, 비율을 조정해 운영할 수 있다.

4. 보육실습 사후관리의 이해

1) 관련 자료 송부 및 보관

(1) 양성교육기관에 보내야 하는 서류

실습기관에서는 실습 종료 후 14일 이내에 다음의 서류를 양성교육기관에 송부한다.

- 보육실습 확인서(어린이집 지원시스템 출력)
- 보육실습 평가서
- 보육실습 결과보고서
- 보육실습비 영수증
- 보육실습생 출근부
- 보육실습일지(보육실습생이 양성교육기관에 직접 제출)
- 보육실습 지도교사 자격증 사본
- 보육실습기관 인가증 사본 또는 어린이집 위탁계약증서 사본
  (보육실습 당시 계약일시가 명시된 위탁계약증서)
- 어린이집 평가인증서 사본

※ 2013년 3월부터 어린이집에서 보육실습을 이수하는 경우, 어린이집 지원시스템에 보육실습 내용을 등록·제출하여야 한다.

※ 어린이집 지원시스템에서 보육실습 확인서를 출력할 경우 지도교사 자격증, 인가증 또는 위탁계약증서, 평가인증서 사본을 따로 제출하지 않아도 된다.

(2) 보육실습기관에서 보관해야 하는 서류

실습기관에서는 다음의 문서를 이후 5년 동안 보관한다.

- 보육실습확인서 사본

- 보육실습 결과보고서 사본
- 보육실습비 영수증 사본
- 보육실습 지도교사 자격증 사본

2) 보육실습 기록대장

양성교육기관은 보육실습과 관련된 세부사항을 실습생 기록대장에 기록하여 영구 보존한다. 표 13-8 의 보육실습 기록대장에는 실습생의 개인 정보가 수록되므로 양성교육기관은 특별히 유의하여 보관한다.

표 13-8 보육실습 기록대장 예시

<table>
<tr><th rowspan="2">번호</th><th rowspan="2">보육실습생
성명(학번)</th><th rowspan="2">보육
실습
기간</th><th rowspan="2" colspan="2">보육실습기관명/
연락처</th><th rowspan="2">보육실습
지도교사
자격증</th><th>학년</th><th>보육실습생
주민등록번호</th><th>보육실습생
연락처</th><th rowspan="2">보육실습
점수</th><th rowspan="2">비고</th></tr>
<tr><th colspan="3">보육실습생 주소</th></tr>
<tr><td rowspan="2">1</td><td rowspan="2">홍길동
(20100000)</td><td rowspan="2"></td><td>00어린이집</td><td>000-000-000</td><td rowspan="2">09-1-000</td><td>4</td><td></td><td></td><td rowspan="2">80/100</td><td rowspan="2"></td></tr>
<tr><td colspan="2">주소: 서울시 강남구 00동</td><td colspan="3">주소: 서울시 용산구 서계동</td></tr>
<tr><td rowspan="2">2</td><td rowspan="2"></td><td rowspan="2"></td><td colspan="2"></td><td rowspan="2"></td><td></td><td></td><td></td><td rowspan="2"></td><td rowspan="2"></td></tr>
<tr><td colspan="2">주소:</td><td colspan="3">주소:</td></tr>
<tr><td rowspan="2">3</td><td rowspan="2"></td><td rowspan="2"></td><td colspan="2"></td><td rowspan="2"></td><td></td><td></td><td></td><td rowspan="2"></td><td rowspan="2"></td></tr>
<tr><td colspan="2">주소:</td><td colspan="3">주소:</td></tr>
<tr><td rowspan="2">4</td><td rowspan="2"></td><td rowspan="2"></td><td colspan="2"></td><td rowspan="2"></td><td></td><td></td><td></td><td rowspan="2"></td><td rowspan="2"></td></tr>
<tr><td colspan="2">주소:</td><td colspan="3">주소:</td></tr>
</table>

※ 2013년 3월 이후 실습생은 실습기관에 문의하면 어린이집지원시스템을 통해 실습정보를 확인할 수 있다(실습 정보 확인 시 필요 정보: 이름, 주민등록번호 또는 실습기간).

3) 보육교사 자격증 신청

(1) 자격증 신청방법

보육교직원 자격증은 보육인력 보육교직원통합정보 홈페이지(http://chrd.childcare.go.kr)에서 개인 및 단체(대학 또는 보육교사교육원에 한함)로 신청 가능하다. 인터넷 신청을 원칙으로 하며 자격증 신청과 관련된 모든 구비서류는 한국보육진흥원(홈페이지 주소 참고)으로 등기로 발송해야 하며(등기번호 보관 요망), 자격증 신청 후 반드시 '나의 자격증 신청진행 현황'을 통해 진행 상황을 확인한다.

(2) 보육교사 자격증 개인 신청방법

개인이 보육교사 자격증을 신청할 경우 표 13-9 와 같이 해당 구비서류와 수수료를 준비한 후 인터넷으로 신청한다.

표 13-9 자격기준에 따른 보육교사 자격증 신청 구비서류

<table>
<tr><th>자격증</th><th>자격기준</th><th>구비서류</th></tr>
<tr><td>보육
교사
3급</td><td>고등학교 또는 이와 동등 이상의 학교를 졸업한 사람으로서 보건복지부령이 정하는 교육훈련시설에서 정해진 교육과정을 수료한 사람</td><td>① 졸업증명서 원본(양성교육과정 수료 이전)
② 교육훈련시설 수료증 원본
③ 교육훈련시설 성적증명서 원본
④ 보육실습확인서 원본
⑤ 사진파일(인터넷 신청 시 사진 등록)
⑥ 자격증 발급신청서(인터넷 신청 후 출력)</td></tr>
<tr><td rowspan="2">보육
교사
2급</td><td>전문대학 또는 이와 같은 수준 이상의 학교에서 보건복지부령이 정하는 보육 관련 교과목 및 학점을 이수하고 졸업한 사람</td><td>① 최종학교 졸업증명서
② 최종학교 성적증명서
③ 보육실습확인서 원본
④ 사진파일(인터넷 신청 시 사진 등록)
⑤ 자격증 발급신청서(인터넷 신청 후 출력)</td></tr>
<tr><td>보육교사 3급 자격을 취득한 후 2년 이상의 보육업무 경력이 있는 사람으로서 보건복지부장관이 정하는 승급교육을 받은 사람</td><td>① 보육교사 3급 자격증 사본
② 경력증명서 원본
③ 2급 승급교육 수료증 원본
④ 사진파일(인터넷 신청 시 사진 등록)
⑤ 자격증 발급신청서(인터넷 신청 후 출력)</td></tr>
<tr><td rowspan="3">보육
교사
1급</td><td>보육교사 2급 자격을 취득한 후 3년 이상의 보육업무 경력과 보건복지부장관이 정하는 승급교육을 받은 사람</td><td>① 보육교사 2급 자격증 사본
② 경력증명서 원본
③ 1급 승급교육 수료증 원본
④ 사진파일(인터넷 신청 시 사진 등록)
⑤ 자격증 발급신청서(인터넷 신청 후 출력)</td></tr>
<tr><td>보육교사 2급 자격을 취득한 후 보육 관련 대학원에서 석사학위를 취득하고 1년 이상의 보육업무 경력이 있는 사람으로서 보건복지부장관이 정하는 승급교육을 받은 사람</td><td>① 보육교사 2급 자격증 사본
② 석사학위증명서
③ 경력증명서 원본
④ 1급 승급교육 수료증 원본
⑤ 사진파일(인터넷 신청 시 사진 등록)
⑥ 자격증 발급신청서(인터넷 신청 후 출력)</td></tr>
<tr><td colspan="2">보육 관련 대학원을 졸업한 사람
가. 학과(전공) 및 학위명에 '보육, (영)유아, 아동'의 단어가 포함된 대학원
나. 가의 경우가 해당되지 않을 경우 보육 관련 교과목 이수기준으로 인정
(보육 관련 교과목 최소 15학점 이상 이수하고 석사학위를 취득한 경우 인정)</td></tr>
</table>

① 보육교직원통합정보 홈페이지 회원가입 후 자격증 신청 페이지에서 신청(신규, 승급, 재교부)을 한 후 발급 수수료(1만 원)를 납부하고 발급신청서와 구비서류는 별도로 등기우편으로 발송한다.

그림 13-4 보육교직원 통합정보 홈페이지

② 인터넷 신청자의 수수료 입금 중 가상계좌결제는 반드시 개별로 부여되는 계좌번호로 기한 내 입금해야 한다.

홈페이지회원 가입 및 로그인 › 자격증 신청 (보육교사/어린이집 원장) › 수수료 입금 (신용카드, 계좌이체, 가상계좌) › 발급신청서 출력 › 발급신청서 및 구비 서류 등기우편 발송 › 신청 진행현황 확인

그림 13-5 보육교사 자격증 개인 선청방법

(3) 보육교사 자격증 단체 신청 방법

양성교육기관에서 단체로 보육교사 자격증을 신청할 경우, 보육교직원통합정보 홈페이지에 신청자 사진과 명단을 업로드하여 신청한다. 신청 직후, 수수료(신청학생 1인당 1만 원씩 수합)는 계좌이체로 송금한다. 이와 더불어 한국보육진흥원에 자격신청 서류(보육실습확인서, 성적증명서, 졸업예정증명서)를 단체신청 학생명단 및 공문과 함께 등기우편으로 발송한다. 마지막으로 졸업식 이후 일주일 이내에 한국보육진흥원에 졸업증명서와 졸업확정공문을 등기우편으로 발송한다. 한국보육진흥원에서는 양성교육기관으로 보육교사자격증을 일괄 발송해준다

양성교육기관에서 단체로 신청할 경우, 표 13-10 의 방법과 절차를 참고한다.

표 13-10 보육교사 자격증 단체 신청

구분	내용
정의	대학(교) 또는 보육교사교육원 등 교육기관에서 보육인력 국가자격증 홈페이지에서 단체 회원가입을 하고 보육교사 자격증을 신청
대상	대학(교) 또는 보육교사교육원 등 교육기관에서 신청 가능 단, 신청인원은 5인 이상(5인 미만 신청 불가) ※ 동일 자격급수, 동년도 졸업(예정) 수료자에 한해 가능
신청 방법	보육교직원통합정보 홈페이지에서 인터넷 신청
진행 절차	 ※ 홈페이지 로그인 후, '마이페이지'에서 접수번호 클릭 시, 자신의 자격증 신청 및 진행현황 조회 가능
유의 사항	• 인터넷 단체접수절차 완료 후 공문과 단체신청자명단, 개인별 구비서류는 등기우편으로 제출해야 함 • 보육교사 자격증은 단체신청 기관으로 일괄발송 • 단체신청 관련 상담 안내 - (전화 상담) 한국보육진흥원 상담데스크 ☎ 1661-5666

참고문헌

김경희, 한성희, 김혜금(2010). 영유아 관찰 및 실습. 정민사.

김선영, 서원경(2012). 보육실습. 교문사.

김희진, 박은혜, 이지현(2005). 유아교육기관에서의 관찰. 창지사.

박숙자(2010). 표준보육실습 지도지침. 한국보육진흥원.

박찬옥, 서동미, 곽현주(2020). 유아교과교육론. 정민사.

박찬옥, 정남미, 곽현주(2020). 2019개정 누리과정에 기초한 영유아 놀이지원 놀이지도. 양성원.

서울특별시 육아종합지원센터(2016). 2016 서울시 어린이집 업무매뉴얼. 서울특별시 육아종합 지원센터.

순덕기(2016). 보육교사를 꿈꾸는 자를 위한 현장 중심의 보육실습. 퍼스픽북스.

유희정, 마경희, 김소영(2013). 어린이집 설립유형에 따른 재정운영 비교 연구. 한국여성정책 연구원.

윤애희, 이경희, 임은숙, 임채식, 정정옥, 주영은(2004). 보육에 대한 이해와 실습, 교육아카데미.

이미란(2016). 보육실습. 청목출판사.

이미화, 강은진, 김은영, 김길숙, 엄지원(2016). 보육교사 양성과정 및 보육실습 매뉴얼 연구. 보건복지부 · 육아정책연수소. 경성문화사.

이소희, 이숙희, 이정혜, 장명림, 도미향(2006). 보육실습. 양서원.

조윤경, 김경혜(2010). 잘 가르치기 위한 아동관찰 및 행동연구. 공동체.

최원희, 박진희, 손수연(2016). 휴먼서비스 분야 실습 통합 매뉴얼. 휴먼서비스 HOPE+형 현장 전문가 양성 사업단.

황해익, 송연숙, 정혜영(2003). 유치원 교육과정에 따른 유아행동 관찰법. 정민사.

보건복지부(2013). 누리과정에 기초한 어린이집 프로그램. 보건복지부.

보건복지부(2013). 어린이집 표준보육과정에 기초한 영아보육프로그램 운영의 이해. 보건복지부.

보건복지부(2020). 2019 보육통계. 보건복지부.

보건복지부(2020). 2020 보육사업안내. 보건복지부.

보건복지부(2020). 보건복지부 고시 제2020 - 75호 제4차 어린이집 표준보육과정 고시

보건복지부(2016). 보육교사 양성과정 및 보육실습 매뉴얼 연구. 보건복지부 · 육아정책연구소.

보건복지부(2016). 보육교사 자격기준 변경 안내. 한국보육진흥원.

사회복지현장실습지도 매뉴얼. 안양시 수리장애인종합복지관.
식품의약품안전처(2016). 어린이집 급식관리 지침서. 식품의약품안전처.
중앙육아종합지원센터(2014). 보육과정 컨설팅 운영 매뉴얼. 중앙육아종합지원센터.
중앙육아종합지원센터(2014). 어린이집 설치운영 길라잡이. 중앙육아종합지원센터.
한국보육진흥원(2013). 양성교육기관에서의 보육실습 지도. 한국보육진흥원.
한국보육진흥원(2017). 어린이집에서의 보육실습 지도. 한국보육진흥원.
한국보육진흥원(2017). 양성교육기관에서의 보육실습 지도. 한국보육진흥원.
http://chrd.childcare.go.kr 보육교직원통합정보 홈페이지.

찾아보기

저 | 자 | 약 | 력

박찬옥

중앙대학교 유아교육과 박사

전) 중앙대학교 부속 유치원 원장

한국영유아교원교육학회 회장

현재) 중앙대학교 유아교육과 교수

한국유아교육협회 회장

〈저서〉 보육과정, 보육학개론, 영유아프로그램 개발과 평가 외 다수

곽현주

중앙대학교 유아교육과 박사

전) 배화여자대학교 부속 유치원 원장

현재) 배화여자대학교 유아교육과 교수

〈저서〉 놀이지도, : 2019 개정 누리과정에 기초한 영유아 놀이지원, 영유아 교사를 위한 특수아동 이해와 실제, 보육학개론 외 다수

이예숙

중앙대학교 유아교육과 박사

전) 부천대학교 유아교육과 교수

현) 배화여자대학교 유아교육과 교수

배화여자대학교부속 배화유치원 원장

한국유아교육협회 이사

〈저서〉 보육과정, 보육학개론 외 다수

오경숙

협성대학교 사회복지학과 박사 수료

전) NCS 직무분석 연구위원

평가인증 사무국 평가인증 현장관찰위원

현재) 국공립 면일어린이집 원장

중랑구 육아종합지원센터 평가인증 컨설턴트

한국어린이안전재단 자문위원

〈저서〉 보육과정, 영아 보육의 이해

표준보육과정(누리과정) 및 보육프로그램 연구 외 다수

[3판]

보육교사 자격기준 강화에 따른

6주 보 육 실 습

1판 1쇄 발행 — 2017년 2월 25일
2판 1쇄 발행 — 2020년 8월 5일
3판 1쇄 발행 — 2023년 2월 10일

저 자 - 박찬옥 · 곽현주 · 이예숙 · 오경숙
발 행 인 - 강 철 원
발 행 처 - 양 성 원
주 소 - 경기도 파주시 검산로 173번길 29-12
전 화 - 031-946-3861(代)
팩 스 - 031-946-3864
이 메 일 - tnwpub@naver.com
출판등록 - 2015년 8월 31일 제 2015-000211 호

ISBN 979-11-6126-503-2

정가 18,000원